对外经济贸易大学
远程教育系列教材

外汇交易与管理

Foreign Exchange Transaction and Management

谢远涛　蒋涛　陆小丽　编著

清华大学出版社

北京

内 容 简 介

本书第一章至第四章介绍外汇与汇率的基础知识;第五章至第九章介绍即期外汇交易、远期外汇交易、远期利率协议交易、掉期交易、外汇期货交易以及外汇期权交易;第十章至第十四章介绍我国外汇管理目标、外汇管理体制和现行的外汇管理框架,以及国际收支统计、经常项目外汇管理、资本项目外汇管理和国际储备的相关知识。

本书可供相关专业本科教学使用,也可供相关从业人员参考。

图书在版编目(CIP)数据

外汇交易与管理/谢远涛,蒋涛,陆小丽编著 .--北京:清华大学出版社,2015
对外经济贸易大学远程教育系列教材
ISBN 978-7-302-38667-4

Ⅰ.①外… Ⅱ.①谢… ②蒋… ③陆… Ⅲ.①外汇交易—高等教育—远程教育—教材
②外汇管理—高等教育—远程教育—教材 Ⅳ.①F830

中国版本图书馆 CIP 数据核字(2014)第 283762 号

责任编辑:江　娅
封面设计:盛嘉宝业
责任校对:王凤芝
责任印制:沈　露

出版发行:清华大学出版社
　　　网　　　址:http://www.tup.com.cn,http://www.wqbook.com
　　　地　　　址:北京清华大学学研大厦 A 座　　　邮　　　编:100084
　　　社 总 机:010-62770175　　　邮　　　购:010-62786544
　　　投稿与读者服务:010-62776969,c-service@tup.tsinghua.edu.cn
　　　质 量 反 馈:010-62772015,zhiliang@tup.tsinghua.edu.cn
印 刷 者:北京富博印刷有限公司
装 订 者:北京市密云县京文制本装订厂
经　　销:全国新华书店
开　　本:185mm×230mm　　印　张:18.5　插 页:1　字　数:380 千字
版　　次:2015 年 1 月第 1 版　　　印　次:2015 年 1 月第 1 次印刷
印　　数:1～4000
定　　价:35.00 元

产品编号:060764-01

总　序

外汇交易与管理

2012 年正值对外经济贸易大学远程教育学院（以下简称贸大远程）成立十周年。10 年来，贸大远程在组织结构、管理体制、招生网络、教学管理、技术平台、教材建设、课件开发等方面已形成了自己的特色。远程教育的名人名师战略、西部战略，以人为本、终身学习的服务理念，以及多元互动的国际化办学特色已在社会上产生了较大的影响力，成为业内公认、全国知名的优秀网院之一。2010 年在全国远程教育十周年庆典表彰活动中，贸大远程一举荣获网络教育教材建设奖金奖、国家网络精品课程（网络教育）建设组织奖银奖、优秀网络课程推广奖银奖、优秀论文奖和远程教育贡献奖五项大奖，成为全国 69 家现代远程教育试点高校获奖最多的高校之一，受到了教育部和全国高校现代远程协作组的充分肯定和高度赞誉。

《国家中长期教育改革和发展规划纲要（2010—2020 年）》强调指出："要大力发展现代远程教育，建设以卫星、电视和互联网等为载体的远程开放继续教育及公共服务平台，为学习者提供方便、灵活、个性化的学习条件。"中国现代远程教育经过十余年发展，为实现教育大众化、促进教育公平、加快教育教学改革、推进教育信息化等做出了重要贡献。在远程教育系统中，教材无疑是与远程学习者关系最为密切的一个要素。抓好教材建设是办好远程教育的一项十分重要的工作，应充分认识教材建设在远程教育工作中的必要性和重要性。近年来，随着现代远程教育工程试点工作的展开，作为教学资源建设的一个重要组成部分，远程教育教材的研发也越来越为各办学机构所重视。早在2006 年，即"十一五"规划开局之年，贸大远程就率先组织本校具有丰富教学经验的优秀教师，以所开设的两个学历层次的七个特色专业为依据，以现有的导学课件为基础，编写了一套"对外经济贸易大学远程教育系列教材"。本套教材共分为经济贸易、工商管理、法律、金融与会计、行政管理、外语、综合七大系列,全面覆盖贸大远程相关专业的上百门课程。到目前为止,本套系列教材已经编写出版了近90种。其中,《商品学》、《投资管理》、《公共关系学》、《经济法学》和《商务英语写作》先后被评为"北京高等教育精品教材";《公文写作》、《世界贸易组织概论》、《大学英语》、《国际商法》等教材经多次重印仍畅销不衰。本套系列教材以品种全、质量高、成规模、销量大而著称,其选用者不仅限于贸大远程,而且包括其他高校远程学院和培训机构;不仅在学校教学中发挥了重要作用,而且在社会上也具有良好的使用效果,产生了一定的社会效益和经济效益。

　　对于远程教育的教材而言,"质量与特色"是一个至关重要的问题。教材是否具有远程特色,是否适合远程学习者学习,直接关系到学习者的学习成效,也关系到远程教育的质量。贸大远程在系列教材的策划初期,就高度重视学生在开放教育环境中的个性化学习需求,突出成人教育和远程教育的教学规律,专门为远程学生量身定制。在系列教材的编写与出版过程中,学院高度重视教材建设,始终与作者和出版社保持密切联系,注重收集来自教师与学生的反馈信息,对教材进行及时有效的评价与更新,注重教材的系统性、针对性,确保教材的质量。在系列教材的使用过程中,随着国家政治经济形势的不断变化,国家法律、法规的不断颁布与修订,学科的不断发展与知识的不断更新,以及学习者需求的不断变化,贸大远程审时度势,及时根据学院"十二五"教材建设规划做出了对第一版系列教材进行修订再版的决定,以顺应形势的变化、学科的发展以及学习者的需求,适应学院事业发展的新战略。工作着眼点从追求教材的"数量和规模"逐渐转为注重教材的"质量和特色",着力打造贸大远程优质教材品牌。

　　第二版远程教材的修订,除了要继续保持和发扬第一版教材在编写体例、结构形式、版式设计等技术层面的原有特色外,更加注重对教材内容及体系的更新和创新,使之更加突出现代远程教育人才培养模式与教学规律;更加体现远程课程体系、教学内容和教学方法方面的改革创新;更加注重理论联系实际和对学员应用能力的培养;更能适应成人教育对象业余学习并以自学为主的特点和需要。较之第一版教材具有更强的针对性、实用性和可操作性。现代远程教育的一个本质特征就是教的行为和学的行为在时空上的相对分离,并以计算机、多媒体、网络为主要媒体的教育形式。在这种新的教育体制下,传统的纸介质教材虽然不再是教学活动的主要媒介,但是在当前技术条件还十分有限的情况下,它仍然是远程教学活动必不可少的辅助工具。有鉴于此,本次远程教材的修订工作,更是有针对性地提出了交互性、一体化的修订策略。力争在导学教材自身的交互性方面有所突破,并力争在媒体建设上实现一体化。将纸质教材与多媒体教学资源有机结合,充分发挥远程教育电子媒体教学资源的优势,减少纸质教材的篇幅。纸质教材要求简洁明了、重点突出。在纸质教材讲清楚基本概念、基本知识、基本技能的基础上,将阅读参考资料,与课程内容相关的法律、法规,工具模板,操作范例等以多媒体网络资源的形式提供给学生。伴随第二版教材的修订工作,与之相配套的导学课件也将进入新一轮的更新制作阶段。

一套教材只有经过市场的考验,不断修订、完善与更新,才能打造成为精品之作。随着第一版远程系列教材的出版,已经整整过去6年了,经过贸大远程广大师生两至三轮教与学的使用与实践,经过社会大众学习者多年的选用与检验,教材的组织者、编写者和出版者从中积累了丰富的编写与出版经验。随着学院对教材工作的更加重视,相信在不久的将来,将会有一批体系更加成熟、内容更加实用、形式更加新颖的新版教材陆续问世。步入"十二五"新的历史发展阶段,贸大远程将与时俱进、不辱使命,本着对学生、对社会高度负责的精神,及时推出第二版远程教育系列教材,这是我们贸大远程人为推动中国远程教育的进一步发展所尽的一份教育者的责任。

"读书百遍,其义自见。"希望广大学员养成读书的好习惯,多读书,读好书,并且学以致用。衷心祝愿本套教材的修订再版能够进一步满足接受远程教育的广大学子日益增长的教育需求,伴随大家不断成长和进步。

对外经济贸易大学远程教育学院院长

2012 年 7 月于北京

序　言

　　改革开放后,人们拥有的金融资产形式越来越多样化了,除了人民币和存款单,还有外国货币、股票、债券、信用卡、保险单和"支付宝"等电子支付工具。而对于外汇,除了通常所见的外币现钞和外币存款外,还有商业汇款、银行汇票、银行支票、旅行支票、银行卡等外币支付凭证或者支付工具,以及外国政府国债、外国公司股票和债券等外币有价证券,另外还有可自由兑换的其他外币债权以及其他外汇资产。

　　外汇是一种货币形态的资产。人们在外汇市场上对外汇进行买卖的活动,我们称为外汇交易。针对不同的外汇交易形式,需要进行相关的基本分析和技术分析,还必须讲究一些策略和技巧。外汇交易中还会面临各种风险,因此还需要进行外汇风险分析和管理。同时,外汇在经济活动中具有许多功能,以外国货币、本国货币以及两种货币比价为基本要素能形成复杂的经济关系,并且在这种经济关系中也引发过类似1998年亚洲金融危机和2008年全球金融危机这样的经济政治问题。因此,在现代社会,获得、使用并管理外汇,不仅仅是公民个人或者是企业集团行为,也是政府必须关心的问题。在当今世界上,即使是完全开放的高度自由化的发达国家实际上也对外汇和外汇市场保留了某些形式的管理和限制。外汇管理是国家宏观经济和金融管理的重要组成部分。实施外汇管理的目的是为了维持国际收支平衡、保障国家金融稳定、促进本国经济发展。

　　改革开放以来,我国涉外经济快速发展,跨境资金流动规模不断扩大,涉及外汇及外汇交易活动的银行、企业和个人等市场主体也空前增多,跨境交易的方式和业务品种也越来越丰富。当然,各市场主体了解和掌握外汇知识、外汇交易理论和外汇管理政策的需求也变得越来越强烈。在此背景下,我们组织编著本书。本书分为三部分内容:

外汇与汇率概论；外汇交易以及外汇管理。

本书的结构安排如下：

第一章到第四章是外汇与汇率概论，向读者展示外汇相关知识体系概貌。第一章外汇与汇率，主要讲述外汇、汇率、外汇市场、外汇交易、外汇风险和外汇管理的基本概念。第二章介绍汇率决定理论，介绍了金本位下的铸币平价和法定平价理论、国际收支学说、汇兑心理学说、利率平价理论、购买力平价理论、货币分析法、资产组合分析法、均衡汇率理论以及新的理论进展。第三章主要讲述汇率制度的概念、汇率制度安排、人民币汇率制度沿革及现行人民币汇率制度。第四章介绍外汇市场干预问题。

第五章到第九章是外汇交易部分。第五章介绍即期外汇交易，第六章介绍远期外汇交易，第七章介绍远期利率协议交易和掉期交易，第八章介绍外汇期货交易，第九章介绍外汇期权交易。

第十章到第十四章是外汇管理部分。其中第十章主要分析了我国外汇管理目标，对新中国成立以来的外汇管理体制和现行的外汇管理框架进行介绍。第十一章主要分析了国际收支统计相关内容，介绍我国国际收支统计监测体系。第十二章主要分析了经常项目外汇管理的历史、原则等，并分别介绍经常项目下的货物贸易、服务贸易、个人以及账户外汇管理内容。第十三章主要介绍了我国资本项目外汇管理的历史、原则等，并详细介绍资本项目项下的直接投资、外债和跨境担保、资本市场和资本项目个人外汇业务等业务条线的管理以及跨国公司外汇资金集中运营管理业务。第十四章介绍国际储备的相关基础知识，分析我国外汇储备的规模管理和结构管理。

本书是在作者多年从事国际金融研究和外汇管理实践的基础上编著而成，理论分析部分加入了不少我们从事汇率研究的内容和实证结果。本书中难免有不妥之处，希望读者多多批评指正。

感谢中国人民大学的李政宵博士生帮我们绘制了部分图，感谢陆文希对第三章做出的细致评审，感谢中国科技发展战略研究院的杨娟博士对我们的初稿进行修改。最后，对我们身后默默支持我们的家人，表示深深的歉意和感激。

谢远涛、蒋涛、陆小丽

对外经济贸易大学

2014 年 8 月 7 日

目　录

CONTENTS

C 第一章

HAPTER ONE

外汇与汇率

学 习 目 标

　　通过本章学习,掌握外汇的静态和动态含义、外汇的条件、外汇的形态和种类、汇率的概念、汇率的标价法和外汇风险的类型,理解外汇的作用、汇率变动的影响、外汇市场和外汇交易。

重 难 点 提 示

● 外汇的概念和汇率的概念
● 外汇的种类和形态
● 外汇的条件和汇率的标价法

第一节 外 汇

本节介绍外汇的动态和静态含义,阐述外汇的形态、种类及外汇储备。

一、外汇的含义

关于外汇的定义,从动态和静态的视角来看有不同的含义,并且有严格的规定。

(一) 外汇的概念

从不同的角度来看,外汇(foreign exchange)的定义也不同。这里将从动态和静态的视角来分别定义外汇的概念。

1. 动态

从动态视角来看,外汇是指一国货币通过汇兑活动换成另一国货币的过程,通过这种兑换活动来清偿国际间的债权债务关系。

历史上,"外汇"是"国际汇兑"的简称。国际经济交易和国际支付必然会产生国际债权债务关系,由于各国货币制度的不同,所以国际债权债务的清偿需要用本国货币与外国货币兑换。这种兑换由银行来办理,往往不必用现金支付,而是由银行之间通过不同国家货币的买卖来结算,银行的这种国际清偿业务就叫国际汇兑,这是外汇最原始的概念。

2. 静态

从静态的视角来看,外汇是指国际汇兑活动的支付手段和工具。

各国金融当局、各个国际组织由于具体情况的差异,出自不同使用者不同的需要,对外汇的概括又略有不同。

国际货币基金组织(IMF)特别强调外汇应具备平衡国际收支逆差的能力,对外汇的定义为:"外汇是货币行政当局(中央银行、货币机构、外汇平准基金及财政部)以银行存款、财政部库券、长短期政府债券等形式所持有的在国际收支逆差时可使用的债权。"

我国 1996 年 4 月 1 日起施行《中华人民共和国外汇管理条例》,2008 年进行了修订。其第三条规定,外汇"是指下列以外币表示的可以用作国际清偿的支付手段和资产",这是广义的静态外汇概念,具体包括:

(1) 外币现钞,包括纸币、铸币;

(2) 外币支付凭证或者支付工具,包括票据、银行存款凭证、银行卡等;

(3) 外币有价证券,包括债券、股票等;

(4) 特别提款权;

(5) 其他外汇资产。

具体来看,外汇主要指以外币表示的银行汇票、支票、银行存款等。其中,外币支付凭证是狭义的静态外汇概念,其中银行存款是狭义外汇概念的主体,这不仅是因为各种外币支付凭证都是对外币存款索取权具体化了的票据,而且还因为外汇交易主要是运用国外银行的外币存款来进行的。人们通常就是在这一狭义意义上使用外汇的概念。"其他外汇资产"主要是指各种外币投资收益,比如说股息、利息、债息、红利等。

（二）外汇的条件

并非所有的外币资产都可以称为外汇。（外币）资产被认可为外汇通常应具备四个条件:以外币表示的国外资产、自由兑换性、普遍接受性、可偿性。

1. 以外币表示的国外资产

外汇必须是以外币表示的国外资产,用本国货币表示的信用工具和有价证券不能视为外汇。美元为国际支付中常用的货币,但对美国公民来说,凡是用美元对外进行的收付都不算是外汇。而只有对美国以外的公民来说,美元才算是外汇。例如,美国进口商从中国购买手机产品,用美元支付,这种支付手段对于美国境内的美国公民来说不是外汇,而对于我国公民则是外汇。

2. 自由兑换性

自由兑换性是指外汇是能自由兑换成本币资产的外币资产。也就是,外国货币不一定是外汇。因为外汇必须具备可兑换性,一般来说,只有能自由兑换成其他国家的货币,同时能不受限制地存入该国商业银行的普通账户的外币才是外汇。例如,美元可以自由兑换成日元、英镑、欧元等其他货币,因而美元对其他国家的人来说是一种外汇;而我人民币现在还不能自由兑换成其他币种货币,因此,尽管对其他国家人来说也是一种外币,我国人民币尚不能称作外汇。考虑到中国人民币在周边国家的影响和使用的广泛性,可以定义为区域性货币。

3. 普遍接受性

普遍接受性主要是指外币资产在国际经济交往中被其他各国普遍地接受和使用。一旦外币资产在国际经济交易中不被承认,那么该货币资产则不可以称为外汇。例如,伊拉克货币第纳尔很难成为外汇。

4. 可偿性

可偿性是指外币资产可以保证得到偿付。例如,空头支票、拒付的汇票等均不能视为外汇。因为空头支票、拒付的汇票等,不能保证国际汇兑。在多边结算制度下,在国际上得不到偿还的债权,也不能用作本国对第三国债务的清偿。以此类推,由于不能直接用于国际间的支付,以外币表示的有价证券也不属于外汇。外国钞票也不能算作外汇。外国钞票只有携带回发行国并贷记在银行账户上后,才能称作外汇。在这个意义上,只有存放在国外银行的外币资金,以及将对银行存款的索取权具体化了的外币票据,才构成外汇。

（三）外汇的作用

1. 国际支付

外汇作为国际结算的支付手段,是国际间经济交流不可缺少的工具,能促进国际经济贸易发展和政治文化交流。随着银行外汇业务的发展,国际间广泛使用代表外汇的各种信用工具(如汇票),使不同国家间的货币购买力的转移成为可能,实现国际支付。

2. 促进国际贸易和资本流动

以外汇清偿国际间债权、债务关系,不仅可以节省运送现钞、黄金的费用,避免运送风险,而且可以避免资金积压,加速资金周转,从而促进国际间商品交换和资本流动的发展。

3. 调剂国际间资金供需

发达国家的剩余资金有获利的需求,需要寻找出路;而发展中国家需要有选择地利用国际金融市场上的长短期信贷资金。外汇加速了不同市场上资金的流动,从资金供过于求的市场流向资金供不应求的市场,平衡了不同市场上的资金供求关系。因此,外汇可以发挥调剂国家之间资金余缺的作用。

4. 平衡国际收支、稳定汇率、偿还对外债务

对于政府而言,可以通过调节外汇储备来实现某些财政目的。例如,通过调节外汇储备,来平衡国际收支、稳定汇率、偿还对外债务等。

二、外汇的形态

外汇的形态是指外汇作为价值实体的存在形式。外汇往往以不同的形态存在于国际市场上,主要包括外汇现钞、外币支付凭证、外币有价证券、特别提款权和其他外汇资产等。

(一)外币现钞

外币现钞是指以可兑换货币表示的货币现钞,包括纸币、铸币。在国际经济交易中,特别是在非贸易交易中,常以外币现钞作为支付手段。在外汇牌价上,我们经常看到用 3 个英文字母表示货币的名称。例如,美元(USD)、欧元(EUR)、日元(JPY)、英镑(GBP)、新西兰元(NZD)、澳元(AUD)。

(二)外币支付凭证或者支付工具

外币支付凭证或者支付工具包括票据、银行存款凭证、银行卡等。

票据是汇票、本票、支票与信用卡等各种支付工具的统称,共同构成了国际上常用的外币支付凭证。

汇票(bill of exchange)是由发票人签发的,要求付款人按照约定的付款期限对指定人或持票人无条件支付一定金额的书面命令。汇票的发票人是债权人,汇票的付款人可以是银行也可以是其他当事人。不一定要求见票即付,因此具有信贷工具的作用。

本票(promissory note)是由发票人向收款人或持票人签发的保证在指定到期日无条件支付一定金额的书面承诺,这里发票人一般是债务人。

支票(check)是由发票人向收款人签发的委托银行见票后无条件支付一定金额的书面命令。支票发票人一般是债务人;支票必须是以银行为付款人,支票要求付款人见票即付,

因而支票仅仅起支付工具的作用。

信用卡(credit card)是信用机构对具有一定信用的顾客提供的一种赋予信用的卡片。

银行存款凭证主要是银行外币存款,它是指以可兑换外国货币表示的各种银行存款,主要有外币的活期存款、储蓄存款和定期存款等。

(三)外币有价证券

外币有价证券是指以可汇兑外国货币表示的用以表明财产所有权或债权的凭证。包括外币股票、外币债券和外币可转让存款单等,其中外币可转让存款单是指可在票据市场上流通转让的定期存款凭证。

(四)特别提款权

《英汉证券投资词典》对特别提款权(Special Drawing Right,SDR)的定义是,"国际货币基金组织提供给全体会员国的一种国际货币储备单位,最早发行于1970年。为成员国在货币基金体系内的资产储备,又称纸黄金。最初发行时每一单位等于0.888克黄金,与当时的美元等值。"发行特别提款权旨在补充黄金及可自由兑换货币以保持外汇市场的稳定。

(五)其他外汇资产

其他外汇资产包括在国外的各种投资及收益,各种外汇放款及利息收入,在国际货币基金组织的储备头寸、国际结算中发生的各种外汇应收款项、国际金融市场借款、国际金融组织借款等。

三、外汇的种类

外汇按照不同标准可以划分为不同的种类。

(一)按照外汇进行兑换时的受限制程度划分

1. 自由兑换外汇

又称自由外汇,是在国际结算中使用最为频繁的,允许在国际金融市场上自由买卖,在国际金融中可以用于偿清债权债务,并可以自由兑换其他国家货币的外汇。它可无条件地自由地兑换为其他货币,无须货币发行国批准。

根据IMF协定,接受IMF第八条规定的国家的货币为自由兑换货币。这些国家必须履行三条法规:

(1)对国际经常往来的付款和资金转移不得施加限制;

(2)不施行歧视性货币措施或多种货币汇率;

(3)在另一成员国要求下,随时有义务换回对方在经常往来中所结存的该国货币。

迄今为止,世界上已经有50多个国家和地区接受了IMF第八条规定,有美元(USD)、欧元(EUR)、日元(JPY)、英镑(GBP)、瑞士法郎(CHF)、丹麦克朗(DKK)、挪威克朗(NOK)、加拿大元(CAN)、港元(HKD)、澳大利亚元(AUD)、新西兰元(NZD)、新加坡元

（SGD）、俄罗斯卢布（RUB）等。

2. 有限自由兑换外汇

指接受 IMF 协定第十四条规定的国家的货币。凡对国际性经常往来的付款和资金转移有一定限制的货币均属于有限自由兑换货币。有限自由兑换货币，对经常项目比较自由，但仍然施加某些限制，而对资本账户限制比较严格。人民币属于有限自由兑换外汇。

3. 记账外汇

又称清算外汇、协定外汇或双边外汇，是指记账在双方指定银行账户上的外汇。往往发生在两个不可兑换货币国家之间，签订双边协议，在年终按照协议相互轧平账户结算余额。或结转下一个会计年度，或用自由外汇结算。不能兑换成其他货币，也不能对第三国进行支付。

（二）根据外汇的来源与用途不同划分

1. 贸易外汇

又称实物贸易外汇，是指来源于或用于国际商品贸易的外汇，即满足因国际间的商品流通所形成的国际支付手段。例如，出口商品，收到国外进口商以外币支付的货款就是贸易外汇。

2. 非贸易外汇

是指除贸易外汇以外的一切外汇，包括一切非来源于或非用于进出口贸易的外汇，如劳务外汇、侨汇和捐赠外汇等。

3. 金融外汇

属于一种金融资产外汇。例如，银行同业间买卖的外汇，既非来源于有形贸易或无形贸易，也非用于有形贸易，而是用于各种货币头寸的管理。资本在国家间转移，无论是间接投资还是直接投资，都以货币形态出现，构成在国家之间流动的金融资产。

（三）根据外汇汇率的市场走势不同划分

在国际外汇市场上，由于多方面的原因，各种货币的币值总是经常变化的，汇率也总是经常变动的，因此我们又可根据币值和汇率走势，将各种货币归类为硬外汇和软外汇，也称为硬货币和软货币（简称硬币和软币）、强势货币和弱势货币。硬外汇指币值坚挺，购买能力较强，汇价呈上涨趋势的自由兑换货币。软外汇指币值疲软，购买能力较弱，汇价呈下跌趋势的自由兑换货币。

由于各国国内外经济、政治情况千变万化，各种货币所处硬币、软币的状态也不是一成不变的。

（四）根据外汇使用不同划分

可分为中央外汇和地方外汇。中央外汇一般由国家相关部门掌握，分配给中央所属部委，通过国家外汇管理局直接拨到地方各贸易公司或其他有关单位，但使用权仍属中央部委或其所属单位。地方外汇是中央政府每年拨给各省、自治区、直辖市使用的固定金额外汇，主要用于重点项目或拨给无外汇留成的区、县、局使用。

（五）其他分类

前面提到的中央外汇和地方外汇，以及下面给出的留成外汇、自由外汇、营运外汇周转外汇额度和一次使用的外汇额度的分类曾经在历史上出现过，现仅给出定义。

为鼓励企业创汇的积极性，企业收入的外汇在卖给国家后，根据国家规定将一定比例的外汇(指额度)返回创汇单位及其主管部门或所在地使用，称为留成外汇。

通过外汇调剂中心相互调剂使用的外汇，称为调剂外汇。

经国家批准保留的靠企业本身积累的外汇，称为自有外汇。

经过外汇管理局批准的可以用收入抵支出的外汇，称为营运外汇。

周转外汇额度指在使用一次后还可继续使用的外汇额度。

一次使用外汇额度指在规定期限内没有使用完，到期必须上缴的外汇额度。

境内的机关、部队、团体、企事业单位以及住在境内的中国人、外国侨民和无国籍人所收入的外汇属于居民外汇。

驻华外交代表机构、领事机构、商务机构所收入的外汇属于非居民外汇。

现汇是指从国外银行汇到国内的外币存款以及外币汇票、本票、旅行支票等银行可以通过电子划算直接入账的国际结算凭证。

额度外汇指国家批准的可以使用的外汇指标。如果想把指标换成现汇，必须按照国家外汇管理局公布的汇率牌价，用人民币在指标限额内向指定银行买进现汇，专业说法叫购汇，必须按规定用途使用。

四、外汇储备

下面介绍我国外汇储备的现状、规模与结构、面临的风险。

（一）我国外汇储备现状

外汇储备作为国家资产，由中央银行持有和管理，授权国家外汇管理局负责具体经营外汇储备。改革开放后，中国以投资来驱动经济增长，在产能过剩和国内需求不足的条件下，加之出口退税等出口导向的政策，国际贸易顺差带来过量外汇，形成本币升值压力，中国政府在保持出口的考虑下，购入外汇以压低人民币汇率。

（二）我国外汇储备规模与结构

1. 规模

2006 年 2 月底中国大陆的外汇储备总额为 8 536.72 亿美元(不包括港澳的外汇储备)，首次超过日本，位居全球第一；2013 年 12 月底中国大陆的外汇储备总额为 38 213.15 亿美元(见表 1-1)。

表 1-1　中国历年外汇储备　　　　　　　　亿美元

年份	平均汇率	年份	平均汇率	年份	平均汇率	年份	平均汇率	年份	平均汇率	年份	平均汇率	年份	平均汇率
1950 年	1.57	1960 年	0.46	1970 年	0.88	1980 年	−12.96	1990 年	110.93	2000 年	1 655.74	2010 年	28 473.38
1951 年	0.45	1961 年	0.89	1971 年	0.37	1981 年	27.08	1991 年	217.12	2001 年	2 121.65	2011 年	31 811.48
1952 年	1.08	1962 年	0.81	1972 年	2.36	1982 年	69.86	1992 年	194.43	2002 年	2 864.07	2012 年	33 115.89
1953 年	0.90	1963 年	1.19	1973 年	−0.81	1983 年	89.01	1993 年	211.99	2003 年	4 032.51	2013 年	38 213.15
1954 年	0.88	1964 年	1.66	1974 年	0.00	1984 年	82.20	1994 年	516.20	2004 年	6 099.32		
1955 年	1.80	1965 年	1.05	1975 年	1.83	1985 年	26.44	1995 年	735.97	2005 年	8 188.72		
1956 年	1.17	1966 年	2.11	1976 年	5.81	1986 年	20.72	1996 年	1 050.49	2006 年	10 663.44		
1957 年	1.23	1967 年	2.15	1977 年	9.52	1987 年	29.23	1997 年	1 398.90	2007 年	15 282.49		
1958 年	0.70	1968 年	2.46	1978 年	1.67	1988 年	33.72	1998 年	1 449.59	2008 年	19 460.30		
1959 年	1.05	1969 年	4.83	1979 年	8.40	1989 年	55.50	1999 年	1 546.75	2009 年	23 991.52		

资料来源:中华人民共和国国家外汇管理局。

2. 结构

中国外汇储备的结构没有对外明确公布。根据国际清算银行报告、路透社报道以及中国外贸收支中各币种的比例来估计,美元资产占 60%~70%左右,日元约为 10%,欧元和英镑约为 20%。

全球外汇交易中,美元的交易额占 86%,美元是国际外汇市场上最主要的外汇:各国中央银行的外汇储备包括黄金与各种货币,但其中最主要的储备资产仍然是美元;全球的主要贸易品几乎都以美元计价;大多数的国际贸易是以美元进行交易;绝大多数的国际性债务工具是以美元计价;在国际旅行时,美元往往是最普遍被接受的货币;几乎每一种货币都是以美元表示价值;当国际发生危机事件,资金希望寻求避风港时,美元通常是第一个被考虑的对象;美元区的情况决定世界范围利率的发展。

(三) 面临的风险

1. 通货膨胀

在执行强制结汇的过程中,中国央行要对抗人民币升值需要对应发行人民币。同时,央行发行的货币是高能货币,经过银行的贷款过程,进一步造成流通中的货币过量,加大通货膨胀的压力。

2. 外币贬值风险

由于中国外汇储备结构中美元资产过多,同时避险保值手段单调,在 2000 年之后的美元大跌过程中,中国外汇储备在账面上贬值严重,但具体损失多少目前还没有对外公布。

3. 流动性风险

外汇储备经营管理特别强调安全性和流动性,这决定了外汇储备主要投资于国际市场上信用等级较高的债券。中国的外汇并非简单持有外国的现钞,而是购买了外国的一些低风险债券。约占 60%~70%比例、逾万亿美元的外汇储备,以美国国债和其他债券形式存在,使得外汇储备的流动性不足,受到中美关系、美国国债市场规模的制约。

4. 市场风险

外汇持有同样面临巨大的市场风险。例如,在雷曼兄弟倒闭前,该银行曾是中国国家外汇管理局的交易对手(counterparty)之一。2008 年,雷曼兄弟在金融危机中宣告破产,这也使得中国外汇储备承受巨大损失。

5. 机会成本

外汇储备该投资在什么地方、该怎么用一直争议不断,外汇储备机会成本很高。2003年 12 月 16 日成立的中央汇金投资有限责任公司承担执行人的角色。2004 年 1 月,我国动用 450 亿美元外汇储备以充实中国银行和中国建设银行的资本金,引起巨大关注。外汇储备的管理成为国际金融研究的重大议题。

第二节 汇 率

本节介绍汇率的概念、标价方法、种类,汇率的变动及影响因素,汇率变化对经济的影响。

一、汇率的概念

汇率指不同货币之间兑换的比率或比价,是用一个国家的货币兑换成另一个国家的货币时买进、卖出的价格,故又称为"汇价"、"兑换率"。

汇率作为两国货币之间的交换比例,客观上是一国货币等于若干数量的其他国家货币,从而使一国货币(或所代表)的价值通过另一国货币表现出来。

二、汇率的标价方法

汇率的标价方法指汇率的表示方法。因为汇率是两国货币之间的交换比率,在具体表示时就牵涉到以哪种货币作为标准的问题。根据所选择的标准不同,可以将汇率的标价划分为三种不同的汇率标价方法。

(一)直接标价法

直接标价法(direct quotation),又叫应付标价法,是以一定单位(1 个、100 个、10 000 个或 100 000 个外币单位)的外国货币作为标准,折算为一定数额的本国货币来表示其汇率。也即,"1 美元=? 人民币"。国际上绝大多数国家和地区(除英国和美国以外)都采取直接标价法。我国也采用直接标价法,报价形式如表 1-2。

(二)间接标价法

间接标价法(indirect quotation),又称应收标价法(receiving quotation),是以一定单位的本国货币为标准,折算为一定金额的外国货币来表示其汇率。例如,英国一直使用间接标价法。

表 1-2　人民币外汇牌价

人民币元

货币名称	现汇买入价	现钞买入价	现汇卖出价	现钞卖出价	中国银行折算价
澳大利亚元	579.91	562.02	583.99	583.99	577.42
加拿大元	575.48	557.71	580.1	580.1	572.88
瑞士法郎	688.2	666.95	693.72	693.72	690.83
欧元	836.06	810.25	842.78	842.78	832.41
英镑	1 056.19	1 023.6	1 063.61	1 063.61	1 052.94
港币	79.89	79.25	80.19	80.19	79.4
日元	6.093 6	5.905 6	6.136 4	6.136 4	6.077
韩国元		0.585		0.634 4	0.604 9
澳门元	77.66	75.05	77.95	80.45	77.74
泰国铢	19.41	18.81	19.57	20.17	19.49
新台币		19.98		21.42	20.7
美元	619.31	614.34	621.79	621.79	615.44

资料来源:中国银行 2014 年 7 月 22 日公布,http://www.boc.cn/sourcedb/whpj/。

（三）美元标价法

各国在制定汇率时必须选择某一国货币作为主要对比对象。这种货币称为关键货币（key currency）或被报价货币（reference currency）,也称基础货币、基准货币、参考货币、单位货币,需要满足使用最多、在外汇储备中所占比重最大和国际上普遍接受的条件。

非本币之间以一种国际上的主要货币或关键货币来作为汇价标准的标价方法,被称为"美元标价法"。美元标价法又称纽约标价法,是指在纽约国际金融市场上,除对英镑采用直接标价法外,对其他外国货币用间接标价法的标价方法。

美元标价法由美国在 1978 年 9 月 1 日制定并执行,目前是国际金融市场上通行的标价法。

三、汇率的种类

外汇汇率的种类很多,有各种不同的划分方法,特别是在实际业务中,分类更加复杂。

（一）按汇率制定的方法划分

基础汇率（basic rate）,是根据本国货币与关键货币实际价值的对比,制定出对它的汇率,这个汇率就是基本汇率。它是确定本币与其他外币之间的汇率的基础。常把对美元的汇率作为基本汇率。

套算汇率（cross rate）,是各国按照对美元的基本汇率套算出的直接反映其他货币之间价值比率的汇率。各国在制定基本汇率后,本币对其他外币的汇率就可通过基本汇率套算出来;几乎所有的货币都与美元有一个兑换率,世界外汇市场上主要是按美元标价法公布汇率的,正因为如此,其他任何两种无直接兑换关系的货币都可以通过美元计算出它们之间的兑换比率,这种计算出来的汇率,被称作套算汇率,或者交叉汇率。

（二）按银行买卖外汇划分

外汇交易与传统金融交易相同。买价和卖价的差额叫点差(spread),做市商准备买入基础货币的价格叫买价(bid),做市商准备卖出基础货币的价格叫卖价(offer)。

买入汇率(buying rate,bid rate),也称买入价,即银行向同业或客户买入外汇时所使用的汇率。采用直接标价法时,外币折合本币数较少的那个汇率是买入价,采用间接标价法时则相反。

卖出汇率(selling rate,offer rate),也称卖出价,即银行向同业或客户卖出外汇时所使用的汇率。采用直接标价法时,外币折合本币数较多的那个汇率是卖出价,采用间接标价法时则相反。

在外汇市场上,银行报价通常同时报出买入价和卖出价,这叫双向报价(two-way price)。银行同业之间买卖外汇时使用的买入汇率和卖出汇率也称同业买卖汇率,实际上就是外汇市场买卖价。

例1-1　某日伦敦外汇市场上美元对英镑的汇率为 GBP/USD＝1.4254/1.4264,可以记为 1.4254－1.4264,1.4254－64,1.4254/64。1.4254 是报价者愿意买入 1 英镑本币须付出的美元外汇数额;1.4264 是报价者愿意卖出 1 英镑本币须收取的美元外汇数额,差价为 10 点。

外汇银行作为从事货币、信用业务的中间商人,盈利主要体现在买入与卖出的差价上。也就是,外汇卖出价高于买入价的部分是银行买卖外汇的毛收益,包括外汇买卖的手续费、保险费、利息和利润等。这里有以下几点值得注意:

（1）买入或卖出都是站在报价银行的立场来说的,而不是站在进出口商或询价银行的角度。

（2）标价方法不同,买价和卖价的位置也不同。在直接标价法下,汇率数值的大小与外汇价值的高低呈正相关关系,因此,买价在前,卖价在后。在直接标价法下,前一数值表示银行的买入汇率,后一数值表示卖出汇率。而在间接标价法下,前一数值表示卖出汇率,后一数值表示买入汇率。

（3）按国际惯例,在国际外汇市场上,交易时通常只先报出 54/64,一旦成交,再确认全部的汇率数字是 1.4254 或 1.4264。

（4）买价与卖价之间的差额,是银行买卖外汇的收益。在外汇市场上,每一"点"为万分之一。如上例,英镑兑美元的买卖差价为每英镑 0.0010 美元,通常称为卖出价高于买入价 10 点。

中间汇率(middle rate),是指买入汇率与卖出汇率的平均数,又称中间价。其计算公式为:

$$中间汇率＝（买入汇率＋卖出汇率）÷2 \qquad (1.1)$$

中间汇率不是外汇买卖的执行价格,它通常只用于对外报道汇率消息以及汇率的综合分析。这种汇率一般不用于客户,而是新闻报道或研究外汇行情和汇率走势时使用。报刊、电台、电视通常报告的是中间价,它常被用作汇率分析的指标,套算汇率也用有关货币的中间汇率套算得出。

现钞汇率(bank notes rate),是指在外国货币不能自由流通时,买卖外汇现钞的兑换率。由于运送外币现钞要花费一定的运费和保险费,因此,银行在收兑外币现钞时的汇率通常要低于外汇买入汇率;而卖出外币现钞的价格一般和外汇卖出价相同。

(三) 按国际货币制度的演变划分

固定汇率是在金本位制和布雷顿森林货币制度下各国货币汇率安排的主要形式,是指由政府制定和公布,一国货币同另一国货币的汇率保持基本固定,汇率的波动限制在一定幅度以内。

如果国家不规定本国货币的固定比价,也没有任何汇率波动幅度的上下限,根据外汇市场的供求关系决定的汇率为浮动汇率,其涨落基本自由。一国货币市场原则上没有维持汇率水平的义务,但必要时可进行干预。

(四) 按汇率是否适用于不同的来源与用途划分

单一汇率(single rate),是指本国货币对某一外国货币只规定一个汇率,各种外汇收支均按这一汇率来结算。

多种汇率(multiple rate),又称多重汇率、复汇率,是指在确定本国货币对某一外国货币的汇率时,根据不同性质和情形,规定两种或两种以上的汇率。多种汇率具有不公平性和歧视性。一国实行多种汇率的主要目的是为了某些特殊的经济利益,比如鼓励出口,限制资本流入等。

(五) 按外汇交易支付工具和付款时间划分

电汇汇率(telegraphic transfer rate,T/T rate),是银行以电报、电传等解付方式买卖外汇时所使用的汇率,即经营外汇业务的本国银行在卖出外汇后,立即用电报、电传等方式通知国外分支行或代理行付款给收款人所使用的一种汇率。由于电汇付款快,银行无法占用客户资金头寸,不能利用汇款资金,同时,国际间的电报、电传收费较高,所以电汇汇率较一般汇率高。外汇市场所公布的汇率也多为电汇汇率,在外汇交易中占有绝大的比重。

信汇汇率(mail transfer rate,M/T rate),是指以信函解付方式买卖外汇时所使用的汇率。在信汇方式下,银行开具付款委托书,通过邮局寄给付款地银行转付收款人,汇出的外汇须在外汇凭证邮寄到国外后,对方银行才能在委托付款行的存款账户内支用,故委托汇出行可以在这段时间内利用客户的外汇资金。信汇业务具有收付时间慢、安全性低、交易费用低的特点,信汇汇率一般低于电汇汇率。

票汇汇率,是指银行兑换各种外汇汇票、支票和其他票据时所采用的汇率。银行在卖出外汇时,开立一张由其国外分支机构或代理行付款的汇票交给汇款人,由其自带或寄往国外取款所使用的汇率。由于票据从售出到付款也有一段间隔时间,银行可以在这段时间内占用客户的头寸,因此票汇汇率一般比电汇汇率低。

(六) 按外汇交割期限划分

即期汇率(spot rate),又称现汇汇率,是指买卖外汇双方成交当天或两天以内进行交割的汇率。交割(delivery)是外汇买卖中的实际收付,是指双方各自按照对方的要求,将卖出的货币存入对方指定的账户的处理过程。

远期汇率(forward rate),又称期汇汇率,是在未来一定时期进行交割,而事先由买卖双方签订合同、达成协议的汇率。到了交割日期,由协议双方按预订的汇率、金额进行钱汇两清。远期外汇买卖是一种预约性交易,是由于外汇购买者对外汇资金需要的时间不同,以及为了避免外汇汇率变动风险而发生的。远期外汇的汇率与即期汇率相比是有差额的。远期汇率与即期汇率的这种差额叫远期差价(forward margin),有升水、贴水、平价三种情况。

(1) 外汇升水(at premium),表示远期汇率比即期汇率贵;

(2) 外汇贴水(at discount),表示远期汇率比即期汇率便宜;

(3) 平价(at par),表示两者相等。

(七) 按外汇买卖的对象划分

同业汇率(inter-bank rate),是银行同业之间进行外汇交易时所使用的汇率。由于银行同业间的外汇交易一般有最低交易金额的限制,故同业汇率又称外汇的批发价。同业汇率的买卖差价一般较小。

商人汇率(merchant rate),是银行与顾客之间进行外汇交易时所使用的汇率,又称外汇的零售价。商人汇率是根据同业汇率适当增(卖出价)、减(买入价)而形成,故其买卖差价一般较大。

(八) 按外汇市场开市和收市划分

开盘汇率(opening rate),也称开盘价,是指外汇市场在每个营业日刚开始时进行首批外汇买卖的汇率。

收盘汇率(closing rate),也称收盘价,是指外汇市场在每个营业日即将结束时最后一批外汇买卖的汇率。

(九) 按汇率形成执制划分

官方汇率(official rate),又称法定汇率,是指一国外汇管理当局(财政部、中央银行或外汇管理机构)规定并予以公布的汇率。官方汇率又可分为单一汇率和多重汇率。其目的在于奖励出口、限制进口,限制资本的流入或流出,以改善国际收支状况。在外汇管制较严的国家,官方汇率就是实际使用的汇率,一切外汇收支、买卖均按官方汇率进行。

市场汇率(market rate),是指由外汇市场供求关系决定的汇率,或在自由外汇市场上买卖外汇的实际汇率。市场汇率受外汇供求变化而波动,同时也受一国外汇管理当局干预外汇市场的影响。如果也公布官方汇率的话,此时的官方汇率只起基准汇率(中心汇率)的作用,实际外汇交易则按市场汇率进行。

在外汇管制较松或不施行外汇管制的国家,往往实行官方汇率与市场汇率并存的外汇制度。这些国家规定官方汇率或者只起中心汇率的作用,或者用于特定项目的支付结算,或者只是有行无市,同时也允许外汇自由买卖,因而存在着外汇买卖自由市场,这个市场决定了市场汇率。市场汇率往往是该国货币的实际汇率。

(十)按汇率是否经过通货膨胀的调整划分

名义汇率(nominal exchange rate),又称现实汇率,是指在外汇市场上由外汇的供求关系所决定的两种货币之间的汇率。名义汇率并不能够完全反映两种货币实际所代表的价值量的比值,它只是外汇银行进行外汇买卖时所使用的汇率。

实际汇率(effective exchange rate),又称真实汇率,是指将名义汇率按两国同一时期的物价水平进行调整后所得到的汇率。计算实际汇率主要是为了分析汇率的变动与两国通货膨胀率的偏离程度,并可进一步说明有关国家产品的国际竞争能力。设 e 为实际汇率,E 为间接标价法下的名义汇率,P 为本国的物价指数,P^* 为外国的物价指数,则计算公式为:

$$e = E \cdot \frac{P^*}{P} \tag{1.2}$$

物价指数一般选用消费物价指数(CPI)或 GDP 平减指数。

(十一)按实行复汇率国家外使用范围划分

按外汇资金用途和性质,可以划分为贸易汇率、金融汇率,更多情况下是两者并存的复汇率。贸易汇率和金融汇率是法定差别汇率最常见的两种形式。

贸易汇率(commercial rate),是专门用于进出口贸易货价及从属费用的计价、交易、结算和结汇的汇率。实行贸易汇率,主要是为了推动本国出口贸易的发展,改善国际收支状况。

金融汇率(financial rate),又称非贸易汇率,是用于非贸易往来如劳务、资本移动等方面的汇率。金融汇率适用于国际资金流动、国际旅游业及其他国际间非贸易性收支的计算和结汇,制定金融汇率主要是为防止短期投机资金流动对本国的冲击和增加旅游等非贸易创汇,金融汇率根据市场供求关系自由波动,中央银行一般不予维持。

一般来说,一国在实行贸易汇率与金融汇率并存的复汇率时,金融外汇汇率要比贸易外汇汇率高,一方面可以鼓励出口,改善贸易收支,另一方面可以控制国际资本流动。

四、汇率变动及影响因素

下面主要介绍汇率变动的度量及其影响因素,包括经济因素、预期因素、信息因素、政府干预和投机活动等。

（一）汇率变动的度量

汇率变动是指货币对外价值的上下波动，包括货币贬值和货币升值。在固定汇率制度下，货币升值和货币贬值称为法定升值和法定贬值。法定升值（revaluation）指一国金融当局决定或国际会议决定增加该国货币的含金量，提高对外币的汇率。法定贬值（devaluation）指一国金融当局决定或国际会议决定减少该国货币的含金量，提高对外币的汇率。一国货币的法定升值与贬值一般是在一国经济形势出现根本性变化时才有可能采取的手段。

在浮动汇率制度下，货币升值和货币贬值称为（市场）汇率上浮和（市场）汇率下浮。汇率上浮（appreciation）是指一种货币兑换另一种货币的数额比原先少。汇率下浮（depreciation）是指一种货币兑换另一种货币的数额比原先多。

货币升值或贬值幅度的计算公式如下：

$$\Delta = \frac{N-O}{O} \times 100\% \tag{1.3}$$

其中，Δ 表示货币升值或贬值幅度，N 表示新汇率，O 表示旧汇率。注意，计算时请将汇率表示为"每单位目标货币相当于多少单位参照货币"。

汇率受到国内、国际诸多因素影响。这些因素既有经济的，也有非经济的，而各个因素之间又相互联系、相互制约，甚至相互抵消，因此汇率变动的原因极其错综复杂，下面我们将作具体分析。

（二）影响汇率变动的经济因素

1. 国际收支状况

国际收支指一国对外经济活动中所发生的收入与支出，是一国对外经济活动的综合反映，它对一国货币汇率的变动有着直接的影响。从短期看，一国国际收支是影响该国货币对外比价的直接因素。当一国的国际收入大于支出（即国际收支顺差）时，在外汇市场上则表现为外汇（币）的供应大于需求，因而本国货币汇率上升，外国货币汇率下降。

注意，国际收支状况并非一定会影响到汇率变动，这主要要看国际收支顺（逆）差的性质。短期的、临时的、小规模的国际收支差额，可以轻易地被国际资本的流动、相对利率和通货膨胀率、金融当局在外汇市场上的干预及其他等因素所抵消。但是，长期的巨额的国际收支逆差，一般必定会导致本国货币汇率的下降。

2. 相对通货膨胀率

国内外通货膨胀率差异是决定汇率长期趋势的主导因素。一般而言，相对通货膨胀率持续较高（出口减少，外汇将减少，外币汇率上升）的国家，其货币在外汇市场上将会趋于贬值；反之，相对通货膨胀率较低的国家其货币则会趋于升值。

3. 经济增长率的差异

在其他条件不变的情况下，一国实际经济增长率相对其他国家来说上升较快，从短期和长期看，有不同的影响。

（1）短期影响。实际经济增长率相对较快，其国民收入增加也较快，会使该国增加对外国商品和劳务的需求，在该国出口不变的条件下，将使该国进口大量增加，导致国际收支项目逆差，造成该国货币汇率下降。

（2）长期影响。对于出口导向型国家来说，经济增长是由于出口增加而推动的，经济高增长则意味着出口的增加，从而使经常项目产生顺差，导致该国货币汇率上升；实际经济增长率相对较快，反映该国经济实力增强，其货币在外汇市场上易被依赖，货币地位提高，使该国货币汇率有上升趋势。

4. 相对利率

相对利率变化对汇率的影响因素包括以下几个渠道。

（1）经常项目渠道。一国利率变化对汇率的影响可通过贸易项目发生作用。当该国利率相对提高时，意味着国内居民消费的机会成本提高，导致消费需求下降，同时也意味资金成本上升，国内有效需求总水平下降会使出口扩大，进口缩减，从而增加该国的外汇供给，减少其外汇需求，使其货币汇率上升。

（2）资本项目渠道。利率水平变化对汇率的影响主要是通过资本，尤其是短期资本在国际间的流动起作用的。当一国利率水平低于其他国家时，会使该国的金融资产对本国和外国的投资者来说缺乏吸引力，国际短期资本流出，外汇市场上外汇供应相对减少。外汇市场上本、外币资金供求的变化则会降低本国货币的汇率。

（3）心理预期渠道。利率的变化对资本在国际间流动的影响还要考虑到汇率预期变动的因素。利率平价理论指出，只有当外国利率加汇率的预期变动率之和大于本国利率时，把资金移往外国才会有利可图，这将引起汇率的变化。例如，东南亚金融危机时，泰国政府为了应对危机所采取的重要举措之一便是提高利率。

不过在这里需要重点强调的是：第一，这一机制起作用的制度要求是不存在资本管制；第二，利率变动对汇率的影响更多的是对短期汇率的影响，利率对长期汇率的影响是十分有限的。

5. 财政收支状况

政府的财政收支状况影响该国货币汇率，是通过政府的财政政策和货币政策渠道。汇率是上升还是下降，主要取决于该国政府所选择的弥补财政赤字的措施。例如，当一国出现财政赤字时，政府可采取以下几种措施：

（1）减少政府公共支出，会通过乘数效应使该国国民收入减少，减少进口需求，促使汇率升值；

（2）增发货币，这样将引发通货膨胀，将导致该国货币汇率贬值；

（3）提高税率，以增加财政收入，如果这样，会降低个人的可支配收入水平，从而个人消费需求减少，同时税率提高会降低企业投资利润率而导致投资积极性下降，投资需求减少，导致资本品、消费品进口减少，出口增加，进而导致汇率升值；

（4）发行国债，从长期看这将导致更大幅度的物价上涨，也会引起该国货币汇率下降。

综上，一般来说，在国家财政出现赤字时，其货币汇率往往有贬值的压力。

6. 外汇储备的高低

外汇储备的高低对该国货币起稳定作用。一国中央银行所持有外汇储备水平，反映了该国干预外汇市场和维持汇价稳定的能力。外汇储备充足的国家，其货币汇率也较坚挺；相反，外汇储备较少的国家，往往会影响外汇市场对该国货币稳定的信心，从而引发贬值。

7. 经济实力

一国较强的经济实力，是形成本币币值稳定和坚挺的物质基础，能够吸引国际资本流入，形成货币升值的预期。而且，各国更愿意持有其货币，这些因素都将导致其货币有升值的压力。国家的经济实力将影响汇率的长期走势。

（三）预期因素

1. 市场预期

市场预期包括对国际收支状况、相对物价水平、相对利率水平或相对资产收益率以及对汇率本身等的预期。如果预期市场上某国货币会下跌（预期贬值），将导致市场上进行货币替换，抛售该国货币，造成该国货币的市场价格立即下降，因此会造成现实贬值。如果预期该国货币不稳定，游资（hot money）会迅速做出反应，短期性资金迅速撤离，该国货币实际下跌。除了直接影响资本供求从而影响短期汇率外，市场预期还通过影响经济从而长期影响汇率。

2. 心理预期

汇兑心理学（Psychological Theory of Exchange）认为外汇汇率是外汇供需双方对货币主观心理评价的集中体现。评价高，信心强，则货币升值。这一理论在解释无数短线或极短线的汇率波动上起到了至关重要的作用。在外汇市场上，当交易者预期某种货币的汇率下跌时，为了规避风险或获取利润，会抛售这种货币，而当他们预期某种货币汇率上涨时，则会大量买进这种货币。

（四）信息因素

现代外汇市场是一个高效率的市场，信息因素对汇率变动具有微妙而强烈的影响。市场上任何微小的盈利机会，都会立刻引起资金大规模的国际移动，因而会迅速使这种盈利机会归于消失。因此，谁最先获得有关"新闻"或信息，谁就有可能获得盈利。

信息因素往往是与预期心理联系在一起，对汇率具有很大影响。外汇市场上的"新闻"信息对汇率的影响，不仅取决于这些"新闻"本身是"好消息"还是"坏消息"，更取决于它是否在预料之中，或者是相较于预料情况的变化。

（五）政府干预因素

1. 财政政策与货币政策

一国政府的财政政策、货币政策对汇率变化的影响是间接的，也是非常重要的。而且，一国政府的财政政策、货币政策对汇率变化的影响也不是绝对的。它们在相对短的时期内可能能起到立竿见影的政策作用,但对汇率的长期影响则要看这些政策对经济实力和长期国际收支状况的影响。

2. 政府的市场干预

各国中央银行为维护经济稳定,避免汇率变动对国内经济造成不利影响,往往对外汇市场进行干预。政府的市场干预是影响市场供求关系和汇率水平的重要因素。

（六）投机活动

政府承诺要保持某一资源储备(如黄金储备、美元储备等)的价格(如外汇汇率)的稳定,如果投机者拥有较大份额的资源,就能影响其价格。投机性因素是影响外汇汇率走势的重要因素,据国际清算银行(BIS)的统计,全球外汇交易额中有80%的交易是投机性交易,因此,外汇交易的基本分析必须研究投机因素如何影响外汇市场的走势。而投机活动对汇率的影响是多样的、复杂的。

综上所述,影响汇率变动的因素有很多,它们之间关系错综复杂。在分析汇率变动时,不能只从某一角度和某一因素进行,而要从不同角度全面综合剖析。同时,在众多因素中,由于国家不同、时间不同、各影响因素所占的重要程度不同,因此分析汇率变动还要与一定的社会经济条件和特定的时间相联系,才能保证分析的客观性和全面性。

五、汇率变动对经济的影响

汇率是一国宏观经济中的重要变量,与各种经济因素有着密切关系。一方面,汇率的变动受到诸多经济因素的影响;另一方面,汇率的变化对其他经济因素产生影响。

（一）对涉外经济的影响

1. 汇率变动对进出口贸易收支的影响

汇率是影响贸易条件的重要因素和直接因素。一国汇率变动,使进出口商品价格发生变化,抑制或刺激国内外居民对贸易商品或者服务的需求,从而影响国际贸易收支状况。

例如,本币贬值后,对出口会产生两种结果:当出口商品的本币价格不变时,其以外币标价时价格降低,使出口商品在国际市场上的竞争力增强,国际需求增加,出口会扩大;当出口商品的外币价格不变时,国内出口商以本币表示的出口利润增加,出口商的意愿供给增加,出口数量增加。

本币贬值后,对进口也会产生两种结果:当进口商品的外币价格不变时,它以本币标价时价格提高,使国内需求减少,进口缩小;若要求进口商品的本币价格保持不变,则需要压低进口商品的外币价格,这使国外的供给意愿减少,进口减少。

2. 汇率变动对资本流动的影响

汇率变动对资本流动的影响可以从以下两个方面来分析。

（1）人们对汇率变动的预期变化对资本流动的影响：如果出现本币对外价值将贬未贬、外汇汇价将升未升的情况，则会通过影响人们对汇率的预期，进而引起国内外资本流动。预期本币将贬值，资本外流；预期本币将升值，资本内流。

（2）汇率真实变化后对资本流动的影响：本币对外真正贬值后，如果人们认为贬值已使得本国汇率处于均衡水平，1单位外币能折合更多的本币，这样就会促使外国资本流入增加，国内资本流出减少。

本币贬值引起资本流动带来的结果也不一样，贬值将会鼓励长期资本流入，从而改善一国资本项目的收支状况。但本币贬值可能导致短期资本外逃，从而恶化一国的国际收支状况。

3. 汇率变化对外汇储备的影响

汇率变动对外汇储备的影响主要体现在三个方面：

（1）汇率变动对一国外汇储备规模的影响。本国货币汇率变动，通过资本流动和对外贸易收支影响本国外汇储备的增减。

（2）储备货币的汇率变动会影响一国外汇储备的实际价值。汇率变动对外汇储备实际价值的影响是不确定的，主要取决于各储备货币的权重。

（3）汇率的频繁波动可能使储备资产遭受损失，将影响储备货币的地位。

4. 汇率变动对国际经济关系的影响

外汇市场上各主要货币频繁的、不规则的汇率波动，不仅会影响其发行国的对外贸易和国内经济，而且也影响着各国之间的经济关系。"汇率战"、"贸易战"所造成的不同利益国家之间的分歧和矛盾层出不穷，这将加深了国际经济关系的复杂化，引发国际金融领域的动荡，甚至影响世界经济的运行。

（二）对国内经济的影响

汇率变动在对一国涉外经济活动产生重大影响的同时，对其国内经济也会产生重大的影响，这种影响一般通过国内物价、货币供求状况和收入变动等渠道传导。通过这种影响，汇率变动不可避免地会影响到一国的国内就业、国民收入、产业结构、资源配置和收入分配等，从而对其整个国内经济状况产生深远的影响。

1. 汇率变动对物价水平的影响

汇率变动对物价水平的影响可以体现在两方面：一是对贸易品价格的影响；二是对非贸易品价格的影响。例如，本币贬值会给一国通货膨胀带来压力，引起物价上涨，可从下面几个角度来看：

（1）从进口的角度来看，本币贬值会导致进口商品本币价格的提高，若进口的是原材料、中间产品，则会导致国内用这些原材料、中间产品进行生产的商品成本提高，进而使这些商品的价格上升，引发成本推进型通货膨胀。若进口的是消费品等制成品，一方面本身会带来消费市场物价上涨，另一方面会对国内同类型产品带来示范效应，提高销售价格。

（2）从出口角度来看，本币贬值带动出口增加，而一国生产的扩大在短期内有一定的困难，因而会加剧国内市场的供求矛盾，国内价格上涨。

（3）从货币发行量来看，本币贬值可增加一国外汇收入，改善外汇收支状况，从而该国的外汇储备也会有一定程度的增加，迫使央行增发相同价值的本币，给通货膨胀带来压力。

（4）对于货币兑换国家，如本币对外币有升值之势，使大量国外资金流入，以谋取利差，若不采取必要控制措施，也推动该国的物价上涨。

2. 汇率变动对国内利率水平产生影响

本币贬值对国内利率水平的影响具有双重性：从货币供应量的角度看，本币贬值会扩大货币供应量，促使利率水平下降；从国内居民对现金的需求来看，导致整个社会的储蓄水平下降，金融资产的价格下降，使得国内利率水平上升。

因此本币贬值究竟是提高还是降低一国的利率水平，要看各国的具体情况而定。不过，一般来说，后面一种趋势要比前面一种强，即对于一般的国家来说，本币贬值随之而来的总是利率上升。

3. 汇率变动对就业水平和经济增长的影响

本币贬值能够增加出口，带来国内投资、消费和储蓄的增加，带动国民经济的增长和劳动就业的增加，一国的贸易收支往往得以改善。若此时一国资源仍有闲置，则贸易收支的改善会通过乘数效应扩大总需求，从而增加国民收入和实现充分就业；但若该国已处于充分就业状态，则本币贬值只会带来国内物价的上升，而不会有产量的扩大和国民收入的提高。

出口增加带动经济增长的程度可用式（1.4）表示：

$$\Delta Y = \frac{1}{MPS + MPM} \cdot \Delta X \tag{1.4}$$

其中，ΔY 为国民收入的变化；ΔX 为出口增长；MPS 为边际储蓄倾向，即出口增量所诱发的国民收入增量中转入储蓄部分的比例；MPM 为边际进口倾向，即出口增量所诱发的国民收入增量中用于购买进口商品的比例。

同样，只要一国汇率下跌，进口价格上涨，一些消费者把原要购买进口商品的支出转移到购买本国生产的商品上，就会产生与出口增加同样的作用，增加国民收入，这一过程可用式（1.5）表达：

$$\Delta IM = \frac{1}{MPS + MPM} \cdot \Delta M \tag{1.5}$$

这里，ΔIM 为进口的减少量，即转为对国内商品或劳务的购买量。

但是，本币贬值鼓励出口，限制进口，从而带动国民收入的倍增是有条件的：

（1）汇率下跌国内资源仍有闲置；

（2）该国不能是严重依赖进口或资源稀缺的状况；

（3）根据对外贸易乘数原理，边际储蓄倾向和边际进口倾向之和应小于1。

4. 汇率变动对产业结构及资源配置的影响

汇率变动对国内产业结构和资源配置有深远影响。本币贬值会实现一国资源的重新配置,从而促使其生产结构升级。

本币贬值,对不同行业的影响也不同:对于出口行业,本币贬值可以鼓励出口,提高出口企业的本币利润;对于进口替代行业,即生产进口替代产品的行业,本币贬值可以提高进口产品的本币价格,限制进口,提高进口替代行业的利润;对于以贸易产品为原材料、中间产品的生产行业,本币贬值会提高贸易产品的本币价格,生产成本会提高,行业利润下降;对于内向型企业,因为从投入到产出与国际市场联系较少,所以本币贬值对其利润影响不大。

本币贬值后,出口扩大,贸易部门的利润率可能会高于非贸易部门,由此引起资源从非贸易部门向贸易部门转移。贸易部门在整个经济体系中的比重增大,提高了本国的对外开放程度。本币升值的情况与此相反。因此,通过汇率变化,可以使产业结构不断升级、优化。

5. 汇率变动对一国国民收入水平和结构的影响

在一国货币贬值后,生产结构会调整,在扩张性部门密集使用的生产要素如资本可以得到更多的利益;在收缩性部门密集使用的生产要素(如劳动)相应就会有所损失,这样,资本的所有者(资本家)会因此而获利,而劳动的所有者(劳动工人)则会受损。

扩张性部门内部会出现收入再分配,在贬值后,由于出口产品、进口替代产品的国内价格上涨,所以生产这些商品的企业的利润会有所增加,但在这一过程中,工人的工资不可能立即跟着增加,部分收入从工人转移到资本家手中。本币贬值对一国国民收入分配的影响会加剧两极分化。

6. 汇率变动对微观经济活动的影响

固定汇率制下,汇率变动对微观经济的影响不明显;浮动汇率制下,微观经济主体对外汇风险的预测和防范非常重要。

对进口商来说,计价货币升值对其不利;对出口商来说,计价货币贬值对其不利。软货币是汇率有下跌趋势的货币,硬货币是汇率有上涨趋势的货币,所以,进口商应力争使用"软货币",出口商应力争使用"硬货币"。

前面分析了汇率变动的一般经济影响,对不同的国家,或对同一国家的不同时期而言,这些经济影响的相对重要性可能不一样。各国在利用汇率政策(即通过对汇率变动的管理)来调节经济时,一定要根据各自的具体特点,选择正确的汇率政策,以达到预期的经济效果。

第三节　外汇市场与外汇交易

这一节介绍外汇市场和外汇交易。外汇市场部分详细介绍外汇市场的概念、特点、参与者、国际主要外汇市场以及人民币外汇市场情况。外汇交易部分介绍基本概念、交易市场、交易方式、交易形式、交易机制、清算方式、市场基础设施等内容。

一、外汇市场

（一）外汇市场概念

外汇市场（foreign exchange market，简称 Forex、FX 或 currency market），指分散于全球各地用于交易货币的金融市场。

主要外汇市场包括伦敦外汇市场、纽约外汇市场、东京外汇市场、苏黎世外汇市场、新加坡外汇市场、香港外汇市场和法兰克福外汇市场。

我国自 2005 年 7 月 21 日汇率形成机制改革后，外汇市场迅速发展，2007 年外汇市场总成交量超过当年进出口贸易总额，2008 年超过当年国内生产总值。

国家外汇管理局《2013 年中国国际收支报告》显示，2013 年人民币外汇市场累计成交 11.2 万亿美元，其中：银行对客户市场和银行间外汇市场分别成交 3.72 万亿美元和 7.53 万亿美元；即期交易累计成交 7.09 万亿美元；衍生产品市场需求持续上升，远期外汇市场累计成交 6 045 亿美元；外汇和货币掉期市场累计成交 3.48 万亿美元，其中银行间外汇和货币掉期市场累计成交 3.4 万亿美元；期权市场累计成交 732 亿美元；银行对客户市场累计成交 514 亿美元；银行间期权市场累计成交 218 亿美元。

（二）市场参与者

外汇市场是世界上流动性最好的金融市场。市场参与者类型众多。

中央银行在外汇市场上，经常被迫买进或卖出外汇来干预外汇市场，以维持市场秩序。

银行垄断了一般的小量现钞买卖和支票兑现业务。

外汇经纪商是指存在于外汇银行之间、外汇银行和外汇市场其他参与者之间的，代理外汇买卖业务并收取佣金的中介。外汇经纪商本身并不买卖外汇，而是连接外汇买卖双方，促使他们达成交易。国际上银行间的大笔外汇买卖，多是通过外汇经纪商成交的。

外汇投资者预测汇率的涨跌，以现汇（spot）、远汇（forward）或者期货外汇（futures）的交易途径，以少数的保证金从事大额外汇买卖交易，获取利润。投机交易者通过经纪商或银行间接参与外汇交易。

外汇交易员是指从事外汇交易的专门技术人员，首席交易员负责交易室和交易队伍的全部工作，决定整个交易活动的战略和计划，分配和控制限额，管理交易活动和交易头寸状况，承担外汇交易的损益责任。

我国大陆银行间外汇市场的参与主体以境内银行业金融机构为主，同时包括部分非银行金融机构和非金融企业。

二、外汇交易

下面介绍外汇交易及其品种，列举了我国目前交易的外汇品种。

（一）外汇交易

1. 外汇交易的重要性

外汇交易产生的原因主要包括以下几点。

（1）外汇交易发生的最主要根源是由于国际经济交易的发生和随之而产生的国际结算、国际投资、外汇融资和外汇保值等业务的需要。

（2）在现实经济运行中，外汇交易产生的更深刻的根源在于货币代替和资产代替两种持有货币的动机。当资产以外汇计价并作为支付手段时，就会产生货币替代；当资产以外汇计价并作为价值储藏手段时，就会产生资产替代现象。

2. 外汇交易的特点

外汇交易可以发生在 OTC 市场，也可以在交易所进行，因此，外汇交易市场有交易所交易及场外交易两种类型，外汇交易市场的特点可分别考察。

（1）交易所交易的特点。交易所交易是传统的交易方式。一般，交易所交易实行会员制，须申请席位，并经批准后才能成为会员，进行交易。会员不能与场外交易者进行交易，如要从事交易，须经过专门的经纪商。

（2）场外交易市场的特点。场外交易市场特点是：有市无场、循环作业及零和博弈。

归纳一下，外汇交易与股票交易的区别见表 1-3。

表 1-3　外汇交易与股票交易的区别

项目	股票交易	外汇交易
交易方式	撮合过程	谈判过程
市场状态	有形市场，交易所交易（深、沪）	地理上分散，空间上统一：有市无场，没有固定交易场所
报价方式	统一报价，客户被动接受价格，各证券公司的价格在同一时间同一股票下价格一致	各家银行独立自主报价，参照市场行情，具体银行价格点差不一致
市场划分	一级市场即投资银行业务；二级市场即客户买卖股票业务	个人外汇买卖和银行间外汇买卖市场
交易单位	交易基本单位为 1 手＝100 股，具体金额要看每股价格	银行间的交易单位等值于 100 万美元；个人间的交易单位以 50～100 美元为起点，要看各家银行具体规定
交易品种	无数只股票	交易币种大致有 8 种左右
交易时间	白天（9:00—11:30；13:30—15:00）	时间连续性，循环作业：全球各金融中心因时差连成了一个全天 24 小时连续作业的全球外汇市场，节假日除外
操作方向	单向操作：只有股价上涨，才能盈利	双向操作：只要预测正确，汇率上升或下降，都可以盈利
交易费用	证券公司获得经纪佣金及交易服务费收入	一般来说，银行不收取交易费用，银行获得买卖点差收入

（二）交易方式

在中国适合中小投资者参与的外汇交易方式主要有两种：外汇实盘交易及外汇保证金交易。前者可以通过开设银行账户交易，后者主要是通过在国外一些交易商的国内代理商处开户后进行交易，因为国内没有自己的交易商。

1. 实盘交易

外汇实盘交易又称外汇现货交易。在中国个人外汇交易，是指个人委托银行，参照国际外汇市场实时汇率，把一种外币买卖成另一种外币的交易行为。自从 1993 年 12 月工商银行上海分行开始代理个人外汇买卖业务以来，随着中国居民个人外汇存款的大幅增长，新交易方式的引进和投资环境的变化，个人外汇买卖业务迅速发展，目前已成为中国除股票以外最大的投资市场。

2. 保证金交易

外汇保证金交易又称虚盘交易，就是投资者用自有资金作为担保，从银行或经纪商处提供的融资放大来进行外汇交易，也就是放大投资者的交易资金。融资的比例大小，一般由银行或者经纪商决定，融资的比例越大，客户需要付出的资金相对就越少。

（三）交易形式

1. 个人外汇交易业务

又称外汇宝业务，是指银行接受个人客户的委托，参照国际金融市场现时汇率，为个人把一种外币买卖成另一种外币的业务。从商业银行角度而言，个人外汇交易属于中间业务；从外汇市场的层次结来看，个人外汇交易属于零售市场范畴，是外汇市场的有机组成部分。

目前，我国个人外汇宝业务主要有四种交易方式：一是传统的手工柜台交易，二是电话委托交易，三是多媒体自助交易，四是新兴的网上交易。

2. 零售性外汇交易

零售性外汇交易指银行与客户间的外汇交易。典型的银行外汇零售业务，是对居民个人用汇，如公务出差、商务考察、文化体育交流，或留学、探亲、旅游等用汇，可在经营外汇业务银行的柜台上直接购入外汇。

3. 批发性外汇交易

批发性外汇交易指银行同业间外汇交易。外汇银行在对客户买入或卖出外汇后，其自身所持有的外汇就会出现多余或短缺。某种货币买入过多，就会形成多余的情况，称为长头寸（long position）；某种货币卖出过多，就会形成短缺的情况，称为短头寸（short position）。批发性交易是外汇银行根据其头寸的总差额和汇率走势，在银行当日零售业务结算后，在银行同业外汇市场上做外汇即期或远期的抛补交易。

4. 离岸外汇交易

离岸外汇交易是指在货币发行国境外进行的货币兑换，最初是欧洲美元交易，随后扩展到所有可兑换货币交易。在地域概念上，市场范围先是由伦敦扩展到巴黎、法兰克福，接着是新加坡、加勒比海、列支敦士登、开曼、巴哈马等。

第四节　外汇风险与外汇管理

本节综述外汇风险和外汇管理。

一、外汇风险

外汇风险从不同的角度有不同的划分。根据其含义和构成要素，金融风险一般划分为市场风险、信用风险和操作风险，也可以具体划分为交易风险、会计风险、经营风险、利率风险、信用风险和国家风险等，不同种类的风险，其特征和对应的风险管理也各不相同。

（一）含义

外汇风险（foreign exchange exposure），又称汇率风险，是指金融公司、企业组织、经济实体、国家或个人在一定时期内对外经济、贸易、金融、外汇储备的管理与营运等活动中，以外币表示的资产（债权、权益）与负债因未预料的外汇汇率的变动而引起的价值的增加或减少的可能性。外汇风险可能的结果是获利或遭受损失。

（二）构成要素

外汇敞口（foreign exchange position）指暴露在汇兑风险下的外汇买卖余额，这种买卖余额的产生，除了由一般外汇买卖行为产生外，也可能是投资者依预期所创造出来的投机性余额。

外汇风险的构成要素包括三个部分：本币、外币和时间。

（三）外汇风险的类型

（1）交易风险（transaction risk），是指在外汇交易中，由于外币与本币之间以及外币与外币之间汇率变动，会给一方带来损失，给另一方带来收益。

（2）会计风险（accounting risk），又称为平价风险、账面风险、折算风险或转换风险（translation risk），是指外汇交易者对资产负债表进行会计处理中，在将一种功能货币转换成另一种记账货币时，因汇率变动而呈现账面损失的可能性。

（3）经营风险（operating risk），又称经济风险（economic risk），是指由于未预料的汇率变化，通过对生产成本、销售价格以及产销数量的影响，导致外汇交易者未来一定期间收益或现金流量变化的一种潜在风险。风险的大小取决于汇率变化对企业产品的未来价格、销售量以及成本的影响程度。

（4）利率风险（rate risk），是指在外汇交易中由于利率变化给资产、负债或债权债务带来损失。

（5）信用风险（credit risk），是指在外汇交易中由于国外当事人违约所带来的以外币计值的资产或负债的损失的可能性。

（6）国家风险（country risk），又称主权风险（sovereign risk），是指在外汇交易中由于受到其他国家法律、法令、政策或政治局势的影响所带来的损失，即因国家强制的因素使交易对方违约带来的资产或负债损失的可能性。

二、外汇管理

外汇管理，广义上指一国政府授权国家的货币金融当局或其他机构，对外汇的收支、买卖、借贷、转移以及国际间结算、外汇汇率和外汇市场等实行的控制和管制行为；狭义上是指对本国货币与外国货币的兑换实行一定的限制。

外汇管理内容包括经常项目外汇管理、资本项目外汇管理、外汇储备管理、外汇市场管理、货币兑换管理、黄金管制和汇率管理等。

同步测练

1. 名词解释

外汇　外币现钞　自由兑换外汇　有限自由兑换外汇　记账外汇　贸易外汇　非贸易外汇　金融外汇　硬外汇　软外汇　中央外汇　地方外汇　留成外汇　调剂外汇　自由外汇　营运外汇　外汇储备　基础汇率　套算汇率　买入价　卖出价　中间价　固定汇率　浮动汇率　单一汇率　多种汇率或复汇率　电汇汇率　信汇汇率　票汇汇率　即期汇率　远期汇率　同业汇率　商人汇率　开盘汇率　收盘汇率　官方汇率　市场汇率　名义汇率　实际汇率　贸易汇率　金融汇率　相对利率　市场预期　心理预期　政府干预　外汇市场　外汇交易　即期外汇交易　远期外汇交易　择期外汇交易　外币期货交易　外币期权交易　掉期外汇交易　套汇　套利　利率掉期　货币掉期　利率期权　外汇风险　交易风险　会计风险　经营风险　利率风险　信用风险　国家风险

2. 简答题

（1）试述外汇的静态含义和动态含义。

（2）外币资产成为外汇的条件是什么？

（3）外汇的基本特征是什么？

（4）汇率的标价方法有几种？

（5）试分析影响汇率变动的经济因素有哪些？

（6）国际收支状况如何影响汇率变动？

（7）相对利率如何影响汇率变动？

（8）试分析政府干预如何影响汇率变动。

（9）汇率变动对经济的影响有哪些？

（10）外汇风险的构成要素有哪些？

（11）外汇风险的类型包括哪些？

3. 论述题

试列举 20 世纪 90 年代和 21 世纪初的一些重大金融事件，说明汇率波动对经济的影响。

C
第二章
HAPTER TWO

汇率决定理论

学习目标

通过本章学习,掌握金本位下的汇率决定理论、古典理论、利率平价理论、购买力平价理论、货币分析和资产组合分析模型,理解均衡汇率理论,了解汇率决定理论的最新进展。

重难点提示

- 金本位下的汇率决定理论
- 汇率决定的古典理论
- 利率平价理论和购买力平价理论
- 货币分析和资产组合分析模型

第一节　金本位下的汇率决定

金本位下的汇率决定与纸币本位下的汇率决定有根本性的不同,本节阐述金本位下的汇率决定,后面七节介绍纸币本位下的汇率决定理论。

一、金本位与纸币本位

货币制度的发展经历了两个阶段:金本位(包括金币本位制、金块本位制、金汇兑本位制)和纸币本位制度。两种制度下有显著差异。

(一)金本位

金本位即金本位制(gold standard),就是以黄金作为货币度量的基础,并且黄金参与流通的货币制度。金本位是由牛顿创立的,于 19 世纪中期开始盛行。金本位下,用黄金来规定货币所代表的价值,每一货币单位都有法定的含金量,各国货币按其所含黄金重量而有一定的比价;金币可以自由铸造,是无限法偿的货币;各国的货币储备是黄金,黄金可以自由输出与输入,并用于国际结算。

在金本位制下,每单位的货币价值等同于若干重量的黄金(即货币含金量);国家之间的汇率由它们各自货币的含金量之比——金平价来决定。

金本位制经历过三种形式。

1. 金币本位制

金币本位制是最典型的形式,就狭义来说,金本位制即指金币本位制。第一次世界大战时期,各帝国主义国家为准备战争,加紧对国内外黄金的掠夺,并大量发行银行券,使金币本位制运转机制受到破坏。

2. 金块本位制

1922 年在意大利热那亚城召开的世界货币会议上决定采用"节约黄金"的原则,实行金块本位制(gold bullion standard)和金汇兑本位制。

金块本位制又称"生金本位制",是以黄金作为准备金,以有法定含金量的价值符号(银行券或纸币)作为流通手段的一种货币制度。黄金只作为货币发行的准备金集中于中央银行,而不再铸造金币和实行金币流通;金币的铸造和流通以及黄金的自由输出入已被禁止;黄金已不能自动调节货币供求或者稳定汇率。

3. 金汇兑本位制

金汇兑本位制又称"虚金本位制",实行金汇兑本位制的国家,对货币只规定法定含金量,禁止金币的铸造和流通。国内实行纸币流通,货币一般与另一个实行金本位制或金块本位制国家的货币保持固定的比价,并在后者存放外汇或黄金作为平准基金,从而间接实行了金本位制。

在金汇兑本位制度下,黄金已不能发挥自发地调节货币流通的作用,货币流通失去了调节机制和稳定的基础,从而削弱了货币制度的稳定性。如果纸币流通量超过了流通对货币的需求量,就会发生货币贬值、物价上涨。而实行金汇兑本位制度的国家,其对外贸易和金融政策会受到与之相联系国家的货币政策的影响与控制。

金块本位制和金汇兑本位制是在金本位制的稳定性因素受到破坏后出现的两种不健全的金本位制。

(二)纸币本位制

20世纪30年代金本位制完全崩溃以后,在世界各国普遍实行纸币本位制(paper money standard),又称"自由本位制",是以不能与金银相兑换的纸币作为本位币的一种货币制度。不规定纸币的含金量,也不允许纸币与金(银)兑换,纸币作为主币流通,具有无限法偿能力。

英国经济学家凯恩斯在20世纪20年代把金本位制贬为"野蛮的残余",把纸币本位制称为管理本位制,认为这个制度使国家得以充分地管理货币的流通,任意地增减货币量,以谋求物价和生产的稳定。然而,纸币本位制既未能使资本主义国家摆脱20世纪30年代的大萧条,也未能刹住60—70年代的严重通货膨胀。

二、金本位下的汇率决定模型

(一)金币本位:铸币平价

在金本位制度下,常用黄金来规定货币能代表的价值,各国均规定了每一金铸币单位包括的黄金重量和成色,即含金量(gold content)。货币的汇价应该等于货币的含金量之比,也即金平价(gold parity)。如一英镑含2克金,一美元含1克金,则1英镑=2美元。两国货币间的比价要用其各自所含的含金量来折算。

铸币平价(mint parity)是金平价(gold parity)的一种表现形式,指两个实行金本位制度的国家,其单位货币的含金量之比。铸币平价是金铸币本位制度下决定两国货币汇率的基础。

例2-1 在1929年大危机之前,英国规定1英镑金币的重量为123.27447格令(Grains),成色为0.91667,即1英镑的纯含金量为113.0016格令(123.27447×0.91667);美国规定1美元的重量25.8格令,成色为0.9000,则含金量为纯金23.22格令(25.8×0.9000)。

这样,英镑与美元之间的汇率为:

$$\text{GBP } 1 = \frac{123.27447 \times 0.91667}{25.8 \times 0.9000} = \frac{113.0016}{23.22} = \text{USD } 4.8665$$

即1英镑金币的含金量等于1美元金币含金量的4.8665倍。

注意,这里不能认为英镑与美元的汇率为GBP 1=USD 4.8665,因为铸币平价只是决定汇价的基础,但并不就是汇价,汇价还要受到外汇供求的影响。铸币平价建立在两国法定的含金量基础上,而法定的含金量一经确定,一般是不会轻易改动的,因此,作为汇率基础的铸币平价是比较稳定的。

外汇市场上买卖外汇时的实际汇率,围绕铸币平价的一定的界限上下波动。这个界限就是黄金输送点(gold points),黄金输送点是指在金本位制度下外汇汇率波动引起黄金输出和输入国境的界限,它等于铸币平价加(减)运送黄金的费用。这是因为金本位制度下黄金具有自由熔化、自由铸造和自由输出入的特点,黄金可以代替货币、外汇汇票等支付手段用于国际间的债务清偿,只是黄金的运送需要一定的费用。在金币本位制度下,黄金可以自由输送。如果汇价涨得太高,交易者就不愿意购买外汇,而要运送黄金进行清算了。黄金输送点一般是根据进行国际贸易的两国之输送费用和利息计算的。

例 2-2 英镑与美元的铸币平价为 GBP 1＝USD 4.8665,英美两国之间运送 1 英镑黄金的费用为 0.03 美元,则汇率变动的上下限为:

(1) 上限＝铸币平价＋运送费用,即

$$GBP\ 1＝USD\ 4.8665＋USD\ 0.03＝USD\ 4.8965$$

若英镑对美元的汇率超过了 4.8965,则美国进口商愿输出黄金,以黄金结算;美国出口商愿以英镑外汇结算。外汇市场上对英镑的需求减少,而英镑的供给增加,于是英镑贬值,英镑的汇率下浮到 4.8965 下。

(2) 下限＝铸币平价－运送费用,即

GBP 1＝USD 4.8665－USD 0.03＝USD 4.8365

GBP 1＝USD 4.8365 称为美国的黄金输入点、英国的黄金输出点。

(二) 金块本位和金汇兑本位:法定平价

金块本位制和金汇兑本位制下,黄金很少直接参与流通和支付,输入输出受到限制。货币具有法定而非真实的含金量,也即由政府规定的价值。决定汇率的基础是法定平价(fixed par of exchange),即货币汇率由纸币所代表的含金量之比决定。法定平价也是金平价的一种表现形式。在金块本位和金汇兑本位制度下,虽说决定汇率的基础依然是金平价(法定平价),但汇率波动的幅度则由政府来规定和维护,不再受制于黄金输送点。

第二节　汇率决定理论:古典理论

从 19 世纪后期到 20 世纪 30 年代,资本主义由自由竞争向垄断阶段过渡。这一时期的汇率研究,结合了从金本位制到不兑换纸币制度的实际。

一、国际借贷学说

国际借贷学说出现和盛行于金本位制时期,该理论渊源可追溯到 14 世纪,是国际收支学说的早期形式。

1861年,英国学者戈森(G. I. Goschen)发表《外汇理论》,提出国际借贷说(Theory of International Indebtedness),从国际收支角度较完整地阐述了汇率与国际收支之间的关系,标志着系统的汇率决定理论的形成。

戈森认为,汇率的变动是由一国对其他国家的债权、债务来决定的。一国的经常项目和资本项目差额构成一国的国际借贷差额。国际借贷的出超和入超是决定一国资金流入或流出的最根本原因,而资金的流入或流出则直接影响该国货币汇率的涨落。国际借贷关系是决定一国汇率涨落的关键。

戈森的国际借贷理论第一次较为系统地从国际收支的角度解释外汇供求的变化,分析了汇率波动的原因。该学说在金本位制度下是成立的。事实证明,国际收支失衡是导致汇率变动的主要原因之一。

二、国际收支学说

戈森的理论实际是汇率的供求决定论,但他没有说明具体哪些因素会影响到外汇的供求,从而大大限制了这一理论的应用价值。现代国际收支说对国际借贷说这一缺陷进行了弥补。

国际收支说认为:由于国际收支状况决定着外汇的供求,因而汇率实际取决于国际收支。因此,影响国际收支的因素也将间接影响汇率。如果将除汇率以外的其他变量均视为已经给定的外生变量,则汇率将在这些因素的共同作用下变化到某一水平,从而起到平衡国际收支的作用。国际收支学说通过说明影响国际收支的主要因素,进而分析了这些因素如何通过国际收支作用到汇率上。

该学说认为,影响国际收支,进而影响汇率的主要因素有:本国和外国的国民收入,本国和外国价格水平,本国和外国的利率水平,以及对未来汇率水平变化的预期。

(一)各变量变动对汇率的影响

下面分析各个变量的变动对汇率的影响。

其他条件不变时,本国国民收入增长导致进口增加,对外汇的需求增加,因此本币汇率会上涨;外国国民收入的增长,会导致出口增加,导致外汇供给增长,使汇率下跌。

其他条件不变时,本国的一般物价水平上涨,导致本国产品竞争力下降,导致经常账户收支恶化,因此本币汇率会上涨;外国的一般物价水平上涨,导致本国产品竞争力上升,导致经常账户收支改善,使汇率下跌。

其他条件不变时,本国的利率水平上涨导致资本内流,对外汇的供给增加,使汇率下跌;外国的利率水平上涨导致资本外流增加,外汇需求增长,因此本币汇率会上涨。

(二)对国际收支说的评价

下面从积极评价和消极评价两个角度来对该理论进行点评。

1. 理论的贡献

国际收支是重要的宏观经济变量,国际收支说从宏观经济角度而不是货币数量角度(价格、利率)研究汇率,指出了汇率与国际收支之间存在的密切关系,有利于全面分析短期内汇率的变动和决定,是现代汇率理论的一个重要分支。

2. 理论的缺陷

(1) 国际收支说仍只是一种汇率分析工具,不能被视为完整的汇率决定理论,只是指出汇率与其他宏观经济变量存在着的联系;并没有对影响国际收支的众多变量之间的关系及其汇率之间的关系进行深入分析。用商品供求关系来分析外汇市场不太适合,只适用于发达国家的外汇市场。

(2) 国际收支学说是关于汇率决定的流量理论。认为国际收支引起的外汇供求流量决定了汇率水平及其变动,但并没有进一步分析哪些因素决定了这一流量。没有说明汇率决定的基础,也无法解释在纸币流通制度下由通货数量增减而引起的汇率变动等问题。

(3) 国际收支说并没有对影响国际收支的众多变量之间的关系,及其与汇率之间的关系进行深入分析,并得出具有明确因果关系的结论。

后来,凯恩斯学派对该理论进行了发展,提出了调整国际收支的弹性论和国际收支调节的吸收论,肯定了国家干预对汇率变动的作用。

三、汇兑心理学说

14 世纪初,法国的学者亚历桑德罗就对汇率变动做了研究,并指出汇率的变动主要受风险和心理因素的影响。

1927 年法国经济学家阿富特里昂(Aftalion)出版《货币、物价与汇兑》一书,根据边际效用价值论观点对汇率决定及其变动原因作了解释。提出了"汇兑心理理论"(Psychological Theory of Exchange)。他认为,汇率取决于外币的供给与对外币的需求,而个人对外币的需求则出于对国外商品和劳务的某种欲望,而后者又是由个人主观评价决定的,因为外币对每个人的边际效用不同,故每个人对外币的主观评价各异。但在外汇市场上,因受每个人的主观评价的影响而变动的外汇供求,会自动地趋于平衡,在这个均衡点上供求双方所接受的价格即是汇率,它是外汇供求双方对外币主观心理评价的集中表现。市场评价是个人评价的综合,对外汇均衡价格有影响,因而欲望是外币具有价值的基础,主观评价是外币价值高低的决定因素。这是汇率决定的效用原理,也被称为汇率的心理理论或主观评价理论。

第三节　利率平价理论

凯恩斯(John Maynard Keynes)于 1923 年建立了古典利率平价理论(Theory of Interest Rate Parity),英国经济学家保罗·艾因齐格(Paul Einzig)把外汇理论和货币理论相结合,开辟了现代利率平价理论。

一、抛补的利率平价

抛补的利率平价(covered interest rate parity)是指在完善的金融市场情况下,投资者利用两国利率之差在即期外汇市场和远期外汇市场同时进行反向操作来套利(interest arbitrage)的做法。抛补的利率平价公式为

$$\frac{f-e}{e} = i - i^*$$ (2.1)

其中,e 表示即期汇率,f 表示远期汇率,i 表示本币利率,i^* 表示外币利率。

其经济含义是:汇率的远期升贴水平等于两国货币利率之差。在抛补利率平价成立时,如果本国利率高于外币利率,则本币远期汇率必将升水,本币在远期市场上将贬值;反之亦然。汇率的变动会抵消两国间的利率差异,从而使金融市场处于平衡状态。

二、无抛补的利率平价

投资者还有另外一种选择:根据自己对汇率未来变动的预测,不进行相应的远期交易,而是在承担一定汇率风险的情况下进行投资。此时,投资者通过对未来汇率的预测来计算投资活动的收益。

无抛补的利率平价(uncovered interest rate parity)假定投资者根据自己对未来汇率变动的预期而计算预期的收益,在承担一定的汇率风险情况下进行投资活动。

由于远期汇率反映了市场对未来即期汇率的预期,因此有:

$$i - i^* = \frac{E_e f - e}{e}$$ (2.2)

其中,e 表示即期汇率,f 表示远期汇率,$E_e f$ 表示远期汇率的期望(预期),i 表示本币利率,i^* 表示外币利率。

其经济含义是:汇率的远期升贴水率等于两国货币利率之差。在无抛补利率平价成立时,如果本币利率高于外币利率,则意味着市场预期本币在远期将贬值。

例 2-3　人民币年利率降为 4%,美元年利率保持 5%,如果预期 90 天后即期汇率为 1 人民币兑换 1/6 美元(约 0.1667),那么即期汇率为多少?

$$\frac{4\%}{4} - \frac{5\%}{4} = \frac{\frac{1}{6} - e}{e}$$

由此,可以解出:

$$e = 0.1663$$

三、对利率平价理论的简要评价

（一）理论的贡献

（1）利率平价理论阐明了外汇市场上即期汇率、远期汇率以及相关国家利率变动之间的相互关系，把利率决定的因素扩展到资产市场领域，反映了货币资产因素在国际金融领域内日益重要的作用。

（2）从资金流动的角度揭示了汇率与利率之间的密切关系以及汇率的市场形成机制。

（3）利率平价理论是一种与购买力平价理论互补的汇率决定理论。

（4）利率平价学说研究角度从商品流动转移到资本流动，因而在资本流动非常迅速、频繁的外汇市场上，利率平价始终能够较好地成立。它指出了汇率与利率之间的密切关系，有助于正确认识现实外汇市场上汇率的形成机制，有特别的实践价值，如中央银行可以在货币市场上利用利率的变动对汇率进行调节。它主要应用在短期汇率的决定。

（二）理论的缺陷

利率平价学说的缺陷是：

（1）现代利率平价理论假设资金不受限制地在国际间自由移动，这以发达和完善的金融条件的存在为前提，在现实中是难以满足的。实际上，资本在国际间流动会受到外汇管制和外汇市场不发达等因素的阻碍；在中短期内，国际资本流动对汇率的影响越来越大。

（2）忽略了外汇交易成本；套利活动是有交易成本的，套利资金的供给弹性并非无限大，因而均衡汇率水平很难通过套利行为达到。

（3）利率平价理论忽视了市场投机这一重要因素。

（4）假定套利资本规模是无限的，现实世界中很难成立。

（5）人为地假定了投资者追求在两国的短期投资收益相等，现实世界中有大批热钱追求汇率短期波动带来的巨大超额收益。

利率平价说并不是一个独立的汇率决定理论，只是描述出了汇率和利率的关系。从传递方向上看，不仅利率影响汇率，汇率的变化也会致使资金的流动而影响利率的改变。它常被作为一种基本的关系式而运用到其他理论当中。

第四节　购买力平价理论

1922 年，瑞典学者卡塞尔（Cassel）出版了《1914 年以后的货币和外汇》一书，提出了在纸币制度下两个独立的货币之间的汇率决定原则，认为汇率的变动取决于两国货币购买力的变动，即购买力平价理论（Theory of Purchasing Power Parity，PPP）。

购买力平价包括绝对购买力平价和相对购买力平价。PPP 的概念源于传统经济学关于完全竞争条件的假设：

（1）一价定律（the Law of One Price），指在不考虑交易成本等因素的情况下，对以同一货币衡量的不同国家的某种可贸易商品的价格是一致的，即

$$p_i = e \cdot p_i^* \tag{2.3}$$

其中，本国某商品的价格为 p_i，而外国该商品的价格为 p_i^*，e 为汇率（直接标价法）。

（2）理想产出（ideal output），即在竞争经济中存在均衡相对价格比例，也即贸易品和非贸易品之间的价格比。

PPP 理论隐含了三个重要的前提条件：完全竞争、不存在生产率差异（后面巴拉萨-萨缪尔森效应放宽了这条假定）以及国内外购买篮子相同。

一、绝对购买力平价

我们现在探讨两国价格水平与汇率之间的关系。我们先作如下假设：

（1）所有商品都是贸易品，也即一价定律对所有商品成立；

（2）两国商品种类全部相同，且都是贸易品；

（3）两国物价水平指数的计算中，所采用各种商品的权数相同；

（4）市场完全竞争；

（5）各国价格体系相同；

（6）不考虑交易成本、关税等费用。

记本国价格水平 $P = \sum_{i=1}^{n} \alpha_i p_i$，外国价格水平 $P^* = \sum_{i=1}^{n} \alpha_i p_i^*$。其中，$\alpha_i$ 为第 i 种商品在计算物价水平指数时的权重。

因为一价定律 $p_i = e \cdot p_i^*$ 对任何一种商品都成立，那么不同国家的物价水平以同一种货币计量时是相等的，也即 $P = e \cdot P^*$。整理得到

$$e = \frac{P}{P^*} \tag{2.4}$$

绝对购买力平价说明某一时点上两国间汇率是由本国价格水平与外国价格水平之商决定。当本国价格水平相对上升时，则本国货币的购买力相对下降，即本币贬值，汇率下跌；反之亦然。

二、相对购买力平价

一些经济学者认为绝对购买力平价过于武断。交易成本的存在使得一价定律并不能完全成立，同时各国一般价格水平的计算中商品及其相应权数都是存在差异的，因此各国的一般物价水平以同一种货币计算时并不完全相等，而是存在着一定的偏离。由于交易成本以及物价水平的计算方法都是比较固定的，因此这种偏离也是固定的。我们假设购买力平价以下面的方式成立：

$$e = \theta \cdot \frac{P}{P^*}$$

其中,θ 为偏离系数,当它等于 1 时,绝对购买力平价成立。这时取对数,再微分,得到

$$\frac{\mathrm{d}e}{e} = \frac{\mathrm{d}P}{P} - \frac{\mathrm{d}P^*}{P^*}$$

若把变量的变动率以加点符号表示,那么

$$\dot{e} \triangle \frac{e_t - e_{t-1}}{e_{t-1}} = \pi_t - \pi_t^* \tag{2.5}$$

π_t 和 π_t^* 分别表示 t 时刻的国内和国外通货膨胀率。这表明:两国汇率的变化等于两国通货膨胀率之差。如果本国通胀率超过外国,则本币贬值;如果外国通胀率超过本国,则本币升值。我们称这种汇率决定理论为相对购买力平价(relative purchasing power parity)。

推论:如果两国货币为固定汇率,那么两国通货膨胀率应相等。

三、购买力平价测算

卡塞尔认为:对一个国家的货币的需求,其实是对这种货币的购买力的需求,所以货币的汇价应该由它们的相对购买力来决定。但卡塞尔随即指出这只是汇率决定的一个基本原则,实际上购买力平价无法计算出来。在本国持有外国货币不等于就直接拥有它在外国所代表的购买力,交通运输成本、关税、配额以及非关税壁垒等条件的限制,会使本国拥有的外币的价值受到影响,汇率也就不完全是不同货币的相对购买力的可靠反映。

当汇率高于价格水平之比时,该国汇率水平比均衡水平要高,也即该国汇率被低估了(undervaluation);当该国汇率低于价格水平之比,该国汇率被高估了(overvaluation)。

PPP 可以针对一国、一地区、一个产业而定。如未特指,则 PPP 通常是对 GDP 而言。计算 PPP 大多使用支出法和生产法。

四、实际汇率

在国际贸易中,真正影响净出口的因素不是我们前面所说的货币之间的兑换率(名义汇率),而是两国商品或劳务之间的交换率,即**实际汇率**(real exchange rate)。

$$q = e \cdot \frac{P^*}{P} \tag{2.6}$$

当实际汇率升高的时候,一单位外国商品可以兑换更多的本国商品,本币实际贬值,这将增加本国净出口。因此实际汇率是决定一国出口与进口的关键决定因素。但是,在短期内两国价格黏性的情况下,我们可以认为决定净出口的仅仅是名义汇率。

当绝对购买力平价成立时,实际汇率为 1 并保持不变:$q = e \cdot \frac{P^*}{P} = \frac{P}{P^*} \cdot \frac{P^*}{P} = 1$。当实际汇率不等于 1,那么绝对购买力平价不成立。当实际汇率大于 1 时,这说明 1 单位外国

商品可以兑换多于 1 单位的本国商品,或者本币低估;当实际汇率小于 1 时,本币高估。

当相对购买力平价成立时,实际汇率也不发生变化:$\frac{dq}{q} = \frac{de}{e} - \frac{dP}{P} + \frac{dP^*}{P^*} = 0$。

五、评价

(一)购买力平价理论的贡献

(1)购买力平价理论的主要吸引力在于其内在的简单性,贴近生活经验。

(2)从货币的基本功能(购买力)的角度分析货币的交换问题,非常符合逻辑、易于理解;同时,它的表达形式也较其他汇率决定理论更为直观。

(3)以货币数量说为基础,第一次将货币领域和商品领域连通,开辟了从货币数量角度对汇率进行分析之先河。

(4)对西方发达国家的汇率决定产生了深远的影响,被广泛运用于对汇率水平的分析和政策研究,成为汇率决定理论的基石。

(5)是最有影响的汇率决定理论,购买力平价决定着中长期均衡汇率。

(二)购买力平价理论的缺陷

但购买力平价是否成立一直存在很大争议。其理论缺陷主要有:

(1)主要不足在于其假设商品能被自由交易,并且不计关税、配额和赋税等交易成本。

(2)PPP 只是一种假设,并不是一个完整的汇率决定理论,它并没有阐述清楚汇率和价格水平之间的因果关系,至今仍存在争议。

(3)尚没有得到强有力的实证检验来支持。

(4)忽视了非贸易品因素,也忽视了贸易成本和贸易壁垒对国际商品套购的制约。

(5)计算购买力平价的诸多技术性困难使其具体应用受到了限制。

(6)购买力平价运用综合物价水平,包含了各国 GDP 所有商品和服务的价格,但是汇率只是和各国间可贸易商品直接相关,而各国的非贸易品在其价格指数的计算中占有相当大的权重,这一点在一定的程度上妨碍了购买力平价的成立。

(三)实证检验

随着购买力平价理论的发展和计量工具的创新,对其检验的结果也呈现多样化。此领域中最为著名的检验是世界各国巨无霸价格比较。

英国《经济学家》杂志在 1986 年调查了世界上若干国家巨无霸的价格,并将其指数化,称巨无霸指数(Big Mac Index),以轻松幽默的方式来衡量各国汇率是否处于"合理"的水平。巨无霸指数只牵涉到一种商品,可以用来检验购买力平价的前提——一价定律,也不失为检验购买力平价的一种简易方法。根据 2013 年的结果,整理见表 2-1。

表 2-1　巨无霸指数

国家	巨无霸按市场汇率折算的价格（本币）	巨无霸按市场汇率折算的价格（美元）	隐含的美元购买力平价汇率	实际的美元汇率（2013年1月）	购买力平价与市场汇率的差距（+表示高估，－表示低估）
阿根廷	20	4.64	4.77	4.31	10.47
巴西	10.25	5.68	2.44	1.81	35.3
英国	2.49	3.82	0.59	0.65	−8.91
加拿大	4.73	4.63	1.13	1.02	10.38
中国	15.4	2.44	3.67	6.32	−41.9
印度	84	1.62	20.01	51.91	−61.44
日本	320	4.16	76.24	76.92	−0.88
墨西哥	37	2.7	8.82	13.68	−35.58
俄罗斯	81	2.55	19.3	31.77	−39.25
新加坡	4.85	3.75	1.16	1.29	−10.62
美国	4.2	4.2	1	1	0
法国	3.6	4.57	0.86	0.79	8.81
德国	3.53	4.48	0.84	0.79	6.7
意大利	3.5	4.44	0.83	0.79	5.79

资料来源：http://bigmacindex.org/2013-big-mac-index.html

正如巨无霸指数所显示，一价定律并不成立。

总体上说，对购买力平价的检验，经济学家发现：

（1）长期比短期效果好。长期数据的研究基本都支持购买力平价理论（Lothian and Taylor,1996）。这是因为，经济中许多价格是具有黏性的，需要时间充分调整，所以违反购买力平价的现象在短期比在长期更突出。

（2）高速通胀期间效果更好。用名义汇率对相对价格进行最小二乘回归的检验结果，通常都拒绝购买力平价理论，除了发生高通货膨胀的国家外。在高速通胀的时候，该国价格调整更加迅速，经常是汇率变动根据价格变动等比例地进行调整。

（3）固定汇率比浮动汇率下效果更好。在汇率自由浮动的时候，价格之外的因素非常容易引起反常的汇率波动，而且可能造成汇率超调。

（4）对世界银行和经济合作与发展组织公布的统计数据分析表明，各国的汇率与购买力平价的偏差十分明显，并且汇率与购买力平价偏差幅的大小与一个国家经济发达程度有着密切的相关关系。利用面板数据考察实际汇率，检验结果表明，工业国家的数据比较支持长期购买力平价（Frankel and Rose,1996），而发展中国家的数据得出的结论则不一致。

六、购买力平价理论的发展

购买力平价理论从国民经济价格水平出发，研究汇率的波动，前提与假设条件过于严格。后来的学者逐步发展和修正购买力平价,以使它能更好地和现实相吻合。

(一)巴拉萨-萨缪尔森效应

20 世纪 50 年代,西欧、日本等国家和地区经济快速增长,而美国经济国际竞争力相对下降,国际收支失衡,美国黄金储备在 1957 年 12 月到 1961 年 6 月间减少了 28%(Ingram,1962),引起当时美国学术界和政策部门的热议。美国国会经济委员会 1962 年发表专题研究报告集,哈佛大学教授 Houthakker(1962)利用购买力平价理论和单位劳动成本数据测算美元高估程度。当时美国政府官方立场也不接受汇率高估的判断。美元汇率政策调整具有牵一发而动全身的敏感性。Houthakker(1962)的研究方法和结论成为直接批评对象。巴拉萨(Balassa,1964)和萨缪尔森(Samuelson,1964)批驳 Houthakker(1962),同时也批驳了整个购买力平价理论,他们认为市场汇率对购买力平价的偏离是系统性的,这一思想被称为"巴拉萨-萨缪尔森效应"。

1. 萨缪尔森的阐述

萨缪尔森全面地批判了购买力平价理论及其相关的各种问题,可以概括为以下四个方面:

(1)批判绝对购买力平价赖以成立的基础——一价定律。萨缪尔森指出由于很多商品不进入国际贸易,所以无法实现套利和一价定律。并且,即使每种商品都符合一价定律,但由于进入各国一般物价水平的商品及权重不同,汇率也不会等于计算出的购买力平价。

(2)批判生活成本指数,萨缪尔森认为生活成本指数依赖的也是商品套利和一价定律。他指出不可贸易品无法实现套利,虽然人口的跨国流动可以在一定程度上消除这些产品的价格差别,但并不足以保证生活成本平价的完全实现。

(3)批判购买力平价理论所认为的价格与汇率之间的因果关系。萨缪尔森指出不但汇率影响价格,而且价格也会影响汇率,所以他认为购买力平价理论只考虑价格变化对汇率的影响是缺乏说服力的。

(4)批判用出口品相对价格指数计算购买力平价的做法。萨缪尔森指出两国出口商品的种类可能完全不同,用不同商品的相对价格决定汇率是没有意义的。

2. 巴拉萨的阐述

萨缪尔森没有进一步阐述不可贸易品价格差别的原因和机制,而巴拉萨则系统地做了这方面的工作。巴拉萨教授 1964 年发表题为《购买力平价教条:再考察》的论文,主要观点是:

(1)套利使可贸易品部门服从一价定律,即按照市场汇率转换后各国的可贸易品部门价格相等。

(2)在价格等于边际成本的假设下,可贸易品部门工资的国际间差别对应于其劳动生产率的差别,而劳动力的内部流动使一国可贸易品部门和不可贸易品部门的工资相等。

(3)因为服务业劳动生产率的国际间差别比可贸易品部门小,而工资在一国内部又是相等的,所以劳动生产率越高的国家,其服务业价格越高。

（4）因为服务业部门进入一般物价指数的计算，但却不直接影响汇率，所以劳动生产率较高国家的购买力平价会低于其市场汇率。

（5）可贸易品部门劳动生产率的国际间差别越大，工资和不可贸易品部门价格的国际间差别就越大，进而购买力平价与市场汇率的差距也就越大。

3. 巴拉萨-萨缪尔森效应

巴拉萨-萨缪尔森论证了对 PPP 的系统性的"生产率偏离"（productivity bias）。假定：

（1）对可贸易品国际交换不存在边境壁垒，因而可贸易品满足一价定理条件，然而"无形产品和资本流动不进入国际收支"（Balassa,1964,p.586），即假定服务不可贸易，并且不考虑资本流动对国际收支影响。

（2）可贸易品劳动生产率提升可能性比较大，因而发达国家与发展中国家可贸易部门劳动生产率差异远远大于不可贸易品部门。

（3）在单个生产要素和高度竞争市场结构假设下，贸易品部门劳动边际产品决定工资和价格。

（4）国内劳动力市场内在整合性，保证两部门工资大体相等。

在这些假定下，可贸易品的生产率的提高推动有关产业工资上升，从而推动全国性工资上调，但是非贸易品的生产率无法同步提升，因此其成本和价格必然上涨，从而导致该国的相对物价水平上涨。从长期来看，实际经济因素的变动（如国内外生产率差异）会使名义汇率与购买力平价产生内在系统偏误（Balassa,1964）。这称为 PPP 理论的巴拉萨-萨缪尔森修正（Balassa Samuelson Qualification）。

4. 巴拉萨-萨缪尔森效应的检验

劳动生产率部门统计数据获取困难，构成检验巴拉萨-萨缪尔森效应的难题之一。美国劳工局统计了十几个国家制造业部门的劳动生产率数据，OECD 统计了一些国家分行业的劳动生产率数据，然而统计对象都是发达国家，很少涉及发展中国家和地区。亚洲发展银行统计了亚洲国家和地区分行业的劳动生产率数据，但各国统计行业划分的方法不同，时间只能上溯到 1987 年。

无论是横截面数据回归还是时间序列数据分析，都表明一个事实:高收入区段存在比较显著的巴拉萨-萨缪尔森效应关系，而在低收入区段这一关系不太显著。巴拉萨-萨缪尔森效应在高低收入经济体之间解释力的差异可能与两方面因素有关。

（1）受到对劳动生产率度量误差及其分布形态的影响，一定程度上会导致巴拉萨-萨缪尔森效应关系对收入区段的敏感。

（2）实际汇率变动受到生产率以外因素的影响，如果这些因素分布与收入水平相关，也可能导致估计结果出现上述问题。

（二）PPP 的生产率—市场化修正模型

巴拉萨论文中发现以人均收入代表的生产率水平与相对价格之间存在着显著正向联

系,实证分析表明名义汇率对购买力平价的偏离是系统性的,劳动生产率越高的国家,其一般物价水平也越高。因此,可以将生产率水平纳入 PPP 分析。

我们可以将所有影响人民币 PPP 的因素归纳如下:中外相对价格变动幅度、中外的生产率差异、出口退税率变动幅度和关税率削减幅度。因此,相对 PPP 公式可以修正为

$$\mathrm{d}S_{\mathrm{PPP}} = \mathrm{d}(P^*/P) + \mathrm{d}\sigma - \mathrm{d}v + \mathrm{d}f \qquad (2.7)$$

其中:P^* 表示国外商品价格,P 表示国内价格,σ 表示生产率,v 表示退税率,f 表示实际关税率。

我们称之为生产率—市场化修正模型。式中 $\mathrm{d}(P^*/P)$ 源于相对购买力公式,$\mathrm{d}\sigma$ 表示巴拉萨-萨缪尔森修正,$\mathrm{d}v$ 表示退税率对 PPP 的影响,$\mathrm{d}f$ 表示关税减让的影响。

(三)交易成本对购买力平价的修正

购买力平价理论忽略交易成本,这一点极大地限制了该理论的运用。交易成本是商品定价的重要部分,考虑交易成本的影响,可以改变该商品在国内外的相对价格。c 表示商品的交易成本,t 表示关税的税率,则购买力平价修正为

$$E = \frac{P}{P^*(1+t)(1+c)} \qquad (2.8)$$

该式表明随着交易成本 c 和关税税率 t 的上升,导致国外相对价格的上升,汇率下降,本币升值。

(四)工资成本汇率理论

巴拉萨和萨缪尔森还考虑了劳动成本率对汇率的影响,认为用工资代替价格更为合理,因为工资可以渗透到各行各业中,并且,劳动生产率也是影响价格的重要因素。假设:发达国家和发展中国家只存在贸易部门和非贸易部门,并且两者的权重相等;劳动是生产中的唯一投入,贸易部门的劳动生产率高于非贸易部门的劳动生产率,发达国家的高于发展中国家的;两类国家非贸易部门的生产率相同;价格与工资成正比,与劳动生产率成反比;一国内贸易部门和非贸易部门的工资相同,非贸易品价格高于贸易品的价格。建立如下关系式:

$$PY = (1+U)WL \ , \ P^*Y^* = (1+U^*)W^*L^* \qquad (2.9)$$

$$A = Y/L \quad A^* = Y^*/L^* \qquad (2.10)$$

其中,P 表示价格,Y 表示商品的产出数量,U 表示工资加权系数,W 表示工资,L 表示劳动数量,A 表示劳动生产率,* 表示国外。由以上式子可以推出

$$P = \frac{(1+U)W}{A} \ , \ P^* = \frac{(1+U^*)W^*}{A^*}$$

两边同时取对数,用小写字母表示相应的对数,并令 $u = \ln(1+U) - \ln(1+U^*)$:

$$e = u + (w - w^*) - (a - a^*) \qquad (2.11)$$

由此可见,汇率决定于相对工资率、相对劳动生产率和其他因素。当相对工资率提高,或者相对生产率下降,汇率上升,本币贬值。

第五节 货币分析

1973 年,布雷顿森林体系解体,国际资金流动的发展对汇率变动产生了重大影响。外汇市场上绝大部分的交易量都与国际资金流动相关。在这一背景下提出了资产市场说,并迅速成为了汇率理论的主流,代表人物有美国经济学家布兰森(Willian Branson)、多恩布什(Rudiger Dornbusch)和弗兰克尔(Jacob Frenkel)等。该理论特别重视金融资产市场均衡对汇率决定和变动的影响。

依据本币资产与外币资产可替代性的不同假定,资产市场说可分为货币分析法(monetary approach to exchange rates,简称货币论)和资产组合分析法(portfolio approach to exchange rates,又称资产组合平衡理论)。货币分析法假定国际间资产可完全替代,而资产组合分析法则认为资产是不可完全替代的。

一、蒙代尔-弗莱明模型

美国经济学家罗伯特·蒙代尔(Robert A. Mundell,1963)发表论文《固定和浮动汇率制下资本流动和稳定政策》,弗莱明(J. Fleming,1962)发表论文《固定和浮动汇率制下国内金融政策》,构建蒙代尔-弗莱明模型,他们的思路是利用凯恩斯理论扩展宏观分析框架,在美国经济学家汉森和英国经济学家希克斯创立的 IS-LM 模型上,添加国际收支的均衡,研究了开放经济条件下内外均衡的实现问题。同时提出财政货币政策搭配政策。

(一)蒙代尔-弗莱明模型的基本框架

蒙代尔-弗莱明模型加入了资本项目的分析,把开放经济的分析从实物领域扩展到金融领域。基本假定是:

(1)商品价格不变,也即,蒙代尔-弗莱明模型假设国内物价水平和国外物价水平都是固定的。

(2)产出完全由总需求决定。

这两个假定表明蒙代尔-弗莱明模型的分析和结论都具有短期特征。

1. 商品市场均衡——IS 曲线

国内总供给等于总需求时国内商品市场实现均衡,即

$$Y = C + I + G + BA(Y, e) \tag{2.12}$$

其中,Y 表示总产出水平,C 表示总消费,I 表示总投资,G 表示政府支出,$BA(Y,e)$ 内经常项目账户盈余,它是总产出水平和实际汇率水平 e 的函数形式。

式(2.12)中,左边表示总供给,右边表示总需求,总需求由国内吸收和净出口组成。为了分析的简化,可以取线性形式:

$$Y = (A - bi) + (ce - dY), b > 0, c > 0, 0 < d < 1 \tag{2.13}$$

其中，i 表示利率，A、b、c、d 是相应的系数。在短期内，产出由总需求决定，所以式(2.13)可以改写成：

$$i = \frac{\overline{A} + ce - (1+d)Y}{b} \tag{2.14}$$

式(2.14)表明，在一定的汇率水平上，利率 i 下降，则产出 Y 增加；本币贬值，则在一定的利率水平上产出增加。从而，在 $i-Y$ 平面内，IS 曲线斜率为负，并随着本币贬值而右移。

2. 货币市场均衡——LM 曲线

货币市场的均衡指居民对货币的需求等于货币供给，即

$$\frac{M^s}{p} = M^d = kY - hi, k > 0, h > 0 \tag{2.15}$$

式(2.15)中，左边是由货币当局决定的货币供给 M^s，p 为物价水平，右边是名义货币需求 M^s，这里为了简化，取了线性需求函数形式，k、h 分别是产出和利率对货币需求影响的系数。

货币市场达到均衡的调整过程是，在一定的收入水平下，通过利率的变化使居民的货币需求等于外生的货币供给。因为商品价格不变，对式(2.15)进行整理得到：

$$i = \frac{kY - M^s}{h} \tag{2.16}$$

式(2.16)表明：随着产出增加，利率上升；随着本国货币供给增加，利率下降。反映在 $i-Y$ 平面内，LM 曲线斜率为正，且随着货币供给增加而右移。

3. 国际收支平衡——BP 曲线

国际收支平衡表示为经常账户和资本账户之和的平衡。

BP 曲线可以表示为

$$BP = BA(Y,e) + k(i) \tag{2.17}$$

其中，$k(i)$ 表示资本账户盈余。国际收支盈余 BP 等于储备变化，在完全自由浮动汇率制下，国际收支盈余 BP 等于 0。

为了简化，不妨取线性形式，得到：

$$BP = BA(Y,e) + k(i) = (ce - tY) + \omega(i - i^*) = 0 \tag{2.18}$$

式中，ω 表示资本流动程度影响系数，实际上反映了国内利率弹性，i^* 表示国际利率水平。

4. 利率平价条件

下面进一步对国际收支平衡展开分析。

(1) 当资本完全不流动时，国际收支盈余 BP 不受国际利率水平的影响，也就是，$\omega = 0$，在 $i-Y$ 平面内，BP 曲线是一条垂直线，并随着本国货币的贬值而右移。

(2) 当资本完全流动时，国际利率水平 i^* 保持不变。当国内利率高于世界利率水平时，

也即 $i > i^*$，资本流入；当国内利率低于世界利率水平时，也即 $i < i^*$，资本流出。所以资本流动的国内利率弹性趋于无穷，$\omega \to +\infty$。

当资本完全流动时，所有资产都是完全替代的，这时无抛补利率平价成立，也即

$$i = i^* + \frac{E_e f - e}{e} \tag{2.19}$$

其中，f 表示远期汇率，$E_e f$ 表示远期汇率的期望（预期）。

在蒙代尔-弗莱明模型中，假定预期是静态预期，那么有：

$$\frac{E_e f - e}{e} = 0 \tag{2.20}$$

也即

$$i = i^* \tag{2.21}$$

那么，在 $i-Y$ 平面内，BP 曲线是一条水平线，含义是：国际收支与汇率和国民收入无关，当且仅当国内利率等于国外利率时国际收支才能平衡。

（3）当资本不完全流动时，$\omega > 0$，在 $i-Y$ 平面内，BP 曲线是一条斜率为正的直线，随着本币贬值（e 上升），BP 直线向右移动，其含义是：随着本国产出提高，需要提高利率以吸收资本流入，抵消进口的增加。

（二）资本完全流动下的蒙代尔-弗莱明模型分析

蒙代尔-弗莱明模型的主要贡献是分析了财政政策和货币政策对一国经济内部和外部均衡的不同作用，并且着重探讨了国际资本流动的影响。

1. 汇率的决定

图 2-1 是内外均衡时汇率的决定图。图形中，IB 表示经济均衡且无资本流动条件下国内的平衡线，指内部均衡时汇率与产出水平的轨迹；EB 表示经济均衡且无资本流动条件下国外的平衡线，指外部均衡时汇率与产出水平的轨迹。内部均衡对汇率的敏感性要小于外部均衡对汇率的敏感性，因此 IB 曲线比 EB 曲线陡峭，否则的话，经济系统不稳定。$i-Y$ 平面上，IS、LM、BP 三条曲线交于一点 E，即开放经济下的内外均衡点。EB 与 IB 交于 G，表示

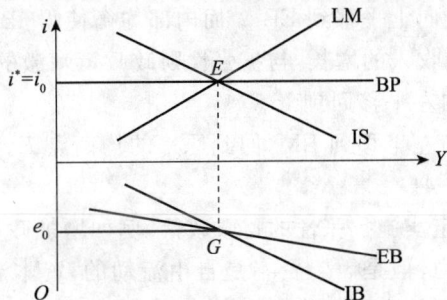

图 2-1　内外均衡时的汇率决定

内外同时均衡时的均衡点。由此确定的汇率水平,即为内外均衡时的汇率水平。

2. 货币政策分析

浮动汇率制下,假定实施扩张性的货币政策,增加货币供给,使 LM 曲线向右平移到 LM′。利率有下降的压力,但是因为资本是自由流动的,资本流出,导致国际收支逆差。浮动汇率制下本币贬值,EB 曲线向下平移到 EB′。本币贬值有利于出口,抑制进口,因此,国内总需求增加,IS 曲线向右平移到 IS′,直到形成新的均衡 G′。见图 2-2。

因此,在浮动汇率制度下,扩张性的货币政策导致均衡汇率下降,均衡产出水平提高。

在固定汇率制下,假定实施扩张性的货币政策,增加货币供给,使 LM 曲线向右平移到 LM′。利率有下降的压力,但是因为资本是自由流动的,资本流出,导致国际收支逆差。固定汇率制下,货币当局需要维持本币稳定,实行外汇干预,买入本币,卖出外汇储备。本币的供给量会下降,因此,LM′曲线向左平移到 LM,回到原来的均衡点 G。见图 2-3。

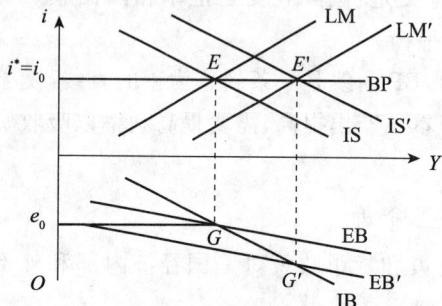

图 2-2　浮动汇率下扩张性货币
政策对内外均衡的影响

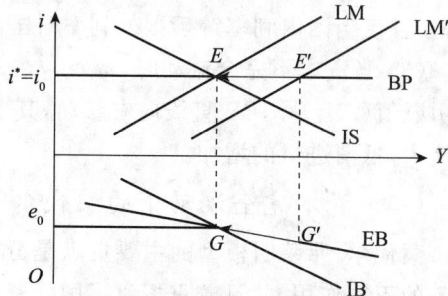

图 2-3　固定汇率下扩张性
货币政策对内外均衡的影响

因此,在固定汇率制度下,扩张性的货币政策不影响均衡汇率和均衡产出水平。

3. 财政政策分析

浮动汇率制下,假定实施扩张性的财政政策,例如增加政府支出,使 IS 曲线向右平移到 IS′。利率有上升的压力,但是因为资本是自由流动的,资本流入,导致国际收支顺差。浮动汇率制下本币升值,EB 曲线向上平移到 EB′。而内部均衡使得 IB 曲线向上平移到 IB′。本币升值(图中汇率下降)抑制收入的增长,与扩张性财政政策刺激的经济增长相冲抵,最终产出水平 Y 不变,使 IS′曲线向左平移回到 IS。

本币升值使 LM′曲线向左平移到 LM,回到原来的均衡点 E。但国际市场上,均衡点从 G 移动到 G′。示意图见图 2-4。

在固定汇率制度下,假定实施扩张性的财政政策,例如增加政府支出,使 IS 曲线向右平移到 IS′。利率有上升的压力,但是因为资本是自由流动的,资本流入,导致国际收支顺差。固定汇率制下,货币当局必须使本币升值以维持汇率不变,也即卖出本币,买入外汇,本国货币增加,使 LM 曲线向右平移到 LM′。当国内商品市场和货币市场达到均衡时,IS′、LM′、

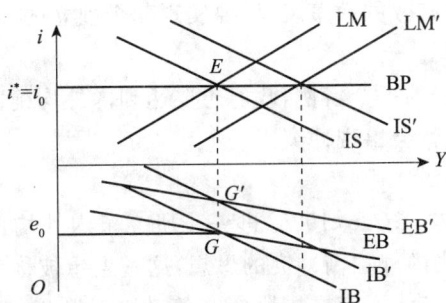

图 2-4　浮动汇率下扩张性财政政策对内外均衡的影响

BP 交于一点,即新的均衡点 E'。

EB 曲线向上平移到 EB′。而内部均衡使得 IB 曲线向上平移到 IB′。最终产出水平 Y 增加,但国际市场上,均衡点从 G 移动到 G'。示意图见图 2-5。

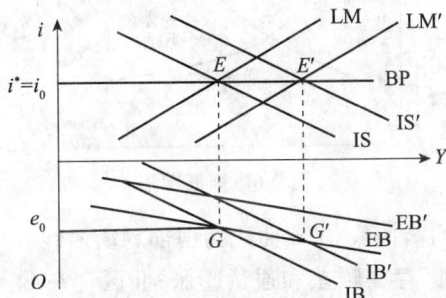

图 2-5　固定汇率下扩张性财政政策对内外均衡的影响

因此,在固定汇率制度下,扩张性的财政政策使均衡汇率上升,均衡产出水平增加。

(三)内外均衡冲突与政策搭配

1. 米德冲突

英国经济学家詹姆斯 · E. 米德(James E. Meade)1951 年出版《国际收支》[①],最早提出了固定汇率下内外均衡冲突问题:

(1)开放经济条件下,一国要想同时实现内外均衡,必须运用政策搭配方法。

(2)固定汇率制下,政府无法运用汇率政策,而在依靠单一的支出调整政策来寻求同时实现内外均衡的过程中,会出现内部均衡目标与外部均衡目标的冲突,被称为"米德冲突"。

2. 丁伯根法则

荷兰经济学家丁伯根(J. Tinbergen)提出著名的丁伯根法则:一国政府要实现一个经济

---

① Meade,J. E. The Theory of International Economic Policy,Vol. Ⅰ:The Balance of Payment. London:Oxford UniversityPress,1951.

政策目标,至少要使用一种有效的政策工具;要实现 n 个独立的经济政策目标,至少要使用 n 种独立并且有效的政策工具。

米德冲突是丁伯根法则的一个特例,政府想要达到内外均衡两个政策目标,而只有支出调整政策这一个政策工具,就会出现冲突。

3. 斯旺图形

澳大利亚经济学家斯旺(Swan,1955)进一步研究了内外均衡冲突,并提出了用支出增减政策和支出转换政策解决内外均衡冲突的思想,这一思想被称为"斯旺模型"。

斯旺图形的假定是:经济体不存在国际资本流动。斯旺以国内总支出和汇率水平构造了内外均衡研究的二维分析框架,研究内外均衡冲突并提出政策搭配建议(见图 2-6)。

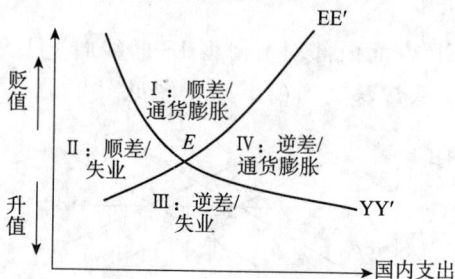

图 2-6   斯旺图形

其中,EE′曲线为外部均衡曲线,YY′曲线为内部均衡曲线。

根据斯旺图形可知,Ⅰ区存在顺差和通货膨胀;Ⅱ区存在顺差和失业;Ⅲ区存在逆差和失业;Ⅳ区存在逆差和通货膨胀;内部和外部总体均衡状态存在于 EE′和 YY′曲线相交的 E 点。

对应的政策搭配措施:

(1)当 YY′相对于 EE′曲线更加陡峭时,汇率政策对外部均衡的影响力相对更大,应该以汇率政策追求外部均衡目标,以支出调整政策追求内部均衡目标。

(2)当 YY′相对于 EE′曲线更加平坦时,支出调整政策对外部均衡的影响力相对更大,应该以汇率政策追求内部均衡目标,以支出调整政策追求外部均衡目标。

4. 蒙代尔政策搭配理论

蒙代尔-弗莱明模型系统地分析了在不同的汇率制度下,国际资本流动在宏观经济政策有效性分析中的重要作用,它是凯恩斯的收入—支出模型和米德(Meade,1951)的政策搭配思想的综合。

1963 年蒙代尔[①]对开放经济中的小国在资本完全自由流动条件下的货币政策有效性进

---

① Mundell, R. A.. Capital Mobility and Stabilization Policy under Fixed and Flexible Exchange Rate [J]. Canadian Journal of Economics and Political Science, XXIX(4), November, 1963.

行了研究,得出两个重要结论:

(1) 如果资本完全自由流动,固定汇率制下货币政策只能改变外汇储备,对收入和就业不产生影响,即货币政策失效;而浮动汇率制度下货币政策对收入和就业有明显影响,即货币政策独立有效。

(2) 在资本完全自由流动且实行固定汇率制度情况下,对冲操作毫无意义,最终只会导致固定汇率制度崩溃。

蒙代尔-弗莱明模型结论为:资本自由流动、固定汇率制度和货币政策独立性三者不能同时实现,为后来三元悖论提出奠定了重要理论基础。

模型指出,每种政策工具应当用于最具影响力的政策目标之上,以财政政策实现内部均衡、货币政策实现外部均衡的搭配,符合有效市场分类原则。蒙代尔市场分类与政策搭配方式见表 2-2。

表 2-2 蒙代尔市场分类与政策搭配方式

经济失衡状态	最佳政策搭配方式
通货膨胀＋国际收支顺差	紧缩性财政政策＋扩张性货币政策
失业＋国际收支顺差	扩张性财政政策＋扩张性货币政策
失业＋国际收支逆差	扩张性财政政策＋紧缩性货币政策
通货膨胀＋国际收支逆差	紧缩性财政政策＋紧缩性货币政策

5. 三元悖论

亚洲金融危机后,克鲁格曼首次明确提出了"三元悖论"的原则[①],后又在所著《萧条经济学的回归》中对该原则进行论述。

"三元悖论"原则指出,一国不可能同时实现货币政策独立性、汇率稳定、资本自由流动这三大金融目标,示意图见图 2-7。

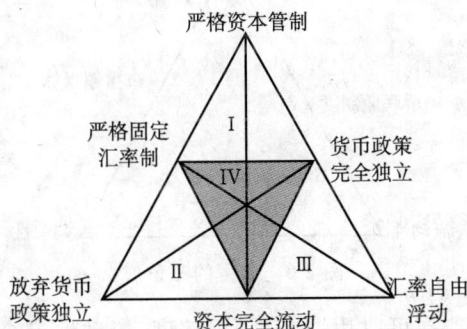

图 2-7 三元悖论

① Kurgman,P.. What happened to Asian[EB/OL]. http://web.mit.edu/Krugman/www,1998.

图 2-8 中被分为区域Ⅰ、区域Ⅱ、区域Ⅲ、区域Ⅳ,包含四个小三角形:

(1) 区域Ⅰ:严格的资本管制＋严格的固定汇率制度＋货币政策完全独立。

(2) 区域Ⅱ:严格的固定汇率制度＋放弃货币政策独立性＋资本完全流动。

(3) 区域Ⅲ:货币政策完全独立＋资本完全流动＋汇率自由浮动。

(4) 区域Ⅳ:严格的固定汇率制度＋资本完全流动＋货币政策完全独立。

在区域Ⅳ中,三个角点只能三选二,而在区域Ⅰ、Ⅱ、Ⅲ中,是相互兼容的,即三个角点可以同时并存。可能的政策组合见表 2-3。

表 2-3 可能的政策组合

货币政策	汇率政策	资本市场
无效	固定	开放
有效	固定	管制
有效	浮动	开放

6. 永恒的三角形

克鲁格曼提出"永恒的三角形"(The Eternal Triangle)[①],以解释国际金融的困境(见图 2-8)。国际货币政策的选择问题可以归结为:

(1) 调节性(adjustment):代表政府干预经济的能力。

(2) 置信度(confidence):代表维护汇率稳定和承受冲击的能力。

(3) 流动性(liquidity):代表政府对短期资本流动控制的能力。

永恒的三角形与三元悖论既有区别又有联系。永恒的三角形描述了政府在三种能力之间的选择和放弃原则。

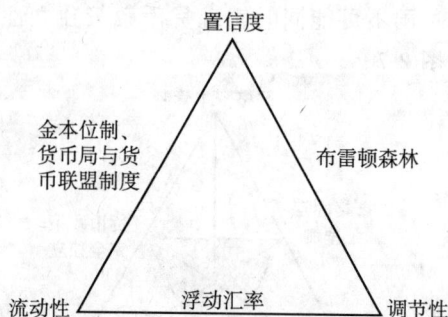

图 2-8 永恒的三角形

国际货币政策的三个选择可以用调节性、置信度、流动性三个角来表示,每两个角所夹的边代表可以选择的汇率制度,形成一种组合,即:

---

① Kurgman P.. The Eternal Triangle [EB/OL]. http://web. mit. edu/Krugman/www,1998.

（1）调节性、置信度和布雷顿森林制度；

（2）调节性、流动性和浮动汇率制度；

（3）置信度、流动性和金本位制、货币局与货币联盟制度。

二、弹性价格货币分析法

弹性价格货币模型,简称为汇率的货币模型,是现代汇率理论中最早建立、最基础的汇率决定模型。其主要代表人物有弗兰克尔(Frenkel)、穆莎(Mussa)、考霍(Kouri)、比尔森(Bilson)等人。它是在 1975 年瑞典"浮动汇率与稳定政策"的国际研讨会上被提出来的。

（一）模型推导

弹性货币法的一个基本思想:汇率是两国货币的相对价格,而不是两国商品的相对价格,因此汇率水平应主要由货币市场的供求状况决定。这一理论假定价格水平总是立即调整的,从而使经济始终保持在充分就业状态并满足购买力平价条件。

弹性价格货币模型使用了三个基本假定:

（1）垂直的总供给曲线。价格水平和汇率都能及时调整。垂直的总供给曲线意味着所有市场存在完全价格弹性。

（2）稳定的货币需求。19 世纪的英国剑桥学派认为,货币需求与财富的名义值成比例,财富又与国民收入成正比,所以货币需求就同名义国民收入成比例。实际的货币余额需求是少数几个国内宏观经济变量的稳定函数形式,即有凯恩斯货币需求方程式 $M_\mathrm{d} = PY^\alpha i^{-\beta}$,货币需求是国民收入 Y 的增函数、利率 i 的减函数。

（3）购买力平价(PPP)成立。如果绝对购买力平价成立,那么汇率 $e = \dfrac{P}{P^*}$,直接标价法下,P 为国内物价,P^* 为国外物价。

在三个假定前提下,进一步假定货币存量(货币供给量)与货币总需求量是匹配的。如果各国货币市场都均衡,则必有两国货币供给等于货币需求。也即,本国货币市场均衡条件为

$$M_\mathrm{s} = M_\mathrm{d} = PY^\alpha i^{-\beta} \qquad (2.22)$$

外国货币市场均衡条件为

$$M_\mathrm{s}^* = M_\mathrm{d}^* = P^* (Y^*)^\alpha (i^*)^{-\beta} \qquad (2.23)$$

对上式两边取自然对数,有

$$\ln M_\mathrm{s} = \ln P + \alpha \ln Y - \beta \ln i \qquad (2.24)$$

$$\ln M_\mathrm{s}^* = \ln P^* + \alpha \ln Y^* - \beta \ln i^* \qquad (2.25)$$

因为

$$M_\mathrm{d} = PY^\alpha i^{-\beta} \qquad (2.26)$$

$$M_\mathrm{d}^* = P^* (Y^*)^\alpha (i^*)^{-\beta} \qquad (2.27)$$

同样

$$M_s = M_d = PY^\alpha i^{-\beta} \tag{2.28}$$

$$M_s^* = M_d^* = P^* (Y^*)^\alpha (i^*)^{-\beta} \tag{2.29}$$

两边同时取自然对数,有

$$\ln M_s = \ln P + \alpha \ln Y - \beta \ln i \tag{2.30}$$

$$\ln M_s^* = \ln P^* + \alpha \ln Y^* - \beta \ln i^* \tag{2.31}$$

根据

$$e = \frac{P}{P^*} \tag{2.32}$$

得到

$$\begin{aligned}
\ln e &= \ln P - \ln P^* \\
&= (\ln M_s - \alpha \ln Y + \beta \ln i) - (\ln M_s^* - \alpha \ln Y^* + \beta \ln i^*) \\
&= (\ln M_s - \ln M_s^*) - \alpha(\ln Y - \ln Y^*) + \beta(\ln i - \ln i^*)
\end{aligned} \tag{2.33}$$

其中,预期符号为 $\alpha > 0, \beta > 0$。

从式(2.33)可以看出,在弹性价格货币模型下,本国与外国之间实际国民收入水平、利率水平以及货币供给水平通过对各自物价水平的影响决定了汇率水平。这样,弹性货币分析法就将货币市场上的一系列因素引入汇率水平的决定之中。

对上式微分,有

$$\frac{\mathrm{d}e}{e} = \left(\frac{\mathrm{d}M_s}{M_s} - \frac{\mathrm{d}M_s^*}{M_s^*}\right) - \alpha\left(\frac{\mathrm{d}Y}{Y} - \frac{\mathrm{d}Y^*}{Y^*}\right) + \beta\left(\frac{\mathrm{d}i}{i} - \frac{\mathrm{d}i^*}{i^*}\right) \tag{2.34}$$

式(2.34)就是最终的弹性价格货币模型公式。可以看出,在弹性价格货币模型下,汇率的变化率取决于本国与外国货币供给增长率的差异、本国与外国实际国民收入增长率的差异,以及本国与外国利率水平增长率的相对变化。

(二)图示

在弹性价格货币模型下,汇率的变动率取决于本国与外国货币供给量、本国与外国实际国民收入,以及本国与外国利率水平的相对变化。

1. 货币供给对汇率的影响

当本国货币供给 M_s 相对上升时,将导致现有价格水平 P 上的超额货币供给,在利率 i 和实际产出 Y 不变的情况下,支出增加而货币余额减少。由于产出 Y 不变,额外支出会迅速导致本国物价水平 P 的上升。在购买力平价成立的条件下,外汇汇率 e 上升,也即本国货币贬值。具体图示见图2-9。

2. 利率对汇率的影响

外汇汇率与本国相对于他国的利率成正向变动。

本国利率 i 上升,意味着货币需求 M_d 的减少,在现有价格水平上,由于货币供给没有相

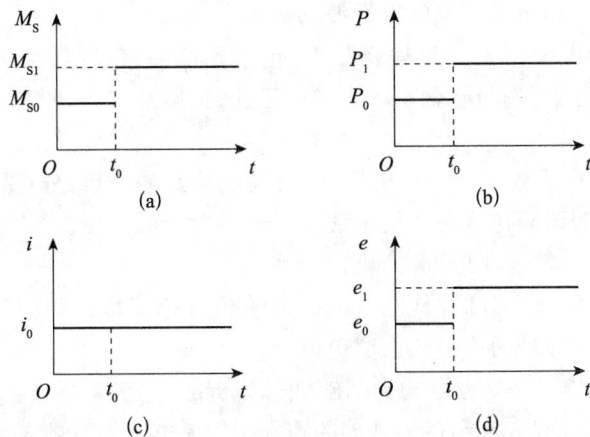

图 2-9 弹性价格货币分析

应增加,因此居民持有的货币净额 $M_s - M_d$ 增加,支出将增加,会迅速导致本国物价水平 P 的上升。在购买力平价成立的条件下,外汇汇率 e 上升,也即本国货币贬值。

3. 国民收入水平对汇率的影响

外汇汇率与本国相对于他国的收入成反方向变动。

本国国民收入 Y 的增加,意味着货币需求 M_d 的增加,在现有价格水平上由于货币供给没有相应增加,因此居民持有的货币净额 $M_s - M_d$ 下降,公众将减少支出而增加货币余额。而支出减少会迅速导致本国物价水平 P 的下降。在购买力平价成立的条件下,外汇汇率 e 下降,也即本国货币升值。

4. 货币论汇率决定的小结

根据前面的分析可知,在弹性价格货币模型下,假定其他条件一样:

(1) 本国货币供给量增加既定的百分比,则导致本币贬值相同的比例,也即式(2.34)中,$\dfrac{dM_s}{M_s} - \dfrac{dM_s^*}{M_s^*}$ 的乘数为1;

(2) 本国实际国民收入增加,会导致本币升值,也即 $\dfrac{dY}{Y} - \dfrac{dY^*}{Y^*}$ 的乘数满足 $\alpha > 0$;

(3) 本国利率水平上升,会导致本币贬值,也即 $\dfrac{di}{i} - \dfrac{di^*}{i^*}$ 的乘数满足 $\beta > 0$。

(三)评价

1. 理论的贡献

(1) 弹性价格货币模型的汇率决定理论是在购买力平价理论的基础上结合现代货币主义学派的货币供求理论发展起来的。将购买力平价理论运用到资本市场上,将汇率视为一种资产价格,从而抓住了汇率这一变量的特殊性质,在一定程度上符合资金高度流动这一客观事实,对现实生活中的市场汇率的频繁波动提供了一种解释。

（2）弹性价格货币模型是一般均衡分析,包含了商品市场、货币市场和外汇市场的均衡。这一理论强调商品市场与金融市场一样能迅速、灵敏地进行调整,对解释汇率的长期趋势具有一定意义。

（3）在货币模型中引入了货币供应量、国民收入等经济变量,分析了这些变量的变动对汇率造成的影响,因而该理论能在现实生活中得到更广泛的运用。

2. 理论的缺陷

（1）它以购买力平价为前提,具有与购买力平价理论同样的缺陷。如果购买力平价在实际中难以成立,则该理论的可信性也值得怀疑。

（2）该理论是以货币需求方程式为基础进行分析的,它假定货币需求函数是稳定的,这在实践中存在争议。以收入和利率为基础的需求函数不能全面反映实际的货币需求。

（3）商品价格具有完全弹性,这点受到众多研究者的批评。大量的研究结果显示,商品市场上的价格调整不同于金融市场上的资产价格调整,它一般变化比较缓慢,在短期内具有黏性。

总的来说,货币模型在实证中并不令人满意,但也有研究显示,货币模型在分析汇率变动的长期趋势方面有一定效果。

三、黏性价格货币分析法

1976 年,美国麻省理工学院的多恩布什(Rudiger Dornbusch)教授发表《预期与汇率动态论》,放弃了弹性价格的假设,继承了蒙代尔-弗莱明模型中固定价格的分析,假定在短期内价格黏性,并采取了蒙代尔-弗莱明模型中关于商品和货币市场均衡的分析,汇率的变动幅度也超过长期的均衡值,表现出超调的特征,提出汇率的超调理论(overshooting)。导致这种现象出现的起因在于商品市场上的价格存在"黏性"(指短期内商品价格很难发生变化)或者"滞后"的特点。这种方法称为黏性价格货币分析法(Sticky-Price Monetary Approach)。多恩布什模型和蒙代尔-弗莱明模型是一脉相承的,共同形成了 Mundell-Fleming-Dornbusch(简称 MFD 模型)的分析框架。

（一）模型推导

汇率超调模型包含以下基本假定:

（1）在短期内购买力平价不成立,即由于商品市场和资本市场的调整速度不同,商品市场上的价格水平具有黏性,调整是渐进的,而资本市场反应却极其灵敏,利率将迅速发生调整,使货币市场恢复均衡;从长期来看,购买力平价能够成立。

（2）总供给曲线在短期内不是垂直的,商品价格存在黏性。

（3）在引起汇率变动的冲击发生的较短时期,总供给不会变动,但稍后,在短期内总供给可以对需求的增加做出反应,使得产出超过充分就业的水平。

（4）理性预期：投资者能准确预期到长期均衡的汇率。

（5）无抛补利率平价始终成立。

（6）以对外开放的小国为考察对象，外国价格和外国利率都可以视为外生变量或假定为常数。

1. 短期均衡

根据无抛补利率平价的基本原理，决定即期汇率的主要因素是未来汇率水平及两国利率差异。

$$E_t e_{t+1} - e_t = i - i^* \tag{2.35}$$

设外国利率水平不变。本国利率水平由本国货币市场决定。当名义货币供给瞬间增加而产出在短期不发生变动的情况下，为维持货币市场均衡，本国利率水平会下降。

$$i' < i_0 = \bar{i} = i^* \tag{2.36}$$

由于投资者是理性预期的，因此他们预期的未来本币汇率将会处于长期均衡水平。

$$E_t e_{t+1} = \bar{e} \tag{2.37}$$

名义货币供给增加后，名义汇率发生瞬时变化，由无抛补利率平价可知：

$$\bar{e} - e' = i' - \bar{i} < 0 \tag{2.38}$$

即一次性货币供给增加带来的冲击，在长期内会带来本币的同比例贬值，但在短期使本币贬值的幅度超过长期贬值幅度，这就是汇率的超调。

短期均衡时汇率的决定过程如下：货币市场失衡导致实际货币供应量 M 增加，因为价格 P 黏住，所以短期内价格 P 不变，要使货币市场恢复均衡，实际货币需求必须增加。因此，短期内实际产出 Y 稳定不变，则要求 i 必须下降，利率下降，使得资金外流，导致本币贬值。

2. 长期均衡

超调模型的货币需求可用对数的货币需求函数表示：

$$m_d = p + \alpha y - \beta i \tag{2.39}$$

$$E_t e_{t+1} - e_t = i - i^* \tag{2.40}$$

（1）设发生冲击前，本国经济处于长期均衡状态，则有

$$m_0 = p_0 + \alpha y_0 - \beta i_0 \tag{2.41}$$

（2）在发生冲击后，经济在长期内恢复均衡状态，产出保持充分就业状态，汇率达到稳定，国内外利率相同。

$$i_0 = \bar{i} = i^* \tag{2.42}$$

价格和货币供给会发生同比例变化：

$$\bar{p} = p_0 + (\bar{m} - m_0) \tag{2.43}$$

由于长期购买力平价成立，本国货币相对于冲击前的贬值幅度为

$$\bar{e} = e_0 + (\bar{m} - m_0) \tag{2.44}$$

长期内均衡时汇率的决定过程如下：商品市场总需求大于总供给，导致商品价格 P 上升，使得货币供给量相对于货币需求量不足。为维持货币市场均衡，必须减少货币需求量，使得本国利率上升，利率上市会使资本回流，从而导致本币升值。本币升值后，净出口逐渐下降，总需求也逐步下降，向充分就业水平调整。只要总产出规模仍高于充分就业水平，商品价格就会继续上升，以上过程也将继续进行，直到名义汇率符合购买力平价、产出规模回到充分就业水平为止。

3. 由短期均衡向长期均衡的调整

商品市场价格调整缓慢，而金融市场价格调整快速，金融市场不得不超调以弥补商品市场价格调整的黏性，经济存在着由短期均衡向长期均衡的过渡过程。过渡过程中，由于产出规模超过了充分就业水平，因此商品价格水平可以缓慢调整。汇率的决定过程如下：

首先，货币供给 M_s 增加，货币需求的对数形式满足 $m_d = p + \alpha y - \beta i$，导致利率下降，使得资本外流，本币汇率贬值。利率下降又会刺激了总需求或总产出规模，使得本国出口增加、进口减少，净出口增加。根据经济理论，净出口的增加，将刺激经济增长，以至于产出水平 Y 超过充分就业水平，国内的物价水平 P 上升，使得 $\dfrac{M_s}{P}$ 减少，因此，利率会上升，导致资本回流，本币汇率升值，这将使净出口减少，于是，抑制经济增长，产出水平 Y 下降，经济趋于长期均衡。

（二）评价

1. 理论的贡献

（1）将汇率超调理论引入货币模型，指出汇率在现实中存在超调现象，并在理论上予以阐述。认为短期内汇率变动与购买力平价是偏离的，但承认购买力平价长期是有效的。

（2）采用凯恩斯主义黏性价格的假定，认为这是短期内汇率容易变动的原因，从而弥补了弹性价格货币模型缺乏短期分析的不足。

（3）多恩布什的汇率超调模型是国际金融学中对开放经济进行宏观分析的最基本的模型；它首次涉及汇率的动态调整问题，开创了从动态角度分析汇率调整的先河，由此创立了汇率理论的一个重要分支——汇率动态学（exchange rate dynamics）。

（4）汇率超调模型具有鲜明的政策含义，由于汇率超调冲击的存在，完全放任资本自由流动、完全自由浮动的汇率制度并非是最合理的，政府有必要对资本流动、汇率乃至整个经济进行干预和管理，这为政府干预外汇市场提供了理论依据：表明了货币扩张（或紧缩）效应的长期最终结果是导致物价和汇率的同比例上升（或下降）。但在短期内，货币扩张（或紧缩）的确对利率、贸易条件和总需求有实际的影响。

2. 理论的缺陷

超调模型是建立在货币主义模型分析基础上的，因而也具有与货币主义模型相同的一些缺陷。具体体现在：

（1）汇率超调模型假定货币需求不变，这意味着货币需求不会对汇率产生影响，但在实践中，常常由于实际汇率的短期波动而影响到经常账户，这又会进一步影响到一国的资产总量，从而对货币需求产生影响，进而导致汇率的相应变化。但建立在货币模型分析基础上的超调模型却没有分析这一问题。

（2）作为存量理论，它忽略了对国际收支流量的分析。因此，在用超调模型分析实际问题时，也应注意采用国际收支流量分析，通过这两个方法的互补作用，加深对问题的认识。

（3）超调模型暗含着这样的假定：资本是完全自由流动的，汇率制度是完全自由浮动的。在这种条件下，汇率的超调引起的外汇市场过度波动必然会给一国经济乃至全球金融市场带来冲击和破坏。为了避免冲击和破坏，政府必然会对资金的流动和汇率的波动加以管理、干预。因此，上述的假设条件在现实中不能完全满足。

（4）它假定国内外资产具有完全可替代性，但是事实上，由于交易成本、赋税待遇和各种风险的不同，各国金融资产之间不能完全具有替代性。

（5）将汇率变动完全归因于货币市场的失衡，而否认商品市场上的实际冲击对汇率的影响，难免有失偏颇。

（6）超调模型很难得到实证的验证。原因之一是这一模型非常复杂，在选择计量检验的方式上存在困难；原因之二是现实中很难确定汇率的变动到底是对哪种外部冲击做出的反应。

第六节 资产组合分析模型

汇率资产组合分析法（Portfolio Approach）是在 20 世纪 70 年代前后形成的。最早的提出者是麦金农（Mckinnon）、奥茨（Oates）等。1975 年美国普林顿大学教授布朗森（Branson）在托宾的货币模型的基础上，建立了资产组合分析模型，并经多恩布什及弗兰克尔等的发展。

主要观点如下：

（1）弗兰克尔等人的资产市场论。主要论点：汇率的变动取决于各国的货币存量的供求关系。货币需求是国民总产值的函数，所以两国货币的相对价格比国民总产值的相对价格更能决定汇率；汇率决定于货币市场的均衡而非商品市场的均衡，因此资本项目变化比经常项目变化对汇率变动有更直接、更灵敏的影响；通货膨胀从长远看是货币供应过多引起的，必然使该国汇率下浮；国家宏观经济政策如控制货币供应量、削减赤字等都可以对汇率变动发挥作用，或使其稳定，或使其波动。

（2）多恩布什等人的资产组合说。认为汇率主要由资本市场决定，资产调节比商品调节更直接影响汇率，在资产调节中，心理预期又起着中心作用，而且认为也应重视经常项目对汇率的作用，所以不仅要重视货币存量，也要重视流量。

（3）托宾等人的流动资产选择论。认为金融资产的种类很多，投资者会根据自己的风险偏好在不同资产之间选择，并根据资产风险的不断变化进行调整。这些调整导致资金在国家之间流动，从而引起有关国家汇率的变化。

一、模型推导

下面介绍资产组合分析模型的基本思路和推导过程。

（一）基本模型

资产组合理论假定：

（1）本国居民持有三种资产：本国货币（M）、本国债券（B）及外国发行的以外币为面值的债券（F）；

（2）本币资产与外币资产是不完全替代的，风险等因素使得非抛补利率平价在此不成立；

（3）外币资产的供给仅在短期内被看作是固定的，它的本币价值等于 eF（e 为直接标价法汇率）。

一国资产总量是分布在本国货币、本国债券、外国债券之中的。也即，一国资产总量由下式构成：

$$W = M_d + B_d + F_d \tag{2.45}$$

其中：W、M_d、B_d 分别表示私人部门持有的财富净额、本国货币、本国债券；$F_d = e \cdot F$，表示私人部门持有的国外债券，e 表示汇率（以本币表示的外币价格），F 表示国外债券。

1. 本国货币市场

从货币市场来看，本国货币供给是政府控制的外生变量；而货币需求是本国利率 i、外国利率 i^*、资产总量 W 的函数。用公式表示为

$$M_d = \alpha(i, i^*, \pi_e)W \tag{2.46}$$

其中，π_e 为通货膨胀预期。

当本国利率或外国利率上升时，投资者减少货币的持有，造成货币需求降低；资产总量增加时，投资者倾向于按原有比例分布在每种资产上，因此对货币的需求会增加。为了更清楚地看出变化方向，我们把式（2.46）写成一个通式形式：

$$M_d = f(\bar{i}, \bar{i^*}, \overset{+}{W}) \tag{2.47}$$

2. 本国债券市场

本国债券供给是政府控制的外生变量。本国债券需求是本国利率 i、外国利率 i^*、资产总量 W 的函数。用公式表示为

$$B_d = \beta(i, i^*, \pi_e)W \tag{2.48}$$

当本国利率上升时，投资者将增加本国债券的持有量；当外国利率上升时，投资者将减

少本国债券的持有;资产总量增加时,投资者倾向于按原有比例分布在每种资产上,因此对本国债券的需求会增加。为了更清楚地看出变化方向,我们把式(2.48)写成一个通式形式:

$$B_d = f(\overset{+}{i}, \overset{-}{i^*}, \overset{+}{W}) \tag{2.49}$$

从本国债券市场来看,对本国债券的需求是本国利率 i 的增函数,是外国利率 i^* 的减函数,是资产总量的增函数。

3. 外国债券市场

外国债券供给是通过经常账户的盈余获得的,短期内经常账户不发生变化,因此其供给是外生的。外国债券需求是本国利率 i、外国利率 i^*、资产总量 W 的函数。用公式表示为

$$F_d = e \cdot F = \gamma(i, i^*, \pi_e)W \tag{2.50}$$

其中, $\alpha + \beta + \gamma = 1$ 。从外国债券市场来看,外国债券的供给是通过经常账户的盈余获得的,在短期内也是固定的。对外国债券的需求是本国利率的减函数,是外国利率的增函数,是资产总量的增函数。

当本国利率上升时,投资者将减少外国债券的持有量;当外国利率上升时,投资者将增加外国债券的持有;资产总量增加时,投资者倾向于按原有比例分布在每种资产上,因此对本国债券的需求会增加。为了更清楚地看出变化方向,我们把式(2.50)写成一个通式形式:

$$F_d = f(\overset{-}{i}, \overset{+}{i^*}, \overset{+}{W}) \tag{2.51}$$

4. 三个资产市场的短期和长期分析

由于各个市场是相互关联的,因此只有三个市场都处在均衡状况时,该国的资产市场整体才处在均衡状态。

(1)在短期内各种资产的供给量既定的情况下,资产市场的均衡可以确定本国的利率与汇率水平。

(2)在长期内,经常账户的失衡会带来本国持有的外币资产总量变动,当本国货币供给与本国债券供给既定时,这一变动又会引起资产市场的调整。因此,长期内本国资产市场的均衡还要求经常账户处于平衡状态。这样,本国的资产总量就不会发生变化,由此确定的本国汇率和利率水平也将保持稳定。

(二)资产市场的平衡模型

现在讨论三个资产市场的均衡模型。

1. 本国货币市场均衡

MM 曲线表示使货币市场处于均衡状态的本国利率与汇率的轨迹。

曲线斜率为正,是因为随着 e 增大(本币贬值),在外币资产数量 F 一定时,以本币衡量的这一资产的价值提高,使得资产总量的本币价值提高。因此,在其他条件不变时,以本币度量的资产总量的增加将导致货币需求的上升。在货币供给既定的情况下,为了维持货币市场均衡,需要提高本国利率来降低货币需求。

如果 i 不变，e 提高，本币贬值，本币衡量的外币资产数量增加，导致总资产量增加，对货币需求增加，为使得货币市场供需均衡，增加货币供给，MM 左移；e 降低，本币升值，对货币需求量减少，为使得货币市场供求均衡，减少货币供给量，MM 曲线右移动。

2. 本国债券市场均衡模型

如果本币贬值，e 增加，导致资产总量增加，会增加对本国债券的需求量，如果本国债券供给量不变，为维持本国债券市场的均衡，只能降低本币利率使得债券价格上涨，由此减少本国债券的需求量。

如果 e 不变，提高利率，则本国债券价格下降，导致对本国债券需求量增加，为恢复债券市场的均衡，则增加债券供给量；也即如果 e 不变，当本国债券供给增加时，为恢复债券市场供需均衡，则提高利率，降低债券价格，提高债券的需求量。组合曲线 BB 向右移动。

3. 外国债券市场均衡模型

FF 曲线表示外币资产市场处于均衡状态时的本国利率与汇率的轨迹。

曲线斜率为负，因为随着本国利率的上升，部分对外币资产的需求会转移到本国债券上，导致外币资产需求减少，在外币资产市场上出现超额供给，这需要本币升值、外币贬值（即 e 的下降）来减少以本币表示的外国资产供给量。外币资产供给的增加将导致 FF 曲线向下移动。可以得到短期均衡，见图 2-10。

MM 表示使货币市场处在均衡时的本国利率与汇率的组合。如果 e 不变，利率降低，货币需求量增加，为恢复货币市场的均衡，则增加货币供给量；也即如果 e 不变，当货币供给增加时，为恢复货币市场的均衡，则降低利率，使得货币需求增加。MM 曲线表现为向左移动；反之，MM 曲线向右移动。

BB 曲线、FF 曲线向下倾斜是因为利率越高，本币计价的证券价格收益率越高，居民在资产配置中，对本国证券资产的需求越高，对外币证券资产的需求降低。从而 BB 曲线反映了较高的本币利率与较高的本币价格，较低的本币利率与较低的本币价格的配合。当对于本币证券的需求上升时，BB 线向右移动。当外币证券需求上升时，FF 线向左移动。

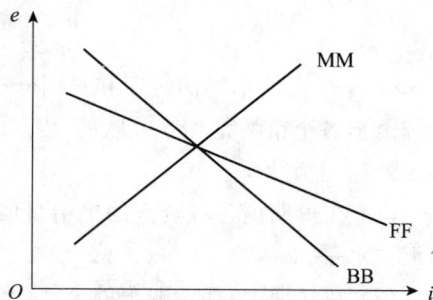

图 2-10 短期均衡

二、资产供给变动与资产市场短期调整

对于资产供给绝对量的增加，如果进行本国债券市场公开操作，买进本币债券，导致 i 下降，e 上升；如果进行外国债券市场公开操作，买进外币债券，导致 i 下降，e 上升。

如果使用扩张性货币政策，则导致资产供给相对量的增加。如果融通财政赤字，则导致本国货币存量增加，i 下降，e 上升；如果使经常账户顺差，则导致外币资产增加，i 不变，e 下降。

短期调整可以用表 2-4 来表示。

表 2-4　资产存量变动对短期均衡汇率和短期均衡利率的影响

项目	资产供给绝对量的增加		资产供给相对量的增加 （如扩张性货币政策）	
	货币存量增加	外币资产存量增加	买进本币资产	买进外币资产
利率	下降	不变	下降	下降
汇率	贬值	升值	贬值	贬值

通过分析短期调整,可以得出如下结论:

(1) 汇率是三种市场同时处于均衡状态所决定的,资产总量和货币政策可以改变利率和汇率,并引起汇率和利率的反向运动。

(2) 短期看,汇率是资产选择决定的,而不是相对物价决定的。

(3) 经常账户盈余导致外币资产存量增加,进而导致外币汇率下降。

三、资产供给变动与资产市场长期调整

(1) 在受到货币冲击前,当汇率和利率达到均衡时,经常账户可能并不平衡。

(2) 在浮动汇率制度和政府不干预外汇市场的情况下,经常账户顺差(逆差)意味着资本账户逆差(顺差),同时又意味着外币资产的增加(减少),从而影响汇率,使汇率升值(贬值)。也即,经常项目影响汇率。

这种不断的反馈过程形成对汇率的动态调节,直到外币资产存量不再变化,经常账户差额为零。

四、总结

资产组合理论在分析中引入了风险收益、经常项目差额和财富等重要因素。这使得该理论更具现实意义,较之以前各种汇率模型更加完整和全面。但是对它的实证检验却较为困难,原因之一是模型中的变量难以度量,某些变量的粗略估计有可能扭曲了其他变量对汇率决定所起的真实作用。另外,变量之间的自相关也是影响检验结果的重要原因。

资产组合分析法具有两个主要优点:

(1) 资产组合分析法是更为一般的模型;

(2) 资产组合分析法具有特殊的政策分析价值,尤其被广泛运用于对货币政策的分析。

资产组合分析法的不足体现在:

(1) 这一模型过分复杂,这在很大程度上制约了对它的运用;

(2) 从理论上看,这一模型纳入了流量因素,但是并没有对流量因素本身作更为专门的分析。

第七节　均衡汇率理论

汇率均衡是一种理想的汇率运行状态。从汇率政策角度来研究,它就是一种目标体系汇率;政策必须以汇率均衡为目标来确定其具体内容、手段和调整方向。而作为目标体系的汇率均衡应是全面的、动态的、多层次的均衡。它既由宏观经济发展目标所决定,又因各种经济因素和政策取向的变化而不断地得到调整。

一、均衡汇率模型概论

英国经济学家格里高利(Gregory)1934 年提出均衡汇率概念,指出均衡汇率应该固定在或钉住某一水平,而且在以后的若干年内要能够满足以下三个条件。

(1) 国内外现有的自然资源、设备、技术、成本以及正常的就业水平和关税等条件下,使国际收支能在一定时期内不受到不适当的压力;

(2) 该国从国外取得长期借款或向国外进行长期贷款的意愿和能力,不受到不适当的压力;

(3) 没有黄金的大量外流。

努克斯(Nurkse,1945)定义为,“均衡汇率是这样一种汇率,它在一定时期内,使国际收支维持均衡而不引起国际储备净额的变动。”“均衡汇率是在三年左右的时间内,维持一国国际收支均衡状态而不致造成大量失业或求助于贸易管制时的汇率。”

IMF 专家斯旺(Swan,1963)把实际汇率作为内生变量引入均衡,完善了一般均衡汇率理论,明确把均衡汇率定义为与一国宏观经济内外部均衡相一致的汇率。内部均衡通常是指实现了经济的潜在生产能力,或者说经济的产出水平同充分就业、可持续的低通货膨胀率是一致的;外部均衡通常是指经常项目和资本项目实现均衡。

二、REDUX 模型

Obstfeld 和 Rogoff(1995)基于微观经济理论提出 REDUX 模型,率先将个人效用函数和跨期均衡分析引入到汇率决定模型中,从而形成了具有微观基础的动态一般均衡汇率,具有很高的理论价值。

REDUX 模型属于跨期、一般均衡汇率模型;引入了个人效用函数,考虑到个人效用函数很难选择,因此很难实证支持,面临个人效用函数实证检验困难的问题;模型没有考虑宏观经济政策实现社会福利最大化,对投机性资本流动和国际储备变动(外汇市场干预)等情况也欠考虑;研究的是均衡名义汇率,无法保证汇率调整最终效果;对于新开放经济模型中“稳定状态确定性”问题,目前理论界尚存在较大争议(Sarno and Taylor,2006),REDUX 模型得出的“汇率波动中并不存在汇率超调的现象”结论,也与现实情况相悖;数据获取存在困难,REDUX 模型自身实证检验情况制约了其测算均衡汇率的适用性。因此,该模型在实证检验上同样还有待进一步研究。

三、基本均衡汇率(FEER)

Williamson(1994)认为实际汇率与宏观经济均衡一致可以确定均衡汇率,也即基本均衡汇率(FEER),这一汇率理论对现代国际金融理论具有重要影响。其中宏观经济均衡,指经常项目与资本项目数值相等、方向相反(即 CA=-KA)。该模型被国际货币基金组织用于估算人民币均衡汇率。

另外,FEER 方法受到批判,首先,设定经常账户目标余额时,常与意愿的资本净流入相联系,有较明显的主观性,而且缺乏理论基础。其次,该模型估计变量较多,要求有大量的数据,而且数据的准确度与国际标准有较大的差距。最有争议的是内部均衡与外部均衡缺乏可量化的客观标准,中国作为追赶型经济体,经济状况处于不断变动的宏观环境中,用静态的概念来估算动态的变量,估计结果会有很大的不确定性,因此该模型对于发展中的国家的适用性值得探讨。

四、自然均衡汇率模型(NATREX)

Jerome L. Stein(1994)提出自然均衡汇率模型(NATREX),所谓自然均衡汇率是不考虑周期性因素、投机资本流动和国际储备变动的影响,由实际基本经济要素决定使国际收支实现均衡的实际汇率。自然均衡汇率模型也可以由类似于国民收入账户的方程式,即储蓄与投资之差等于经常项目差额来表达。Stein(1997,1999)根据德国马克、美元相对于 G7 国家货币汇率数据,对该模型进行实证分析。Carmen Marin Martinez(2003)基于结构方程进行了分析。该模型在实证检验上同样还有待进一步研究。

五、实际均衡有效汇率模型(ERER)

Edwards(1989)根据发展中国家的宏观经济特征提出了实际均衡有效汇率模型(The Equilibrium Real Exchange Rate,ERER)。宏观经济中普遍实行外汇管制,存在贸易壁垒,并且经济开放度较低,尤其是发展中国家。ERER 模型充分考虑到了这些特征,因此基于 ERER 模型检验发展中国家汇率的长期合理性比较适合。

首先,ERER 模型是一个严格意义上的内外均衡汇率模型,它也不像 NATREX 存在个人效用函数等实证检验困难。其次,ERER 模型中充分借鉴现代汇率决定理论的研究成果。如 Edwards 的 ERER 模型中同时吸收货币主义模型和"资产组合平衡模型"的精华,在模型中既考虑到货币流量又兼顾资产存量;Elbadawi 等(1994)在 Edwards 的基础之上,又进一步加入"国际收支吸收分析法"中的"总吸收"概念,使得模型设计更加成熟和完善。最后,ERRE 模型可以用简约单方程测算内外均衡实际汇率,而不像 NARTEX 模型是以联立方程模型测算。

在短期,考虑到我国国际收支保持"双顺差"的现象存在,使得 ERER 模型实证效果受限。因此,ERER 模型仅仅适用于长期分析。短期分析中我们采用以 ERER 模型为基础的 BEER 模型进行分析。

六、行为均衡模型(BEER)

Clark 和 MacDonald(1998)提出行为均衡模型(BEER),该模型着眼于通过对实际汇率在一定时期波动特征进行建模的方法,而忽略了研究期间是否为中期或长期。其理论基础是无抛补利率平价,可以从纯统计的意义去检验实际汇率和各种中长期汇率决定因素之间的协整关系,并以此作为确定均衡汇率和评估汇率是否失调的基础。

BEER 模型并不是严格意义上的均衡汇率理论模型,更多的是基于计量经济学中的协整分析方法,它能较好地将"具有一定理论依据且满足协整检验"的经济特征变量纳入分析,具有适用性强、灵活的优点。

BEER 方法建立在 FEER 基础之上,但克服了 FEER 方法的许多局限。与 FEER 相比,BEER 方法不属于规范性分析,BEER 模型没有将模型中变量与宏观经济理论进行联系,而FEER 模型中涉及了内部均衡与外部均衡。与 PPP 扩展型相比,该模型处理一段时期的国内经济变量,其中隐含假设是,在此估算时间段内存在均衡汇率水平。

第八节　汇率决定理论的最新进展

汇率理论的最新发展趋势主要表现为:

(1)突破传统的分析框架,引进新变量。这种研究分成两个方向。第一个方向是继续从传统的基本经济因素出发,寻找新的因素对传统模型进行扩充,或是修改假设条件以修正或者扩展。第二个方向则突破了传统的基本因素的框架,引进了预期、信息等全新的非基本因素的概念,甚至引进外汇市场上用于实际操作的基本分析和技术分析等手段。

(2)新的汇率理论与实际更为贴近。新的汇率决定理论中更多地注重了对外汇市场参与者汇率预期的调查,更贴近现实。汇率理论研究的重要研究对象是均衡汇率的确定,很多学者通过构建各种模型来解释汇率波动。

(3)大量使用计量经济学和统计学工具。现代汇率理论模型越来越多地引入联立方程、结构方程、向量自回归模型,以更好地解释多种经济变量变动对汇率的影响,解释这些变量之间的相互作用,使模型更好地刻画经济运行状况。同时,还有一些学者引入新的统计方法和计量技术对传统模型进行再分析。

(4)汇率理论研究的重点逐渐从宏观走向微观分析,使模型分析有更好的微观基础,相关的研究包括外汇市场结构分析和外汇交易者的行为分析等。例如,20 世纪 90 年代

"噪声交易模型"论证了汇率不仅取决于宏观经济变量,还取决于外汇市场的微观经济结构。

(5)把微观经济学的经济主体最优化模型,引入传统经济分析中,通过跨期均衡和动态规划、变分法等技术将一般均衡模型动态化。

一、理性预期汇率理论

在 20 世纪 80 年代,人们普遍认为比索的币值被高估了,只愿意支付较小价格来购买比索资产,因此墨西哥的平均资产收益率持续高于美国的同类资产;这引起更多的外资流入,进而推动比索的汇率进一步上升;人们更加相信比索在未来某一天一定会贬值,而且贬值幅度将更大;这就要求比索资产提供更高的收益率。在这个过程中,货币的汇率不断上升。这样的循环会将汇率推到一个不可维持的高水平上,资本市场无法提供外资所要求的高收益率,进而出现外资大规模撤出的现象,货币急剧贬值。在这个过程中,贬值的预期得到了自我实现。预期影响汇率的这个典型案例被称为"比索问题"(Peso Problem)。

理性预期(rational expectation hypothesis)汇率理论把人们对金融市场上随时出现的信息作为切入点,运用统计学和计量经济学的手段来研究即期汇率的规律。理性预期汇率理论分为市场有效性汇率理论和理性预期汇率理论。

(一)有效市场假说

Fama 定义的有效市场,是"对未来证券价值进行预测的是大量理性的、彼此竞争的利润最大化者;市场参与者必须能够自由地获得当时重要的信息"。也即,市场价格能够及时、准确和全面地反映所有公开的信息,且所有的信息都能被市场参与者迅速领悟并能立刻反映到市场价格中去,所有的市场参与者都能够根据所获得的信息对未来市场走势进行预测,以期使自己的收益最大化。

有效市场假说是以发育完善的资本市场为前提的,市场上具有一批拥有充裕资本,只要有机会就可以进行套利投机的投资者;没有资本流动管制;不考虑交易成本;各种金融信息都能够自由、公开、及时地获取。

对有效的外汇市场而言,即期汇率和远期汇率能够反映所有相关的市场信息,投资者不可能赚取超额利润,因此均衡价格是在所有可得到的信息条件下形成的价格。如果考虑到风险报酬,那么,远期汇率就等于预期的即期汇率与风险报酬之和,用公式表示如下:

$$f_t = E_t s_{t+1} + \rho_t \tag{2.52}$$

式中,f_t 为 t 时的远期汇率,$E_t s_{t+1}$ 为在 t 时的预期 $t+1$ 时的即期汇率,小写字母表示其变量的自然对数,ρ_t 为 t 时的风险报酬。

有效市场假说的理论基础是由三个假设组成的:

(1)假设投资者是理性的(即使某些投资者在短期具有某些情绪,但从长期来看是理性的),因此投资者可以理性地评估资产价值;

（2）即使有些投资者不是理性的，但由于他们的交易随机产生，交易相互抵消，不至于影响资产的价格；

（3）即使投资者的非理性行为并非随机而是具有相关性，他们在市场中将遇到理性的套期保值者，后者将消除前者对价格的影响。

假设某一货币的汇率由于非理性投资者的相关购买行为而高于其均衡汇率，聪明的投资者一旦发现这一事实，会出售甚至卖空该货币而同时买入一个近似替代货币来规避风险。可替代货币的存在性和完全金融市场假设紧密相连，它允许投资者从不同的金融资产中获得相同的现金流。

如果存在替代货币，套期保值者执行交易，则肯定获得一个无风险的利润。套期保值者的出售结果使得货币的汇率回落至均衡汇率。因此，只要货币之间具有相似的替代关系，即使部分投资者不理性或者他们的需求具有相关性，套期保值者也可以将货币汇率保持在均衡汇率的附近。

总之，根据有效市场假说，当人们是理性时，市场根据定义是有效的。当有些投资者非理性时，大量的交易是随机的，因此他们对市场不形成系统的价格偏差。套期保值者的竞争保证了汇率即使产生了系统性的偏差，也会回归到均衡汇率。最后，如果非理性的交易者在非基本价值的价格交易，他们的财富将减少，以至于不能在市场中生存。

（二）理性预期

理性预期的汇率理论认为，汇率由外汇市场的供求关系决定，而外汇市场的供求又是由微观经济主体的理性预期决定的，因此，理性预期必然是决定汇率的主导因素。理性预期理论认为，每一个外汇市场参与者都是具有理性预期的经济人，该经济人在买入或卖出外汇时，必然会尽可能最有效地利用现在的所有可以被利用的信息，必然会以汇率的主观预期为指南。

理性预期理论认为，市场参与者使用和处理所有可以得到的信息，一旦发现错误就会立即做出正确反应，纠正预期中的失误，因而人们在预测未来时不会犯系统性的预测误差。从平均意义上说，市场是理性的。也即，理性预期指，投资者的主观预期与以一组包含所有公开得到的信息为条件的数学期望值相同，用公式表示为

$$s_{t+1}^e = E(s_{t+1} \mid I_t) = E_t s_{t+1} \tag{2.53}$$

或

$$s_{t+1} = E_t s_{t+1} + u_t \tag{2.54}$$

式中，s_{t+1}^e 为市场对即期汇率（自然对数形式式）的合理预期，I_t 为 t 时在分开范围内可以得到的所有信息的集合，$E(s_{t+1} \mid I_t)$ 为依靠信息 I_t 做出预期的即期汇率（自然对数）的数学期望值，s_{t+1} 为 $t+1$ 时的即期汇率（自然对数），u_t 为随机误差项。式（2.54）表示投资者的预期可能经常出错，但不论误差有多大，就平均来说必然是正确的。这意味着，投资者对某一变量未来值的主观预期，等于以当前所有信息为条件的数学期望值。

（三）风险中性假设

除了市场有效性假设以外，理性预期理论还有一个关于投资者对待风险态度的重要假设，即假设投资者对待风险的态度是风险中性的，这意味着投资者不愿为获得风险报酬而从事风险交易，因此 $\rho_t = 0$，则将式（2.52）代入式（2.54）后得

$$s_{t+1} = f_t + u_{t+1} \tag{2.55}$$

上式表明，远期汇率等于未来即期汇率再加上一个随机误差项。换言之，远期汇率是未来即期汇率的无偏估计值。因此，将在风险中立假设条件下的市场有效性称为无偏性假设。

根据理性预期理论，远期汇率是未来即期汇率的无偏或有效的估计指标，或者说，远期汇率不应该系统地高估或低估未来即期汇率，否则，外汇市场就不是充分有效的。如果外汇市场是一个有效市场，那么在长期，事后汇率的实际贬值率应该等于事前的预期贬值率（利率差），也即远期贴水率。预期的任何变化都会影响即期汇率、远期汇率及当期的利率结构。当其他条件相同时，预期汇率上升将使当前的汇率上升；同样，预期汇率下降将使当前的汇率下降。

运用理性预期对汇率进行预测，强调心理因素对汇率决定的作用，将人的主观预期明确作为变量加以研究，并引进汇率决定模型，开创了汇率研究的新思路，有助于说明浮动汇率制度下其他汇率理论所难以解释的现象。但是，理性预期理论依赖于有效市场、理性预期这两个重要的假设前提，而现实条件并不一定满足这两个条件，因此，理性预期理论的假设前提过于严格。

二、"新闻"理论

汇率的波动是人们对市场预期的反应，而不是对当前市场状况的反应。穆萨（Mussa，1979）提出"新闻"理论，认为预期到的信息已包含在现在的市场汇率之中，汇率只对未预期到的信息作出反应，因此汇率属于"前瞻性"的价格，其价格取决于市场主体对未来投资回报或经济状况的预期，并且"黏性"很低。新的信息（即不可预料的事件）能引起预期的变化，预期的变化能很快在汇率中得到反映，因此，对汇率变动有决定性作用，称这些新的信息为"新闻"。

Frenkel（1981）和其他研究人员的实证研究表明，"新闻"确实是汇率变动的重要因素。在现实中要将相关"新闻"从所有新闻中分离出来，并将其数量化却是十分困难的，有时根本无法做到，因此，许多人认为汇率的"新闻"模型似乎不是一种内涵丰富的汇率决定理论，而更多的是一种分析思路。在实证研究中，最主要的是"新闻"的度量。一般有两种方法：一种使用统计方法较多的采用时间序列方法生成"新闻"；另一种以调查数据度量基本变量的预期值，以基本变量的实际值与其预期值之差作为"新闻"。由于预期到的信息已经包括在现有的市场汇率之中，汇率只根据未预期到的信息发生变化。从"总"信息中减去预期到的信

息,剩下的"净"信息才是"新闻"。

尽管汇率决定"新闻"模型得到数据的有力支持,但仍面临着一些问题,例如,汇率的波动远大于"新闻"项基本变量的波动。而"新闻"模型以波动小的变量来解释波动大的变量,这一点无法解释。一些学者指出,谣言、政治因素等不能定量化的不确定性因素,虽然不能在"新闻"模型中体现,但其影响可能高于"新闻"。还有一些学者指出,汇率波动可能是由于外汇市场存在着理性投机泡沫,也可能是由于外汇市场存在着噪声交易者。

三、汇率行为的非线性分析与混沌分析

(一)非线性分析

即使汇率决定因素的确定是准确的,但由于模型将其作用机制设定为线性的,实际上可能是非线性的,从而会导致该理论不能为实际数据所支持。因此非线性分析可以降低模型误设的风险。

20世纪90年代的一些研究都支持非线性,例如,Dumas(1992),Obstfeld 和 Taylor (1997),Kilian 和 Taylor(2001)等人的大量研究发现,验证购买力平价这一汇率决定理论时,汇率表现出非线性性质。

(二)混沌分析法

20世纪60年代兴起的混沌理论是关于非线性复杂系统动力学的理论。汇率行为的复杂性表象引起经济学家将混沌思想运用到对汇率的研究上。其中最有代表性的是笛·格劳维(1993)等人。他们的实证研究发现,在美元和日元、美元和英镑的汇率间存在混沌特征。

笛·格劳维假定外汇市场上有两种类型的经济个体(交易者)——基本因素分析者和图表分析者。他发现,汇率遵循混沌。在一个简单的非线性汇率决定模型下汇率行为可以是复杂的。在某些参数组合下,汇率甚至可以是混沌的。这样的结果有着重要的含义。它可以解释现实中均衡汇率的微小变化何以会导致汇率时间路径的大相径庭,可以解释汇率何以会长时间大幅度地偏离其均衡值。

最后,需要指出,影响汇率的因素很多,既有一国本身经济的内在因素,也有外在的非经济因素,这些因素之间是相互影响和作用的,因此对汇率决定理论进行准确的把握是很困难的。一种理论只能针对汇率决定的某一方面进行深入详尽的阐述。同一种理论在不同时期的解释能力也是不同的。到目前为止,还没有一种全能的汇率决定理论。但是随着经济学家们不断致力于完善已有的理论和提出新的理论,以及相关学科的不断发展,汇率决定理论也会不断发展和完善,科学、合理的汇率决定理论体系将在后续研究中诞生。

同步测练

1. 名词解释

金本位　纸币本位制　金块本位制　金汇兑本位制　自由的纸币本位制　管制的纸币本位制　铸币平价　含金量　黄金输出点　黄金输入点　法定平价　抛补的利率平价　无抛补的利率平价　购买力平价　绝对购买力平价　相对购买力平价　实际汇率　巨无霸指数　巴拉萨-萨缪尔森效应　蒙代尔-弗莱明模型　米德冲突　丁伯根法则　斯旺图形　三元悖论　永恒的三角形　黏性价格　弹性价格　资产组合分析　均衡汇率　REDUX 模型　基本均衡汇率　自然均衡汇率　实际均衡有效汇率　行为均衡　人民币实际(有效)汇率　"新闻"理论　理性预期　有效市场假说　风险中性假设

2. 简答题

(1) 金本位与纸币本位制有什么异同？

(2) 金本位制与纸币本位制度下汇率决定与调整有何不同？

(3) 按照国际借贷说,汇率是如何确定的？

(4) 按照国际收支学说,汇率是如何确定的？

(5) 按照抛补的利率平价理论,汇率是如何确定的？

(6) 按照无抛补的利率平价理论,汇率是如何确定的？

(7) 按照购买力平价理论,汇率是如何确定的？

(8) 资本完全流动时,按照蒙代尔-弗莱明模型,汇率是如何确定的？

(9) 按照弹性价格货币分析法,汇率是如何确定的？

(10) 按照资产组合分析模型,汇率是如何确定的？

(11) 试论述超调模型中的汇率超调和动态调整过程。

3. 论述题

(1) 在高速通胀的时候,一国居民可能更愿意以一种币值更稳定的货币(例如美元)为计价单位,但支付还是以本国货币。这称为美元化(dollarization)。美元化的结果是更支持购买力平价理论还是相反？

(2) 简述蒙代尔-弗莱明的政策搭配方案。

(3) 谈谈你对蒙代尔-弗莱明模型的假设条件、扩展与修正模型的理解。

C
第三章
HAPTER THREE

汇 率 制 度

学 习 目 标

通过本章学习,掌握汇率制度的概念、内容和分类,人类历史上的汇率制度分析,以及固定汇率制与浮动汇率制的比较;理解汇率制度的选择方法;了解人民币汇率沿革和现行人民币汇率制度。

重 难 点 提 示

- 汇率制度的概念、内容和分类
- 历史上的汇率制度
- 固定汇率制度分析和浮动汇率制度分析
- 固定汇率制与浮动汇率制的差别

第一节 汇率制度

本节介绍汇率制度的含义、内容和分类。

一、汇率制度的含义

汇率制度(exchange rate regime,exchange rate system,exchange rate arrangement)指一国货币当局对该国汇率水平的确定,汇率变动方式,制定、维持与管理汇率的机构,管理汇率的法令、体制和政策等问题所作的一系列安排或规定。汇率制度与货币政策有密切的关系,并受共同因素所影响。

汇率制度包含以下内容:

(1)确定汇率的原则和依据。例如,是以法定代表的价值为依据,还是以货币本身的价值为依据等。

(2)维持与调整汇率的办法。例如,是采用公开法定升值或贬值的办法,还是采取任其浮动或官方有限度干预的办法。

(3)管理汇率的法令、体制和政策等。例如,各国外汇管制中有关汇率及其适用范围的规定。

(4)制定、维持与管理汇率的机构,如外汇管理局、外汇平准基金委员会等。

汇率制度分类是评价汇率制度优劣性和进行汇率制度选择的基础。不同的分类可能会有不同的结论,从而导致汇率制度的选择成为宏观经济领域最具争议性的问题。

二、现行汇率制度分类方法

汇率制度分类最根本的问题是基于何种标准来分类。现有文献对汇率制度分类的归纳,一般有两种方法:一种是基于事实上(de facto)的分类;另一种是基于法定上(de jure)的分类,法定上的分类是各国所公开宣称的。从经济学最核心的一个问题——市场调节还是国家干预——出发,最根本的出发点是基于市场汇率还是基于官方汇率来分类。事实上的分类和法定上的分类实质上都是基于官方汇率的分类,因此存在着局限性和进一步扩展的空间。国际货币基金组织(IMF)指出,不同汇率制度的划分还有助于评价汇率制度选择对于货币政策独立性程度的含意。

(一)传统分类

总体上看,汇率制度可以按照二分法,划分为固定汇率制和浮动汇率制。

固定汇率制(fixed exchange rate system)是一种固定汇率安排,一国货币当局通过行政方式使一国货币与黄金、美元或其他货币之间维持一个固定比率,汇率波动只能限制在一定范围内,由官方干预来保证汇率的稳定。

浮动汇率制(floating exchange rate system),是指由外汇市场或自由市场需求与供应来决定升贬的汇率制度。其优点是通过汇率变动调节国际收支的平衡,保证了货币政策的自主权,并使一国经济建立抵御外部冲击的缓冲。

中间汇率制介于固定汇率和浮动汇率之间,兼顾了固定汇率和浮动汇率的优点,汇率由市场供求关系生成,基本上能够克服固定汇率制度的缺陷,使本国保持相对独立的宏观经济政策。同时,当汇率严重偏离经济基本面,给本国带来的不确定性和交易成本上升时,该制度又保留了政府对市场缺陷进行及时纠正的权力,避免了汇率波动过大对实质经济造成损害。由于没有明确的名义锚,这种汇率制度还较容易遭受货币攻击。

一般而言政府不加干涉,才能使市场机能充分发挥。但若受到偶发性、季节性甚至不正常的市场预期心理等因素干扰,使本国货币过分升值或贬值时,会影响贸易和冲击经济,货币当局可能在必要时进行不同程度的市场价格干预,以减少汇率波动的幅度。这种带有政府干预性质的汇率制度称为管理浮动(managed floating rate)、不纯净的浮动、肮脏浮动汇率或者混浊浮动(dirty floating rate),相对来说,政府不加干预的汇率制度则称为洁净浮动,又称为纯净浮动汇率(clean floating rate)。

按照干预主体可分为:

(1) 单独浮动(independent floating),又称钉住某一货币浮动或相对于一种货币的有限浮动型。单独浮动下,本币不与其他外国任何货币发生固定联系,其汇率根据外汇市场上的供求关系来决定。允许有一定的波动幅度,这个幅度必须维持在所钉住货币汇率的一定范围内。

(2) 联合浮动(joint floating),又称钉住一组货币浮动、整体浮动或蛇形波动(snake floating)。是指一些经济关系密切的国家组成集团,对成员国内部货币实行固定汇率并规定波动幅度,对非成员国货币实行浮动汇率,联合体不加干预。这种在共同体成员之间实行缩小了的汇率波动,称其汇率为洞中的蛇(snake in the tunnel)。

1973年3月,欧洲共同体的六个国家(法国、联邦德国、荷兰、卢森堡、比利时、丹麦)以及非共同体的瑞典和挪威共同建立联合浮动集团,规定成员国货币之间固定汇率波动幅度限制在2.25%以内。

(二) IMF 的分类

IMF 依据各成员国所公开宣称的汇率制度,以汇率弹性(flexibility)的程度,以及各种正式的与非正式的对汇率变化路径的承诺为基础(IMF,2006),对各成员国的汇率制度进行了分类。IMF 2005年的分类是:

无独立法定货币的汇率安排(exchange arrangements with no separate legal tender)(41个成员)、货币当局安排汇率(currency board arrangement)(7个成员)、其他传统的固定钉住安排(other conventional fixed peg arrangement)(42个成员)、水平带钉住汇率(pegged with horizontal bands)(5个成员)、爬行钉住汇率(crawling pegs)(5个成员)、爬行带内浮动

汇率或爬行钉住的汇率(exchange rates within crawling bands)(1 个成员)、不事先公布干预方式的管理浮动制(managed floating with no preannounced path for the exchange rate)(52 个成员)、独立浮动汇率(independent floating)(34 个成员)。

现有汇率制度分类主要是运用统计学方法进行事后分类,只是考虑了名义汇率而不是实际汇率,无法回避由"做的"和"说的"不同而导致的法定分类的缺陷,没有共同的、核心的分类标准和分类方法。

第二节 历史上的汇率制度

本节介绍历史上曾出现的固定汇率制度和浮动汇率制度,并进行比较。

一、固定汇率制度:1880—1973 年

固定汇率制有金本位体系和布雷顿森林体系两种体系。这种制度下汇率基本固定,汇率的波动幅度限制在一个规定的范围内。这个范围的确定,在金本位制度下和布雷顿森林体系下有所不同。

(一) 金本位体系下的固定汇率制度:19 世纪中后期—1914 年

1816 年英国政府颁布了铸币条例,规定 1 盎司黄金为 3 英镑 17 先令 10.5 便士,1819 年又颁布条例,取消对金币熔化及金条输出的限制,要求英格兰银行的银行券在 1821 年能兑换金条,在 1823 年能兑换金币,标志着英国实行了真正的金币本位制。到了 19 世纪中后期,主要资本主义国家基本上实行了金本位制。1914 年第一次世界大战爆发后,各国纷纷发行不兑现的纸币,禁止黄金自由输出,金本位制随之告终。金本位体系下的固定汇率制度盛行于 1880—1914 年。

金本位下的固定汇率制是真正的固定汇率制。金本位制度维持的条件是:黄金自由兑换,自由铸造,自由进出国境。

(二) 布雷顿森林体系下的固定汇率制度:1944—1973 年

经过第二次世界大战,世界各国经济遭受重创,特别是英国经济濒临崩溃,传统的以英镑为中心的资本主义世界货币体系难以维持。1944 年,诺曼底登陆后一个月,各国探索重建世界经济。1944 年 5 月,在美国新罕什尔的布雷顿森林召开"联合国家货币金融会议",包括中国在内的 44 个国家代表参加了这次会议,建立了国际货币基金组织和国际复兴开发银行(以下简称"世界银行")。国际货币基金组织负责就国际货币事务进行磋商,为成员国的短期国际收支逆差提供融资支持,保障国际货币体系的稳定;世界银行则提供长期信贷来促进世界经济的复苏和发展。会议签订了《布雷顿森林协议》,确立了以美元为中心的资本主义世界货币体系,称为"布雷顿森林体系"(New Hampshire/Bretton Woods)。

布雷顿森林体系规定采用固定汇率制,美元被选为国际储备货币,其他货币与美元定立固定汇价(即"双挂钩"),实行可调整的固定汇率制度;取消经常账户交易的外汇管制等。

布雷顿森林体系下的固定汇率制度是一种"可调整的钉住汇率制"。

金本位体系下的固定汇率制,与布雷顿森林体系下的固定汇率制度有很大区别,具体比较见表 3-1。

表 3-1　两种固定汇率制度的比较

金本位制下的固定汇率制	布雷顿森林体系下的固定汇率制
固定汇率制是自发形成的汇率基础:铸币平价	固定汇率制是人为建立的汇率基础:中心汇率(汇兑平价)
现实汇率的波动自动不超过黄金输送点	官方有义务将汇率波动幅度维持在中心汇率的上下1%以内
铸币平价保持相对稳定	如果货币含金量的变动超过1%,必须得到国际货币基金组织的批准;当成员国发生国际收支基本不平衡时,经 IMF 75%投票权同意可以改变汇兑平价
不需要干预	一旦汇率波动幅度超过1%,该国的货币当局必须进行干预;当黄金官价受到国际金融市场上的炒家冲击时,各国政府要协同美国政府进行干预
各国货币当局相对独立	各国货币当局很难保持完全独立

布雷顿森林体系的直接结果是美元取代了黄金的国际基础货币地位。战后的国际货币制度实际上是一种美元本位制。

20 世纪 60—70 年代美元危机后,1971 年 8 月 15 日,尼克松宣布实行"新经济政策",停止按照每盎司黄金 35 美元的价格兑换非储备货币国家的美元。1971 年 12 月以《史密森协定》为标志,美元对黄金贬值,美国拒绝向外国货币当局出售黄金,布雷顿森林体系下的金本位制名存实亡。1973 年 2 月,各主要货币在投机力量冲击下被迫实行浮动汇率制,标志着布雷顿森林体系的彻底崩溃。

二、浮动汇率制度:1976 年至今

20 世纪 60—70 年代美元危机后,国际金融局势动荡不安,各主要金融市场大量抛售美元,抢购德国马克和日元,金价上涨,外汇市场关闭。1973 年 2 月,布雷顿森林体系彻底崩溃。国际货币基金组织(IMF)1974 年 6 月提出一份"国际货币体系改革纲要",对黄金、汇率、储备资产、国际收支调节等问题提出了一些原则性的建议,为以后的货币改革奠定了基础。1976 年 1 月,IMF 理事会"国际货币制度临时委员会"在牙买加首都金斯敦举行会议,正式承认了浮动汇率制的合法化,实现黄金的非货币化,签订了《牙买加协议》。1976 年 4 月,IMF 理事会通过了《IMF 协定第二修正案》,正式废止以美元为中心的国际货币体系,形成了新的国际货币体系,浮动汇率制度在世界范围取得了合法的地位。具体

内容如下：

(1) 实行浮动汇率制度。承认固定汇率制与浮动汇率制并存的局面，成员国可自由选择汇率制度。IMF 继续对各国货币汇率政策实行严格监督，并协调成员国的经济政策，促进金融稳定，缩小汇率波动范围。

(2) 推行黄金非货币化。协议作出了决定，废除黄金条款，取消黄金官价，放开黄金交易，取消成员国相互之间以及成员国与 IMF 之间用黄金清算债权债务的规定，逐步使黄金退出国际货币。

(3) 增强特别提款权的作用。提高特别提款权的国际储备地位，扩大其在 IMF 一般业务中的使用范围，规定参加特别提款权账户的国家可以用它来偿还国际货币基金组织的贷款，使用特别提款权作为偿还债务的担保，各参加国也可用特别提款权进行借贷。

(4) 增加成员国基金份额。从原来的 292 亿特别提款权增加至 390 亿特别提款权，增幅达 33.6%。

(5) 扩大信贷额度，以增加对发展中国家的融资。

浮动汇率逐渐表现出如下特点：

(1) 汇率浮动形式多样化，包括自由浮动、管理浮动、钉住浮动、单一浮动、联合浮动。

(2) 有管理的浮动是共性。

(3) 汇率波动频繁且幅度变化剧烈。

(4) 特别提款权的一篮子汇价成为汇率制度的组成部分。

(5) 单独浮动是主体。国际货币基金组织的统计资料表明，1994 年单独浮动已达 58 个国家，占 IMF178 个成员国的 32.6%。

(6) 国际储备货币的多元化。

在国际金本位制度时期，英镑是各国的主要国际储备；实行以美元为中心的固定汇率制度后，英镑被美元取而代之。在当前的浮动汇率制度下，各国的国际储备有美元、欧元、日元、英镑、瑞士法郎等，出现了储备货币多元化的格局。

三、固定汇率制度分析

这里主要讨论固定汇率制下政府干预运作方式。可以从两个角度来讨论固定汇率制的运作方式：其一是微观供需曲线角度，其二是预期回报率曲线角度。

(一) 微观供需曲线角度

我们可以从供需曲线的角度来描述固定汇率制的运作方式。假定 GBP 1 = USD 2，我们先讨论货币需求增加下的干预模式。

图 3-1 中，英镑需求增加，导致需求曲线从 D 右移到 D'，英镑有升值压力。英国货币当局在外汇市场上卖出 Q_1Q_2 数量的英镑，这导致英镑供给量增加，图中供给曲线从 S 右移到 S'，以消除超额需求 Q_1Q_2，使得汇率固定在 GBP 1 = USD 2。

图 3-2 中,美元需求增加,导致英镑供给增加,供给曲线从 S 右移到 S',产生英镑贬值压力。英国货币当局在外汇市场购买 Q_1Q_2 数量的英镑,抛出美元储备,导致需求曲线从 D 右移到 D',以消除超额供给,汇率固定在 GBP 1＝ USD 2。

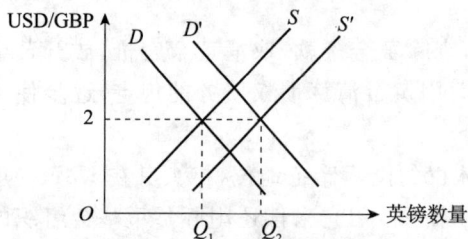

图 3-1　英镑需求增加下的政府干预　　图 3-2　美元需求增加下的政府干预

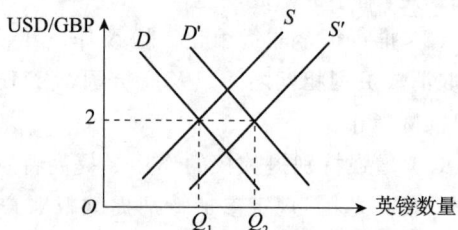

(二)预期回报率曲线角度

还可以用预期回报率曲线来描述固定汇率的运作机制。

图 3-3 中,横轴是本国货币计的预期收益,即国内利率水平 i。纵轴是汇率 e_t(即外国货币/本国货币,汇率上升时本币升值,汇率下降时本币贬值,对于本国货币而言是间接标价法),e_t^{par} 表示平价。

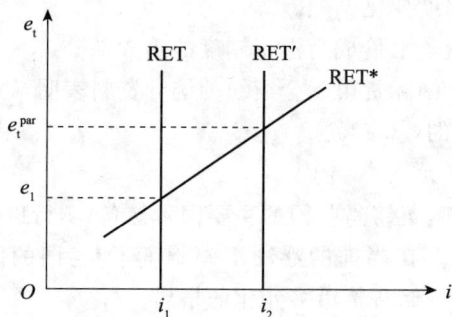

图 3-3　货币低估时的政府干预

斜线是以本币表示的外币存款预期回报率,等于外币利率减去本币的预期升值率,公式为

$$RET^* = i^* - \frac{Ee_{t+1} - e_t}{e_t}$$

外国预期回报率曲线向右上倾斜,因为随着本币的不断升值(当期本币汇率提高),而预期汇率不变(即汇率平价),本币的预期升值率不断下降,外币的预期回报率不断上升。随着本币的当期汇率升值,由于预期下期汇率不变,故本币预期升值率降低,而外币则预期有较大升值,提高了以本币表示的外币存款的预期回报率。

以本币表示的本币存款预期回报率,我们用 RET 表示,是一条垂直的曲线。

在本币汇率低估的情况,为使汇率保持在平价上,必须使本币升值,因此本国货币当局购进本币抛售外币,导致本国储备资产下降,国内货币供给量下降,国内经济紧缩,导致本国存款利率上升,本国预期回报率曲线从 RET 右移到 RET′。

图 3-4 是本币汇率高估的情况。本币汇率高估,为使汇率保持在平价上,就要使本币贬值,导致货币当局抛售本币购进外币,使本国储备资产增加,国内经济扩张,从而导致本国存款利率下降,使本国存款的预期回报率曲线从 RET 左移到 RET′。最终达到平衡。

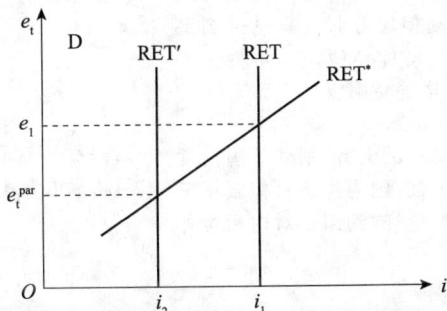

图 3-4 货币低估时的政府干预

四、浮动汇率制度分析

我们可以从微观供需曲线角度讨论浮动汇率制的运作方式。

假定 GBP 1＝ USD 1.5,我们先讨论货币需求增加下的干预模式。

图 3-5 中,英国出口商品需求增加,导致英镑需求曲线从 D 右移到 $D′$,导致英镑需求增加,引起英镑升值,形成新的均衡点 $(1.7000, Q_2)$,使得汇率变为 GBP 1＝ USD 1.7000。

图 3-6 中,对美国商品需求增加,导致英镑供给增加,供给曲线从 S 右移到 $S′$,导致英镑贬值,形成新的均衡点 $(1.4000, Q_2)$,汇率固定在 GBP 1＝ USD 1.4000。

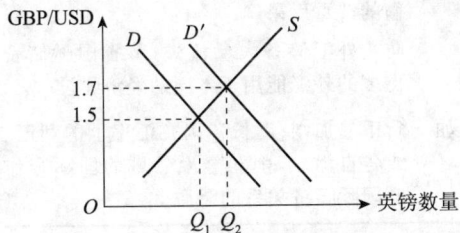

图 3-5 英镑需求增加下的政府干预

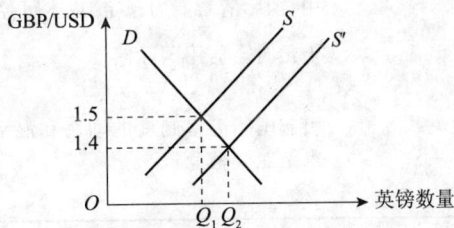

图 3-6 美元需求增加下的政府干预

五、固定汇率制和浮动汇率制的比较

固定汇率制与浮动汇率制有很大差别。其比较见表 3-2。

表 3-2　固定汇率制与浮动汇率制比较

项　目	固定汇率制	浮动汇率制
对国际贸易和投资的影响	汇率和进出口商品价格相对稳定性,有利于进出口企业核算成本和收益,投资风险低	高风险,不确定性强;加大国际贸易和国际投资风险
一国国际收支失衡时产生的影响	不能发挥调节国际收支的经济杠杆作用;一国国际收支失衡时,不能及时地通过汇率变动使国际收支自动达到平衡;政府干预,可能使国内经济失去平衡,产生失业或通货膨胀	汇率会上下波动,从而自动调节国际收支平衡,免除长期不平衡的严重后果
对货币政策有效性的影响	有维持汇率稳定的义务,削弱了国内货币政策的自主性,国内经济目标服从于国际收支目标;影响到币值对内和对外的同时均衡	维持经济政策的独立性;无须维持固定汇率,政策可专注于国内经济目标的实现
对通货膨胀国际间传递的影响	当汇率保持固定不变时,固定汇率制度会在国际间传导通货膨胀	国外的通货膨胀将通过本国货币升值得以抵消,不会带来国内通货膨胀
对外汇投机的影响	一方面,一定程度上抑制了外汇市场的投机活动;另一方面,投机多属于稳定投机,即投机减少了汇率的波动幅度,但也会出现破坏性的"单向投机"活动	一方面,汇率频繁自动调整,不会使币值与汇率严重背离,某些硬通货受到巨大冲击的可能性减少;另一方面,多出现破坏性投机,使汇率暴涨暴跌,加剧了汇率的波动幅度
对资源配置效率的影响	为维持固定汇率,需采取一系列人为措施,破坏了汇率这一价格信号,使资源配置扭曲	汇率随外汇供求的变动而变动,最能体现经济的真实要求,避免了资源配置的扭曲,提高了经济效率
国际收支	不能发挥调节国际收支的经济杠杆作用;国际清偿能力稳定,成本可控	自动调节国际收支平衡,从而免除长期不平衡的严重后果
外汇储备	干预时会动用国际储备	防止外汇储备大量流失;节省国际储备,使更多的外汇能用于本国的经济建设
国际关系	引起国际汇率制度的动荡和混乱,例如东南亚金融危机	货币战加剧;助长各国在汇率上的利己主义或各为为政,削弱金融领域的国际合作,加剧国际经济关系的矛盾

六、汇率制度的选择

(一)经济论

该学说认为,一国汇率制度的选择,主要是经济方面的因素决定的。具体说来,一国在做汇率制度选择时,应该考虑经济规模、对外开放程度、与他国通货膨胀的差异、贸易品种多样性、汇率品种的地区集中度,以及金融市场开放程度。具体选择参见表3-3。

表 3-3　汇率制度选择的标准

选择固定汇率或钉住汇率制度	选择浮动汇率制度
经济规模较小	经济规模较大
对外开放程度较高	对外开放程度较低
与他国通货膨胀一致	与他国通货膨胀悬殊
贸易品种单一且地区集中	贸易品种多样且地区分散
金融市场封闭	金融市场开放

(二)依附论

该学说认为,一国汇率制度的选择,取决于该国对外经济、政治、军事关系的"集中"程度。依附程度越高,越倾向于选择钉住依附国货币的汇率制度。

例如,从美国得到大量军事援助以及从美国购买大量军事物资的国家,以及同美国有复杂条约关系的国家,往往将本国货币钉住美元,实行钉住汇率制度。

(三)IMF 的建议

IMF 在 1997 年 5 月发布的《世界经济展望》中指出,在选择汇率制度时,应考虑以下因素:

(1)经济规模与开放程度。如果贸易占 GNP 份额很大,货币不稳定的成本会很高,建议采用固定汇率制度。

(2)通货膨胀率。如果一国的通货膨胀率比其贸易伙伴高,那么它的汇率必须浮动,才能防止其商品在国际市场上的竞争力下降;如果通货膨胀的差异适度,建议选用固定汇率制度。

(3)劳动力市场弹性。工资越是具有刚性,就越需要选择浮动汇率制,以利于经济更好地对外部冲击做出反应。

(4)金融市场发育程度。金融市场发育不成熟的发展中国家,不适合选择自由浮动制度,因为少量的外币交易就能引起市场行情的剧烈动荡。

(5)政策制定者的可信度。中央银行的声望越差,越适合采用钉住汇率制,以建立控制通货膨胀的信心。例如,拉丁美洲因为使用固定汇率制而减缓了通货膨胀。

(6)资本流动性。一国经济对国际资本越开放,保持固定汇率制就越难,就越倾向于采用浮动汇率制。在国际资本流动频繁的情况下,存在着两难的困境,即如何同时保持汇率和官方储备余额的稳定。

当然,这些只是一般的原则,各国该如何选择合适的汇率制度还需要结合各国的具体情况,不能一概而论。

第三节　人民币汇率制度沿革

自新中国成立以来,人民币汇率制度的历史演变可以划分为 8 个阶段。每个阶段具有不同的特征,我们按照不同阶段分别进行分析。

一、新中国成立初期(1949 年 1 月—1950 年 3 月):单一固定汇率制度

1949 年 1 月,天津解放,标志着国民经济恢复的起点;1950 年 3 月,全国实行财经统一。这一阶段我国制定人民币汇价的原则是"鼓励出口、兼顾进口、照顾侨汇",这一时期人民币汇率参照"物价对比法",并按照国家相关的政策要求加以规定。物价对比法包含三个部分:出口物资理论比价;进口物资理论比价;侨汇购买力比价。当时主要根据出口物资理论比价来确定人民币汇率,其计算方法是用出口商品国内总成本加上 5%～10% 的利润,再除以出口外币价格(FOB);所选择的出口商品是大宗出口物资,权数按该商品在有关出口额中的比重规定;国内总成本包括出口收购价、商品流转费用和出口关税。

我国在解放初期的通货膨胀很严重,造成人民币名义汇率汇价不断上升,人民币对外不断贬值。1949 年 1 月 18 日,1 美元＝80 元人民币(旧币);1950 年 3 月 13 日,1 美元＝42000人民币(旧币)。

新币下,1949 年美元/人民币汇率为 2.3,1950 年为 2.75。

二、国民经济恢复时期(1950 年 3 月—1952 年 12 月):单一固定汇率制度

1950 年 3 月全国实行财经统一后,物价水平迅速下跌,继而走向稳定;同时由于朝鲜战争爆发,西方国家对我国实行封锁禁运,所以这一阶段我国制定人民币汇价的原则是"进出口兼顾、照顾侨汇"。人民币名义汇率的变化特点是:汇价不断下跌,人民币对外不断升值。1952 年 12 月,国民经济基本恢复,人民币汇率为 1 美元＝261 70 人民币(旧币)。

这一阶段仍然采用单一固定汇率制度,新币下,1951 年美元/人民币汇率为 2.238,1952年为 2.227。

三、1953—1972 年:单一固定汇率制度

1953 年我国进入社会主义建设时期,国内物价全面稳定。这一时期,我国完成对私营商业的改造,外贸由国营公司统一经营,因此制定人民币汇价时与上一个阶段不同。国民经济恢复时期由于私营进出口商的存在,所以在制定汇价时必须结合进出口贸易的实际,考虑私营商业的利益。人民币汇价逐步与我国的进出口贸易实际脱节,汇价不再起到调节进出口贸易的作用。

这一阶段仍然采用单一固定汇率制度,出于编制计划和内部核算的需要,我国在这一时

期采取"刚性人民币汇率制度",人民币基本保持稳定。

1953 年年底我国的外汇储备额为 0.9 亿美元,1972 年年底我国的外汇储备额为 2.36 亿美元。

四、1973—1980 年:一篮子货币加权平均汇率制度

20 世纪 70 年代爆发石油危机,西方国家通货膨胀恶性发展,1973 年布雷顿森林体系崩溃,西方主要发达国家开始实行浮动汇率制度,汇率波动频繁。我国坚持人民币汇率相对稳定的方针,坚持有利于对外贸易的发展和贯彻平等互利的原则,参照外汇市场行情调整人民币汇率。

这一时期实行钉住一篮子货币的汇率制度,即按照各种外币的重要程度规定其在特定"篮子"中的权数,使用加权平均法算出人民币对美元的汇率。当西方国家货币上浮或下浮达到一定幅度时,我国可以适当调整人民币汇率。

在计划经济体制下,一篮子货币加权平均汇率制度使我国获得了较好的贸易条件,但增加了出口亏损。这一阶段我国的物价相对稳定,人民币对外升值。

人民币汇率长期低于出口创汇成本,但高于国内外消费物价之比。为了扩大出口,人民币需要贬值,不过人民币贬值对非贸易外汇收入不利,迫切需要借助市场经济改革的契机执行外汇改革。

五、1981—1984 年:双重汇率制度

这一阶段我国已经进入了经济改革时期。为了适应外贸体制改革的需要,从兼顾贸易和非贸易两方面的需要出发,1979 年 8 月政府决定自 1981 年 1 月 1 日起在官方汇率之外实行贸易内部结算汇率,标志着我国实行"公布牌价"和"贸易内部结算价"并存的双重汇率制度。其中,"公布牌价"(官方汇率)用于非贸易外汇;"贸易内部结算价"以全国出口平均换汇成本加一定幅度的利润计算出来,明显低于官方汇率,用于贸易外汇,以调节进出口贸易。并实行外汇留成制度,允许创汇地区保留外汇额度。

这阶段人民币名义汇率的变化特点是:保持稳定,官方汇率维持在 1 美元=1.5 元人民币的水平,贸易内部结算价维持在 1 美元=2.8 元人民币的水平。双重汇率制度明显地促进了我国出口企业的积极性,国家外汇储备有所增加。1983 年我国的外汇储备为 89.01 亿美元。

六、1985—1993 年:双轨制

1985 年 1 月 1 日,贸易内部结算价取消,只实行公布牌价,人民币又恢复到单一汇价。1985 年官方汇率贬值到 2.9366 元人民币/美元。随后各地开办了外汇调剂业务,首先允许在外商投资企业调剂之间外汇余缺,之后调剂范围又扩大到所有持有外汇额度的企业。

（一）1985 年至 1991 年 4 月复归单一汇率制度

为了配合外贸改革和推行承包制,我国逐步取消财政补贴,从 1988 年起增加外汇留成比例,普遍设立外汇调剂中心,放开调剂市场汇率,形成官方汇率和调剂市场汇率并存的局面。到了 1987 年,国家允许沿海各大城市开办外汇调剂中心,外汇调剂市场迅速发展,事实上形成了"外汇调剂汇率"与"官方汇率"并存的新的双重汇率制度,且前者一直高于后者。

（二）1991 年 4 月至 1993 年年底

1991 年中央政府取消了创汇补贴,并将外汇留成的对象扩大到所有创汇企业。1991 年至 1993 年,我国摒弃沿用多年的钉住汇率制度,改行钉住一篮子货币的汇率制度。

这一时期人民币名义汇率的变化特点是:人民币官方汇率不断贬值,1985 年年初 1 美元＝2.9366 元人民币,到了 1993 年年底 1 美元＝5.762 元人民币;另外,外汇调剂汇率始终高于官方汇率,一度达到 1 美元＝12 元人民币的水平。

以外汇留成制为基础的外汇调剂市场的发展,对促进企业出口创汇、外商投资企业的外汇收支平衡和中央银行调节货币流通均起到了积极的作用。但随着我国改革开放的不断深入,官方汇率与外汇调剂价格并存的人民币双轨制的弊端逐渐显现出来。一方面,多种汇率的并存,造成了外汇市场秩序混乱,助长了投机;另一方面,长期外汇黑市的存在不利于人民币汇率的稳定和人民币的信誉。外汇体制改革的迫切性日益突出。

七、1994 年至 2005 年 7 月 21 日:单一钉住美元制度

1993 年 11 月,党的十四届三中全会通过的《中共中央关于建立社会主义市场经济体制若干问题的决定》要求,"改革外汇体制,建立以市场供求为基础的、有管理的浮动汇率制度和统一规范的外汇市场,逐步使人民币成为可兑换货币。"1993 年 12 月,国务院正式颁布了《关于进一步改革外汇管理体制的通知》,采取了一系列重要措施,具体包括:实现人民币官方汇率和外汇调剂价格并轨;建立以市场供求为基础的、单一的、有管理的浮动汇率制;取消外汇留成,实行结售汇制度;建立全国统一的外汇交易市场等。

1994 年 1 月 1 日起,中国正式实行外汇管理体制改革。内容包括:

(1) 人民币官方汇率和外汇调剂市场汇率并轨,实行"以市场供求为基础的、单一的、有管理的浮动汇率制度"。并轨后的人民币汇率名义上实行有管理的浮动汇率制度,实际上由于实施强制结售汇制度和银行间外汇市场,人民币对美元基准汇率浮动限定在 0.3% 幅度。1999 年 4 月,IMF 对中国汇率制度的划分也从"管理浮动"转为"钉住单一货币的固定钉住制"。

(2) 实现银行结汇、售汇制,取消外汇留成和上缴制。中央银行依据法律规范和市场手段,调控外汇供求关系,保持汇率基本稳定。

(3) 建立银行间外汇交易市场,中心设在上海(即全国外汇交易中心),联网全国,相互

调剂头寸,形成银行市场决定的汇率。

(4)取消外币和外汇券计价,经过一段过渡时间后,取消外汇券。

1994年外汇体制改革后,我国形成了外汇零售市场与外汇批发市场。外汇市场的改革推动了人民币汇率形成机制的完善。

八、2005年7月21日至今:参考一篮子货币浮动

党中央、国务院于2005年7月21日出台了完善人民币汇率形成机制的改革。新一轮的汇率改革开始实行"以市场供求为基础、参考一篮子货币进行调节、有管理的浮动汇率制度"。这是1994年中国进行汇率改革以来的重大变化。

2005年9月23日,非美元货币交易价波动幅度由1.5%扩大至3%。政府持有的外汇储备在2005年达到8 188.72亿美元。

自2006年1月4日起,中国外汇交易中心对外公布人民币对美元、欧元、日元和港币汇率中间价。3月1日,央行宣布并实行"主动性、可控性、渐进性"的汇率改革原则。

2008年4月10日人民币中间价破7.000元人民币/美元大关,从2008年7月至2010年6月,随着全球金融和经济危机日益恶化,中国事实上将人民币兑换美元汇率固定在1美元兑换6.83元人民币,作为稳定中国经济的紧急措施。

2010年6月19日,人行宣布,重启自金融危机以来冻结的汇率制度,进一步推进人民币汇率形成机制改革,增强人民币汇率弹性。

2012年4月14日,央行发布公告,扩大外汇市场人民币兑换美元汇率浮动幅度。自2012年4月16日起,银行间即期外汇市场人民币兑换美元交易价浮动幅度由5‰扩大至1%,外汇指定银行为客户提供当日美元最高现汇卖出价与最低现汇买入价之差不得超过当日汇率中间价的幅度由1%扩大至2%。

2014年3月17日起,中国银行间即期外汇市场人民币兑美元交易价围绕中间价的浮动幅度由1%扩大至2%。

2014年7月1日,央行发文取消银行对客户美元挂牌买卖价差管理,由银行根据市场供求自主定价,可促进外汇市场自主定价,标志着人民币汇率市场化形成机制进一步完善。

表3-4 新中国成立以来人民币名义汇率的情况

年份	平均汇率	年份	平均汇率	年份	平均汇率
1952年	2.227 0	1958年	2.604 0	1964年	2.461 8
1953年	2.604 0	1959年	2.617 0	1965年	2.461 8
1954年	2.604 0	1960年	2.617 0	1966年	2.461 8
1955年	2.604 0	1961年	2.461 8	1967年	2.461 8
1956年	2.604 0	1962年	2.461 8	1968年	2.461 8
1957年	2.604 0	1963年	2.461 8	1969年	2.461 8

年份	平均汇率	年份	平均汇率	年份	平均汇率
1970 年	2.461 8	1985 年	2.936 6	2000 年	8.278 4
1971 年	2.461 8	1986 年	3.452 8	2001 年	8.277 0
1972 年	2.240 1	1987 年	3.722 1	2002 年	8.277 0
1973 年	2.200 9	1988 年	3.722 1	2003 年	8.277 0
1974 年	2.200 6	1989 年	3.765 1	2004 年	8.276 8
1975 年	1.970 0	1990 年	4.783 2	2005 年	8.191 7
1976 年	1.970 0	1991 年	5.323 3	2006 年	7.971 8
1977 年	1.840 0	1992 年	5.514 6	2007 年	7.604 0
1978 年	1.720 0	1993 年	5.762 0	2008 年	6.945 1
1979 年	1.550 0	1994 年	8.618 7	2009 年	6.831 0
1980 年	1.490 0	1995 年	8.351 0	2010 年	6.769 5
1981 年	1.776 8	1996 年	8.314 2	2011 年	6.458 8
1982 年	1.924 9	1997 年	8.289 8	2012 年	6.312 5
1983 年	1.957 3	1998 年	8.279 1	2013 年	6.193 2
1984 年	2.204 3	1999 年	8.278 3		

数据来源:国家外汇管理局网站:(www.safe.gov.cn)。

第四节　现行人民币汇率制度

人民币汇率政策是我国宏观经济政策的重要组成部分,它与经济体制的许多方面都密切相关,但它们之间的关系在不同时期有不同的表现。20 世纪 80 年代的改革开放过程中,汇率政策与我国贸易体制、价格体制、货币供求关系、财政税收等方面表现出日益密切的相关趋势。一方面,汇率政策对于这些方面具有更加重要的影响或制约作用;另一方面,这些方面的步步深化改革对汇率政策提出了更多的要求,促使其在目标内容上、政策手段上都进行相应的变革。

一、现行人民币汇率形成机制的内容和特点

党中央、国务院于 2005 年 7 月 21 日提出实行"以市场供求为基础、参考一篮子货币进行调节、有管理的浮动汇率制度"。

(1)新的人民币汇率制度,以市场汇率作为人民币对其他国家货币的唯一价值标准。

(2)实行有管理的汇率。主要体现在:国家通对外汇市场进行监管、国家对人民币汇率实施宏观调控、央行进行必要的市场干预。

(3)浮动的汇率。按照 2014 年 3 月 17 日最新改革政策,放宽了银行间外汇市场各货币对人民币的交易价浮动范围。

（4）参考一篮子货币。根据国内外经济金融形势，以市场供求为基础，参考一篮子货币计算人民币多边汇率指数的变化，对人民币汇率进行管理和调节，维护人民币汇率在合理均衡水平上的基本稳定。篮子内的货币构成，综合考虑在我国对外贸易、外债、外商直接投资等外经贸活动占较大比重的主要国家、地区及其货币。参考一篮子表明外币之间的汇率变化会影响人民币汇率，但参考一篮子货币不等于钉住一篮子货币，它还需要将市场供求关系作为另一重要依据，据此形成有管理的浮动汇率。这将有利于增加汇率弹性，抑制单边投机，维护多边汇率稳定。

实践证明，央行有管理的浮动汇率制度的选择是科学的、正确的。央行的人民币汇率政策改革将在有管理的浮动汇率制度下不断深化。

二、完善人民币汇率形成机制改革的主要目标和原则

人民币汇率改革的总体目标是，建立健全以市场供求为基础的、有管理的浮动汇率体制，保持人民币汇率在合理、均衡水平上的基本稳定。

人民币汇率改革必须坚持主动性、可控性和渐进性的原则。主动性，就是主要根据我国自身改革和发展的需要，决定汇率改革的方式、内容和时机。汇率改革要充分考虑对宏观经济稳定、经济增长和就业的影响。可控性，就是人民币汇率的变化要在宏观管理上能够控制得住，既要推进改革，又不能失去控制，避免出现金融市场动荡和经济大波动。渐进性，就是根据市场变化，充分考虑各方面的承受能力，有步骤地推进改革。

三、人民币升值的经济效应

（一）人民币升值的巨大压力

从内部压力来看，主要是近年来，我国经济仍保持快速增长，出口不断扩大，外资大量流入，经常项目和资本项目保持双顺差，导致外汇储备迅速增加，市场对人民币形成了较强的升值预期。

1994 年，我国经常项目的顺差为 76.58 亿美元，资本项目的顺差为 326.44 亿美元，外汇储备为 516.20 亿美元；2002 年经常项目顺差为 354.22 亿美元，资本项目顺差为 322.91 亿美元，外汇储备为 2 864.07 亿美元；2014 年年中，中国外汇储备已经达到 4 万亿美元，使市场对人民币形成很强的升值预期。

（二）升值之利

有关人民币"升值之利"，概括起来有以下方面。

（1）人民币适度升值有助于解决对外贸易的不平衡问题，特别是有利于缓解中美之间的贸易冲突。

（2）人民币升值刺激进口增加。

（3）企业的国外投资能力将增强。中国企业为开拓销售渠道，将扩大海外投资。

（4）有利于改善吸引外资的环境：人民币升值，一方面可以使在华投资的外资企业的利润增加，从而增强投资者的信心，促进其进一步追加投资或进行再投资；另一方面将吸引大量外资进入中国的资本市场，间接投资比重将进一步增加。

（5）对非制造业，如科、教、文、卫等将有重要意义。人民币升值有利于降低中国公民出境旅游的成本，促使更多的国民走出国门。

（6）未偿还外债还本付息所需本币的数量相应减少，一定程度上可减缓债务负担。

（7）合理估值中国资产。中国的劳动和资产的低廉是在一定历史阶段形成的，也必然在一定历史阶段得以调整。中国在调整进出口贸易政策的同时，必须调整货币政策和资产价格。

（8）有利于中国 GDP 在国际经济中地位。截至 2010 年，中国已超过日本，成为 GDP 仅次于美国的世界第二经济大国。

（9）增加国家税收收入。低汇率的实质是全民通过出口退税来补贴出口商的利益。这对世界第二大外汇储备国中国来说，并不十分合乎逻辑。

（10）人民币升值到一定程度，会减少国外资金对国内的购房需求，减少房地产泡沫。

（三）升值之弊

人民币升值是一把"双刃剑"，它对我国经济的影响既有有利的一面，也有不利的一面。不利的影响主要表现在以下方面：

（1）影响金融市场的稳定。我国国际收支平衡表中的"错误与遗漏"项目，自 1992 年起连续 10 年都是逆差（即差额都出现在借方），其中 1999 年高达 177.9 亿美元，2000 年 118.9 亿美元，2001 年回落到 48.6 亿美元，这表明我国存在着规模巨大的资本外逃。但在 2002 年，这一项目出现了 77.9 亿美元的顺差，出现这种状况的一个重要原因就是人民币汇率升值的预期。

（2）影响货币政策的有效性。由于人民币汇率面临升值压力，为保持人民币汇率的基本稳定，迫使中央银行在外汇市场上大量买进外汇，从而使以外汇占款形式投放的基础货币相应增加。从表面上看，货币供应量在持续增长，但供应结构的差异却造成资金使用效率低下，影响了货币政策的有效性。

（3）中国庞大的外汇储备将大幅度缩水。

（4）使国内投资环境恶化，外国企业来华投资数量将减少。人民币升值将增加外商在华投资的成本，长此以往，利用外资可能会呈逐渐下降局面。

（5）削弱中国商品在国际市场上的竞争能力。农业、钢铁、化学等尚不具备竞争力的产业将直接受到冲击。

（6）增加就业压力。由于目前我国出口企业和外资企业是提供新增就业机会的主要渠道之一，出口型企业情况的恶化将会使我国的就业压力达到空前严重的程度。这不仅会反过来进一步抑制内需，抑制价格回升，还会对我国的社会稳定造成影响。

（7）出口转内销，会进一步加剧国内某些领域的竞争。

（8）对发展中国的国内旅游业不利。人民币一旦大幅度升值，对中国国内旅游业发展将起负作用。

升值有利有弊，但不能简单说利大还是弊大，关键看对进度和程度的把握。应该以应对升值压力为契机，调整我们的出口结构乃至产业结构，进而优化产业结构，增强生产企业和外贸企业的竞争力。

四、人民币汇率浮动区间管理

人民币汇率浮动的区间管理，是人民币汇率有管理浮动的主要体现，区分为银行间市场和银行结售汇市场的汇率浮动区间管理。

（一）银行间市场浮动区间管理

2014年3月17日起，中国银行间即期外汇市场人民币兑美元交易价围绕中间价的浮动幅度由1%扩大至2%，人民币兑欧元、日元、港币、英镑、澳大利亚元、加拿大元和新西兰元交易价则在中间价上下3%的幅度内浮动，人民币兑马来西亚林吉特、俄罗斯卢布交易价在中国外汇交易中心公布的人民币对该货币汇率中间价上下5%的幅度内浮动。

（二）银行挂牌汇率浮动区间管理

央行于2014年7月1日发布《中国人民银行关于银行间外汇市场交易汇价和银行挂牌汇价管理有关事项的通知》，取消银行对客户美元挂牌买卖价差管理，由银行根据市场供求自主定价，可促进外汇市场自主定价。《通知》明确规定，银行可基于市场需求和定价能力对客户自主挂牌人民币对各种货币汇价，现汇、现钞挂牌买卖价没有限制，根据市场供求自主定价。银行应建立健全挂牌汇价的内部管理制度，有效防范风险，避免不正当竞争。

五、出口换汇成本监测

出口换汇成本监测是人民币汇率监测和分析的一个重要主要内容。出口换汇成本是由购买力平价学说衍生出来的一种汇率决定理论，可认为是汇率的生产力平价指标。

为全面掌握我国出口企业的汇率承受能力，为人民币汇率政策制定提供客观的参考依据，国家外汇管理局从2003年开始实施出口换汇成本季度监测，并借助信息技术手段实现了全程电子化监测。从2008年开始以出口换汇成本监测样本企业为对象，定期开展企业问卷调查，掌握进出口企业经营最新状况、快速收集企业对国家宏观经济政策和外汇管理政策的反映，为应对国际金融危机和服务企业提供了有力的决策依据。

六、人民币汇率形成机制改革展望

从长远来看人民币汇率应适用浮动汇率安排，而近中期内应完善有管理的浮动汇率制度,这是我国人民币改革的方向所在,也是中心所在。总体来看,我国汇率制度改革正在也应该朝着更加具有弹性和灵活性的方向稳步推进。

人民币汇率制度改革必须依序而行,人民币汇率在向灵活性制度转变过程中也必须遵循一定的步骤。逐步扩大人民币汇率的浮动幅度,实行汇率目标区双层监控机制;推进资本项目可兑换,实现人民币的自由浮动;实行人民币的国际化(Carlos Arteta 等,2001)。

我国将继续坚持主动性、可控性和渐进性的原则,稳步推进人民币汇率改革,建立健全以市场供求为基础的、有管理的浮动汇率体制,保持人民币汇率在合理、均衡水平上的基本稳定。进一步理顺外汇供求关系,建立健全国际收支调节机制,增强汇率等经济杠杆在资源配置中的基础性作用。同时,积极协调好宏观经济政策,稳步推进各项改革,努力提高调控水平,改进外汇管理,为人民币汇率稳定提供良好的政策环境。

同步测练

1. 名词解释

汇率制度　固定汇率制　浮动汇率制　中间汇率制　管理浮动　混浊浮动　货币当局安排汇率

2. 简答题

(1) 汇率制度的内容包括什么?

(2) 汇率制度的分类包括哪些方法?

(3) IMF 是如何对汇率制度进行划分的?

(4) 关于汇率制度的选择标准,经济论的观点是什么?

(5) 关于汇率制度的选择标准,依附论的观点是什么?

(6) 关于汇率制度的选择标准,IMF 的观点是什么?

(7) 金本位制下的固定汇率制和布雷顿森林体系下的固定汇率制各有什么不同?

(8) 固定汇率制的优缺点是什么?

(9) 浮动汇率制的优缺点是什么?

(10) 浮动汇率制的特点有哪些?

3. 论述题

(1) 试用供需曲线来分析固定汇率制下的汇率决定与政府干预。

(2) 试用预期回报率曲线来分析固定汇率制下的汇率决定与政府干预。

(3) 试用供需曲线来分析浮动汇率制下的汇率决定与政府干预。

(4) 试综述新中国成立以来的人民币汇率制度沿革。

(5) 试对现行人民币汇率形成机制进行分析。

C

第四章

HAPTER FOUR

外汇市场干预与汇率有效性

学 习 目 标

通过本章学习,掌握外汇市场干预的概念、工具与方式,理解外汇市场干预的目标与效果判断,了解汇率水平合理性和我国外汇市场干预。

重 难 点 提 示

- 外汇市场干预的概念
- 外汇市场干预工具与方式

第一节　外汇市场干预的概念

外汇市场干预在西方市场经济国家已有几十年的历史。国外外汇干预理论研究包括一般性的研究和专题性的研究。

一、外汇市场干预相关概念的界定

（一）狭义外汇市场干预

20世纪80年代初,美元对所有欧洲国家的货币汇率都呈升势,影响到工业化国家。1982年6月的凡尔赛工业国家高峰会议决定成立"外汇干预工作小组",专门研究外汇市场干预问题,特别是针对美元汇率问题。1983年,"外汇干预工作小组"发表"杰根森报告",给出对外汇市场干预的狭义定义:"货币当局在外汇市场上的任何外汇买卖,以影响本国货币的汇率。"外汇干预工具包括外汇储备、中央银行之间调拨或官方借贷。

（二）广义外汇市场干预

广义的外汇市场干预,指一国货币当局通过改变外汇市场的均衡条件从而影响均衡汇率的经济活动或政策的统称。

汇率是受对外贸易、经济实力、经济结构、国际竞争力、资本流动等诸多变量影响的变量。本国利率、外国利率、预期汇率、国内物价水平、国外物价水平以及资产替代程度等任一变量的改变,都会改变外汇市场的均衡条件,使汇率发生变化。一国货币当局通过改变外汇市场的均衡条件从而影响均衡汇率的经济活动或政策,统称为外汇市场干预。

IMF在《国际货币制度改革大纲》中规定:当发生日常的或一周之内短期的大幅度的汇率波动时,中央银行应当干预;禁止中央银行作同汇率波动趋势相一致的干预等。

IMF《关于汇率政策的监督》规定成员国干预外汇市场不能够妨碍有效的国际收支调节;不能以获取对其他成员国不公正的竞争优势为目的;成员国对汇率作长期大规模单一方面干预时,必须同IMF协商决定。

二、外汇市场干预的分类

外汇市场干预方式按不同的标准有不同的划分方法。

（一）按市场作用机制分

按照市场作用机制的不同,外汇市场干预可以分为直接干预和间接干预。

直接干预是指货币当局直接参与外汇市场的买卖,通过在外汇市场上买进或卖出外汇来影响本币的对外汇率。

直接干预示意图见图4-1。外汇市场直接干预,通过与货币政策、财政政策结合,通过相对利率、相对通货膨胀率、相对国民收入、国际资本流动、国际贸易、税法、公开市场操作、配额、关税等来直接影响汇率。

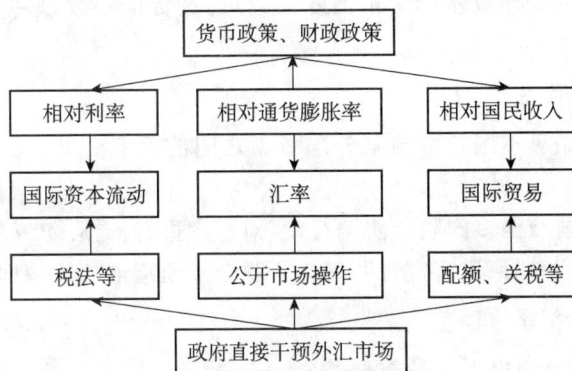

图 4-1　外汇市场直接干预图

间接干预是利用外汇市场与一国经济整体的内在联系,通过调整其他宏观经济政策间接地影响外汇市场。

从短期来看,间接干预通过一国货币政策或财政政策的推行,影响短期资本流入,从而间接影响外汇市场供求状况和汇率水平。

从长期来看,货币政策或其他宏观经济政策调整时,通过影响劳动生产率、工资率、实际产出情况、利率、信贷规模、折旧率、通胀率等来影响汇率。

间接干预的政策传导途径是间接的、有时滞的,而且由于经济变量的变动对汇率的影响是复杂的、多方向的,其效果有赖于微观经济主体对经济变量的敏感程度,所以难以对干预的具体目标精确把握,对干预效果也无法做出准确判断。

（二）按干预动机分

积极干预是指一国货币当局为使外汇市场的汇率水平接近本国所设定的水平目标而主动在外汇市场进行操作。

消极干预是指外汇市场已发生剧烈波动,偏离本国设定的汇率水平,货币当局采取补救性干预措施。

（三）按是否引起货币供给变化分

外汇市场干预总是与一国的基础货币相联系。一国实施外汇干预可能对该国货币供应及政策有影响,也有可能通过特殊手段保持中性。外汇市场直接干预按照干预手段是否引起货币供给的变化可分为冲销干预和非冲销干预。

冲销干预(sterilized intervention),又叫消毒干预、中性干预,是指货币当局在外汇市场进行外汇交易的同时,运用其他货币政策工具来抵消因抛补外汇造成的对本国货币供应量的影响。

非冲销干预(nonsterilized intervention)，又叫不消毒干预、非中性干预，是指中央银行在买卖外汇、干预外汇市场的同时，并未采取任何对货币供应量影响的抵消干预措施。这种干预所进行的外汇交易会导致基础货币的变动，再通过货币乘数以一定倍数作用于货币供应量。

（四）按参与干预主体分

单边干预是指一国对本国货币与某外国货币之间的汇率变动，在没有相关的其他国家的配合下独自进行。

联合干预是指两国乃至多国联合协调行动，对汇率进行干预。1985年和1987年西方七国先后发布"广场宣言"和"卢浮宫宣言"，确立了联合干预汇市的政策框架。

（五）按干预策略分

按干预策略分，可分为以下三种类型。

烫平每日波动型干预是指政府在汇率日常变动时，高价卖出、低价买进，以使汇率变动波幅缩小。

砥柱中流型或逆向型干预是指政府在面临突发因素造成的汇率单方面大幅度波动时，采取反向交易的形式以维护外汇市场稳定。

非官方钉住型干预是指政府单方面、非公开地确定所要实现的汇率水平及变动范围，在市场汇率变动与之不符时就入市干预。

三、外汇市场干预的效应

政府在汇率市场上的干预通过如下两个途径发挥效力。

（一）资产调整效应

一国货币当局，通过直接汇率市场交易及相关的交易来改变各种资产的数量及结构，从而对汇率产生影响，称为资产调整效应。

货币主义理论认为，汇率是由两国相对货币供求所决定的，当经济在短期平衡位置存在经常账户赤字或盈余时，由短期平衡向长期平衡的调整机制就体现为经常账户差额与汇率互相作用的动态反馈机制。一国货币当局对汇率进行干预，直接影响经常账户各资产的数量和结构，进而调整账户盈余。从长期来看，如果马歇尔-勒纳条件不成立，长期平衡很难达到，因此政府干预，帮助经济动态调整，实现经常账户平衡。

资产组合理论认为，汇率是由所有的金融资产存量结构平衡决定的；由于有价证券是投资者投资的一个庞大市场，而且有价证券与货币之间有较好的替代性，因此有价证券对货币的供求存量会产生很大的影响。一国货币当局干预汇率，就会影响外汇市场资产结构，进而影响其他金融市场的存量和结构。也就是说，一国货币当局干预汇率，通过影响所有金融资产存量结构平衡，来实现资源配置。

（二）信号效应

货币当局对汇率市场公开进行干预活动，本身向市场发出信号，表明政府的态度，预示着政府将采取的政策措施，以影响市场参与者的心理预期，从而调整汇率，达到预期的干预目的，称为信号效应。

中央银行在外汇市场上通过查询汇率变化情况、发表声明等，影响汇率的变化，达到干预的效果，希望外汇市场能得到这样的信号：中央银行的货币政策将要发生变化，或者说预期中的汇率将有变化，等等。一般来说，外汇市场在初次接受这些信号后总会作出反应。但是，如果长期使用而无实质性干预，就会形成"狼来了"的效应。

货币当局对汇率市场公开进行干预活动，形成一种市场预期，使经济当事人预期将来的货币供给和收入水平等基本经济因素发生变化，实现预定外汇干预目的。

四、外汇市场干预的目的

货币当局对汇率市场进行干预，主要是因为这一市场在自发运行的过程中会出现市场失灵的问题，即市场自发确定的汇率不能正确反映内外均衡目标同时实现的要求，不能引导资源的合理配置。

汇率波动可以分为大幅度波动和失调（misalignment，或称错位）。汇率的大幅度波动指汇率的日常波动，没有一定的趋势，会使一国对外经济活动所面临的汇率风险增加，投机活动加剧，且会带来国际资本的异常流动；汇率的失调指汇率对其长期均衡水平的持续偏离，会改变一个国家的相对竞争力，使其资源配置不合理，最终可能造成该国的国民经济比例失调，还可能带来严重的通货膨胀；同时，汇率的频繁波动会带来资源配置上的浪费。

干预外汇市场的主要目的有：

（1）外汇干预主要着眼于防止汇率水平在短期内异常波动。汇率与相对利率、相对通货膨胀率、相对国民收入、国际资本流动、国际贸易等有密切联系。国际资本流动频繁，金额巨大，渠道很多，所受到的人为障碍很小，会对经济推波助澜。

（2）外汇干预主要着眼于防止汇率水平在中长期出现失调。如果形成某国货币升值的预期，国际资本会大量流入，促使该国货币升值，可能造成资本在不同部门间的配置不均衡，影响国民经济结构。

（3）干预外汇市场是为了适应国内外贸易政策的需要。一个国家的货币汇率较低，有利于出口，限制进口。而出口问题在许多工业国家已是一个政治问题，它涉及出口行业的就业水平、贸易保护主义情绪等许多方面。部分国家在经济不景气时，利用本国货币贬值来扩大出口，常引起两国的贸易战，或者报复性的非关税贸易壁垒。

（4）抑制通货膨胀。"对外升值导致对内升值"，本国货币升值预期的长期存在，具有进一步强化本国的通货紧缩的作用。例如，英国在 20 世纪 80 年代时，通过外汇干预抑制通货膨胀。中央银行干预外汇市场是出于抑制国内通货膨胀的考虑。

（5）外汇干预还可以作为货币政策的一部分与其他货币政策工具搭配使用，从而在整体上实现货币政策调控目标。

一些国家进行外汇市场干预，可能出于其他目的，例如，对别国的政策进行报复，调整产业结构，甚至可能是政治上的打击。

五、外汇市场干预的负面效应

政府不仅管理着市场运行的各个环节和各种市场主体，而且掌握资源的分配；不仅推行强制性制度变迁，而且动用行政权力，调节市场准入和市场运行；政府的介入主要根据特定时期经济工作整体部署的要求，而不是着眼于市场自身的发展规律和运行效率。因此，政府干预不可避免地在不同层面上与市场自身的运行规律发生矛盾和冲突。

（1）造成政府制度供给的非有效性，监管性制度安排中，市场的运行状况常常与政府的意图相背离。

（2）从新制度经济学的角度来看，制度、交易费用和市场效率三者存在密切的关系。外汇市场的制度安排太多体现政府意志时，可能提高市场交易成本，降低市场的流动性，损害市场效率。

第二节　外汇市场干预的目标与效果判断

一、外汇市场干预的目标

外汇市场干预主要着眼于防止汇率水平在短期内过分波动及中长期出现失调。因此，外汇市场干预的目标可以定位如下。

（一）逆风向干预

一国货币当局采用外汇储备工具干预外汇市场时，往往采用逆风行事（leaning against the wind）原则。逆风行事又叫"逆经济方向行事"，是凯恩斯主义的相机抉择的"需求管理"。

如果央行阻止或逆向操作本国货币在外汇市场的走势，保持汇率的短期稳定，这种使汇率稳定的干预叫作"熨平汇率的暂时波动"，又称"逆风向干预"或"逆风干预"；如果央行支持或加速本国货币在外汇市场的走势，称之为"顺风向干预"或"顺风干预"。

（二）目标水平干预

如果汇率在长期表现出了对其均衡水平的持续偏离也即失调的情况时，官方的干预就不仅仅是熨平汇率的波动，而且要使汇率趋向于理想的长期均衡水平，称作"目标水平干预"。

根据干预的目标水平又可分为两种情况：一是使汇率水平回复到波动前的状态。如果汇率的极端波动偏离了波动前货币当局认为的均衡汇率水平，以致超出了本国工商业和政府所能承受的范围时,中央银行就应以波动前的均衡汇率为标准,对外汇市场进行干预,使汇率回复到原来的均衡水平;二是将汇率水平推向一种新的预期均衡状态。如果一国宏观经济的基本因素(包括间接影响汇率的经济结构和直接影响汇率的经济变量)发生了难以逆转的或者稳定的变化趋势,则汇率也应相应地变化以与之相适应。这时货币当局的汇率干预就应该使汇率从当前状态过渡到另外一个均衡状态,即向另一个汇率水平推进。

二、外汇市场干预的效果判断

外汇市场干预的有效性,是指只要一国中央银行能够通过外汇市场干预达到预定的汇率政策目标,并使实际汇率向均衡汇率靠拢,就是有效的外汇市场干预。衡量标准主要有两个:均衡汇率标准和盈利标准。

(一)均衡汇率标准

均衡汇率标准,是指政府干预究竟是将市场汇率拉向还是推离当时存在的均衡汇率。这个标准考虑均衡汇率本身的变化,即认为不同时期的均衡汇率是不同的。

均衡汇率标准是用汇率运动的长期均衡趋势来评价官方干预对汇率稳定性的影响,具有现实意义。不足之处在于它没能对均衡路线与即期汇率的关系给出合理解释。均衡汇率标准虽然是动态的,但它只就汇率的回归而言,没有提及新均衡水平出现的问题,而且中央银行在对即期汇率进行实际干预时,也在影响汇率的均衡路线本身。因此有自己的局限性。

(二)盈利标准

外汇市场干预有效性还必须从成本收益角度来考虑。从成本收益的角度来看,任何一项经济活动在取得收益的同时,都要付出一定的成本。只有当收益大过成本,即取得盈利,该项活动才是合理的、有效的,货币当局的外汇干预作为一种经济活动也应如此。

判断货币当局的干预是否有效,并不是看货币当局干预的次数多少和所用的金额大小,有时候还需要结合具体干预背景进行分析。

(1)如果外汇市场异常剧烈的波动是因为信息效益差、突发事件、人为投机等因素引起的,而这些因素对外汇市场的扭曲经常是短期的,那么,中央银行的干预会十分有效。

(2)如果一国货币的汇率长期偏离是由该国的宏观经济水平、利率和政府货币政策决定的,那么,货币当局的干预从长期来看是无效的。但货币当局的干预,一方面可以缓和本国货币在外汇市场上的跌势或升势,另一方面干预在短期内常常会有明显的效果,给中央银行一定的时间来调整。

三、外汇市场压力与外汇市场干预指数

(一)外汇市场压力

外汇市场压力(exchange market pressure,EMP)的定义是:"在给定实际实施的政策所

产生的预期的前提下,以汇率水平变化所表示的国际市场上对某种货币的全部超额需求。这种超额需求是在没有外汇市场干预的情况下,汇率水平所应进行的相应变化以消除的超额货币需求。"(Weymark,1997,p.59)

在中间汇率制度安排下,本币在外汇市场上所面临的超额供给和超额需求的压力往往通过官方储备变化和汇率水平变化的某种组合反映出来,因此,如何测度现实的汇率制度安排下一国货币的外汇市场压力就具有重要意义。

(二) 外汇市场干预指数

外汇市场压力本身不直观,我们需要指数化处理便于直观地对其进行判断,以指示市场干预,称为外汇市场干预指数,它表示本币所面临的升值或贬值压力;EMP 的大小反映了外汇市场失衡的程度,为识别和预测潜在的货币危机提供理论指导。

Girton 和 Roper(1977)最早建立了一个 EMP 指数,该指数是国际储备变化率与汇率水平变化率之和。Weymark(1997)考虑了价格黏性的因素,引入转换因子(conversion factor),表示 EMP 指数中汇率变化和干预程度(由国际储备变化来表示)的相对权重。EMP 指数公式如下:

$$EMP_t = \Delta s_t + w_1 \Delta i_t + w_2 \Delta r_t \tag{4.1}$$

其中,s 表示本币汇率(单位外币的本币价格,以对数表示),i 表示利率水平,r 表示用基础货币调整后的国际储备,即 $\Delta r_t = (R_t - R_{t-1})/B_{t-1}$,$\Delta$ 表示相应变量的一阶差分,B 表示基础货币水平值。

第三节   外汇市场干预工具与方式

一、外汇市场干预的工具

外汇市场干预工具主要包括黄金与外汇储备、货币市场工具、利率工具等,必要时,政府可以直接进行外汇管制。

1. 黄金与外汇储备

一国为了满足其对外政治、经济往来需要,都必须保有一定数量黄金和外汇储备。黄金和外汇储备不仅是国际交往的周转金,也是维持汇率稳定的后备力量,还是弥补国际收支逆差的手段之一。管理当局经常利用所掌握的黄金和外汇储备,通过参与外汇市场上的交易(买卖外汇)平抑外汇供求关系,以维持汇率在规定的上下限内波动。

2. 货币市场工具

货币市场工具,指期限小于或等于一年的债务工具,包括短期国债、大额可转让存单、商业票据、银行承兑汇票、回购协议和其他货币市场工具,它们具有很高的流动性,属于固定收益证券。

中央银行资产负债表满足如下等式：

基础货币的变动＝外汇占款的变动＋对中央政府债券的变动＋对存款货币银行的债券的变动＋对非货币金融机构债权的变动－中央政府存款的变动－非金融机构的存款的变动

由上式可以看出，外汇储备的增加会引起基础货币的等量增加，再通过乘数效应，货币供应量成倍增加，由此引起物价水平上升，通货膨胀形势恶化。通过外汇占款方式投放基础货币具有一定的刚性。当通过外汇占款减少基础货币的投放行不通时，根据基础货币变动的关系式，货币当局只能通过减少其他方式投放基础货币的数量来稳定投放基础货币的数量。

3. 利率

总体上说，"利率升，货币强；利率跌，货币弱"。某种货币的利率上升，则持有该种货币的利息收益增加，吸引投资者买入该种货币，因此，对该货币有利好（行情看好）支持；如果利率下降，持有该种货币的收益便会减少，该种货币的吸引力也就减弱了。

二、冲销干预

（一）干预工具

国外货币当局冲销干预措施主要有公开市场操作和补充的冲销干预措施，后者主要包括贴现政策、调整法定准备金率、调整政府存款和利用外汇掉期交易合约等。可供货币当局选择的政策手段及其比较见表 4-1。

表 4-1　主要外汇冲销工具的比较

冲销工具	优点	缺点	适应性
收回再贷款	与政策意图保持一致，效果良好	①带来国内资金供给的结构性失衡；②造成地下金融交易活跃，扭曲货币政策的传导机制，增加系统性金融风险；③受到货币当局再贷款余额规模的限制	不利于金融市场的长期发展，可操作的空间有限
公开市场操作	具有灵活性、主动性、可逆性和微调性等优点	①市场不够完善或者该工具的运用受到限制；②使用成本巨大；③推动利率上扬，使资本内流加剧，与货币当局起初想减轻通货膨胀压力的政策意图不符	国债规模小，二级市场不完善的情况下，采取公开市场业务操作的冲销方式不是最佳的选择
调整存款准备金率	可以与货币政策的目标保持一致	①对金融机构的流动性影响不大，冲销效果不甚明显；②增加了冲销操作的付息成本；③其所产生的信贷紧缩对经济会造成负面影响，对市场的冲击力度大	不宜频繁使用
发行央行票据		①从冲销效果来看，实际冲销率不断降低，冲销效果有限；②从冲销成本来看，发行成本高昂，不具备可持续性；③可能与央行紧缩流动性的货币政策目标相悖	不可能在长期内承担起货币当局对外汇市场采取冲销式干预的任务

续表

冲销工具	优 点	缺 点	适应性
将财政性和公共基金转存央行	收缩银根、主动性好	需要考虑货币政策的结合使用	限制资金供应,影响国内外资金流动
外汇掉期和外汇回购协议	保证货币政策的独立性,成本小、效果显著	同各国的金融市场与金融体系的结构相关	消除国际收支盈余的影响;隔绝汇率波动对实体经济影响的作用

(二)作用渠道

冲销干预可以通过两个渠道影响汇率:改变资产的相对供应量和发出政策意图信号。

1. 资产组合平衡渠道

官方干预通过资产组合平衡渠道(portfolio balance channel)的影响可以在汇率决定的资产组合平衡模型(PBM)的框架内进行分析,在这个框架内,投资者根据各国资产预期的相对收益来平衡他们的资产组合。

在资产不完全替代的情况下,通过购买外汇进行冲销干预也会引起本币的贬值。类似地,通过出售外汇进行冲销干预会引起本币升值。

这一结论说明当货币当局改变货币供应以实现充分就业等国内目标时,它也能通过冲销性干预来保持汇率稳定。实际上,在短期内,当冲销干预发挥作用时,我们可以对汇率和货币政策进行相互独立的操作。

2. 信号渠道

信号渠道(signaling channel)或预期渠道(穆萨,1981)认为:干预通过向市场提供新的相关信息影响汇率。通过信号渠道冲销干预产生的影响使私人主体改变了他们对汇率的预期,这或是因为他们改变了对货币当局未来的可能的行动的看法,或是因为他们改变了对货币当局的影响的看法。

(三)资产组合模型冲销干预示意图

在 M-F 模型框架内,冲销干预在改变外汇供求数量的同时,也引起国内基础货币和利率变动,这将导致资本的国际流动和变化,从而增强对汇率的影响效果。同时,外汇干预也能通过改变金融市场的资产结构,对汇率产生影响:在汇率的资产组合平衡模型内,假设一国居民的财富由本国货币(M)、国内债券(B)和国外债券(F)三种资产构成,投资者依据不同的收益水平和风险水平进行资产组合,均衡汇率形成的同时也受到三大资产市场供求状况的影响。如图 4-2,三条资产平衡线 MM、BB 和 FF 分别代表短期内在财富一定的条件下,货币市场、本币债券市场和外币债券市场均衡时的 I-S 组合,A 为初始均衡点。

假定政府采用冲销式干预,其示意图见图 4-2。

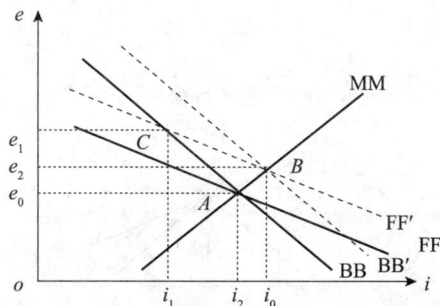

图 4-2　资产组合模型下冲销干预对汇率的影响

　　政府采用冲销式干预,表明政府在外汇市场买入外币资产的同时,在本国债券市场上卖出等量本国债券,买入等量本国货币,这使得本国货币供应量不变,MM 曲线不变,本国债券供给增加,BB 曲线右移到 BB′,BB′ 曲线与 FF′ 曲线交于点 B。根据资产组合模型的条件,本国债券市场和外币资产市场处于平衡时,本国货币市场必然也处于平衡之中,即点 B 一定位于 MM 曲线上,点 B 是新的均衡位置。点 B 相对于点 A 而言,汇率上升,利率下降,这说明冲销式干预也能够实现本币贬值。

三、非冲销干预

(一)非冲销干预

　　货币当局的非冲销干预会打破货币市场的均衡状态,从而使利率发生反向变动,直到形成新的货币均衡,而利率的变动又会引起国际间资本流动,使汇率上浮或下降的压力得到缓解。例如,当一国货币有贬值压力时,在国内 GDP 和价格水平不变的情况下,货币当局的非冲销抛售外汇使本币供给下降,引起国内利率水平的升高,导致资本流入又推动了本币汇率的上升。因此可见,非冲销干预通过利率机制强化了干预效果,对汇率有长期的连锁影响。非冲销干预政策实际上等同于用外汇市场而不是用国内货币市场来操纵国内货币政策,把外汇市场中的不稳定性因素带入到国内经济中,结果是虽然稳定了汇率,却失掉了本国货币政策的独立性与稳定性。

(二)资产组合模型非冲销干预示意图

　　下面在 M-F 框架内分析。根据资产组合模型,非冲销干预示意图见图 4-3。

　　政府在外汇市场上的干预造成本国货币供应量增加,MM 曲线左移到 MM′,而本国债券供给不发生变化,BB 曲线不变。MM′ 曲线与 FF′ 曲线相交于 C 点,根据资产组合模型的条件,本国货币市场和外币市场处于平衡时,本国债券市场必然也处于平衡之中,即点 C 一定在 BB 曲线上,点 C 是新的均衡位置。点 C 相对于点 A 而言,汇率从 e_0 上升到 e_1,利率从 i_0 上升到 i_1,这表明非冲销式干预通过减少外币债券市场供给而实现了本币的贬值,同时放

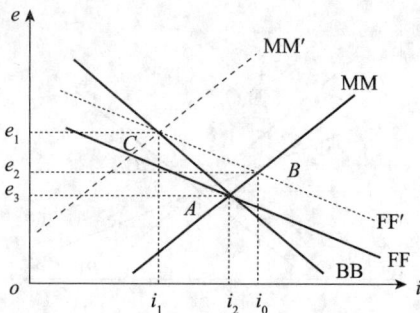

图 4-3　资产组合模型下非冲销干预示意图

松了本国货币供应,带来了本币利率的下降,非冲销式干预对防止本币升值是有效的,但要以紧缩本国经济为代价。

(三)冲销干预、非冲销干预效应对比

西方学者的研究表明:资产可完全替代理论认为非冲销干预有效,冲销干预无效;资产不可完全替代理论则认为,两种干预方式都有效,但冲销干预的效果要弱。

但西方国家仍然常常使用冲销干预,这里原因主要有以下三点:冲销干预能够剧烈影响市场预期,货币当局可以通过大量而持久的干预,引起外汇储备的大幅度变化,从而改变市场参与者的市场预期;冲销干预产生实际效果的时滞较短,而非冲销干预的作用机制是通过外汇买卖来改变国内货币供应量和利率,进而影响汇率,因而产生实际效果的过程较长;冲销干预具有较大独立性,能以较大的规模运行,而非冲销干预会影响宏观政策的独立性,政府为了保持国内经济的稳定性,不可能较大规模进行非冲销干预。

影响货币当局干预外汇市场效果的制约因素主要有债券市场的发达程度、干预的操作成本、利率的市场化程度以及央行采取的干预手段。

第四节　我国外汇市场干预

1994 年 1 月实行汇率并轨,建立以市场供求为基础的、单一的、有管理浮动汇率制度;取消外汇留成和上缴,实行银行强制结售汇,允许人民币在经常项目下有条件可兑换,并在此基础上建立中国外汇交易中心。这标志着央行已初步实现从对外汇市场的行政调控向经济调控转变,从硬性干预向目标干预转变。

一、我国外汇市场干预的历史进程与有效性

(一)1994—1997 年外汇干预

1994 年汇率并轨后,我国国际收支顺差持续增长,导致外汇储备继续高速增长(见表 4-2),

改变了货币供应机制,1994 年物价指数涨幅达到 24.1％的水平,汇率也有巨大变动,我国人民币对美元名义汇率由 1992 年的 1 美元兑换 5.5 元人民币迅速贬值至 1994 年兑换 8.70 元人民币,名义汇率贬值幅度高达 56.54％。

表 4-2　1994—1997 年中国国际收支主要账户差额和经济指标

年份	经常账户 (亿美元)	资本和金融账户 (亿美元)	净误差与遗漏 (亿美元)	储备资产变动 (亿美元)	外汇占款 (亿元)	M1 (亿元)	冲销干预 指数
1994	7 658	32 644	−9 775	−30 527	—	20 540.7	—
1995	1 618	38 675	−17 830	−22 463	—	23 987.1	—
1996	7 242	39 967	−15 547	−31 662	1 435	28 514.8	12.135
1997	36 963	21 015	−22 254	−35 724	5 240	34 826.3	3.235
1998	31 471	−6 321	−18 724	−6 426	8 563	38 953.7	0.485
1999	15 667	7 642	−14 804	−8 505	12 245	45 837.3	0.551
2000	20 519	1 922	−11 893	−10 549	14 815	53 147.2	0.393
2001	17 405	34 775	−4 856	−47 325	14 815	53 147	2.142
2002	35 422	32 291	7 794	−75 507	18 850	59 872	1.030
2003	45 875	52 726	−18 422	−11 702	22 107	70 882	1.872
2004	68 659	110 659	27 045	−206 364	45 940	95 970	3.971
2005	160 818	62 963	−16 766	−207 016	62 140	107 276	2.992

数据来源:CEIC 数据库,外汇占款数据来自央行金融机构人民币信贷收支表各相关科目数据汇总,网址为 www.pbc.gov.cn。

在人民币稳定甚至升值预期下,套利资本通过混入经常项目结售汇、外汇黑市等途径流入境内,进一步加大了国内通货膨胀的压力。对此,央行采取了外汇冲销措施,收回对商业银行的再贷款,办理特种贷款,发行中央银行融资债券等。人民币一年期的存款利率 1996 年为 9.21％,1997 年为 7.17％,人民币一年期存款利率持续高于同期美元利率。此外,在直接利用外资方面,也开始对引进外资的项目进行选择,并加强了对资本项目的管制。

根据测算,这一时期外汇占款共增加 12 217.5 亿元;而央行回收商业银行贷款约 3 310 亿元,未冲销余额约有 8 900 多亿元。再贷款冲销相对不足,加上冲销时滞等因素影响,1994 年、1995 年和 1996 年国内 M0 从 7 288.6 增加到 8 802.0 亿,到了 1997 年突破万亿,达到 10 177.6 亿,M2 增速高达 34.5％、29.5％和 25.3％,较大幅度偏离了预定目标,并成为当时通货膨胀的主要推动因素。CPI 指数高达 124.1％,通货膨胀率分别为 21.7％,尽管一年期定期存款名义利率高达 10.98％的,但实际利率却为 −10.72％。1996 年软着陆开始见效,通货膨胀率为 8.29％,我国 CPI 指数下降到 108.3％,一年期定期存款名义利率下调为 9.21％,实际利率恢复为正。1997 年亚洲金融危机极大地消减了我国进出口,银行再贷款需求大幅下降,同时持续冲销效果逐步显现,通货膨胀才得到缓解。

从 1995 年开始不再增加境外中长期商业贷款,而以外汇储备替代的方式作了调整,并提前偿还了部分利息较高的国外商业贷款,1995 年全国零售物价和城镇居民消费物价指标分别下降为 14.8％和 16％。直至 1997 年,银行再贷款需求大幅下降,同时持续冲销效果逐步显现,最终缓解了基础货币扩张带来的通货膨胀压力。

1995—1997 年外汇占款的比例分别为 64％、45％和 87％。以外汇占款为主的基础货币的投放,增加了货币供应量的"内生性"特点,中央银行面对不完全受其控制的外汇储备的冲击,要继续以货币供应量为政策目标,需要在吸收外币的同时进行对冲操作,在其他干预冲销措施极为有限的情况下,央行会因无法抵消外汇交易对国内货币供应量的影响,丧失了货币政策的独立性。在以再贷款、财政透支为基础货币主要投放渠道时,要实现货币的扩张还需商业银行进行分批信贷投放,由企业贷款再转化为派生存款,通过货币乘数,经过一定的时滞后,引起货币供应量的扩张。以外汇占款投放基础货币则直接通过结售汇市场迅速转化为企业人民币存款,导致货币供应量的扩张。显然比商业银行发放贷款的时间缩短了不少。时滞的减少又给央行控制货币供应量带来困难。外汇占款的平均增长速度超过狭义货币供给量的增长速度,冲销干预指数 1996 年达到 12.135,1997 年达到 3.235,国际上公认的合理的外汇冲销干预指数水平为 0.5～1.5。

与此同时中央银行为冲销外汇贷款收回大量再贷款,在国内银行存款不断增加的情况下,造成银行巨额存差,1994 年为 2 223 亿元,1995 年为 2 988 亿元,1996 年为 2 159 亿元。而另一方面金融机构由于被允许高成本向外大量举债,造成资源的闲置和浪费。外汇干预所投放的基础货币在外汇银行与非外汇银行间分配是不均衡的,导致两者的信贷资金在企业、部门间分配的不均衡。我国东南沿海多为外向经济集中地,所以资金相对充裕,反之西北内陆地区多为内向型经济,资金的获取难度加大。

（二）1998—2000 年外汇干预

亚洲金融危机以后,1998 年我国出口增长大幅下降。1998—2000 年国家收支年均顺差仅为 229.5 亿美元;加上周边国家汇率不断贬值,市场形成了人民币贬值的预期。政府坚持人民币汇率不贬值,央行一度减少对外汇市场购汇,外汇占款急剧减少,三年间仅增加 2 308.8 亿元。同时,国内出现有效需求不足和通货紧缩的情况,央行两次下调存款准备金率,商业银行纷纷归还再贷款,导致基础货币投放进一步受阻。

我国实施积极的财政政策,大量发行长期建设国债。1998 年 5 月,央行恢复公开市场业务,1998 年和 1999 年我国央行通过债券逆回购等方式投放货币 2 622 亿元,占当时基础货币增量的 87％,基础货币增长逐步回升。通过公开市场业务使财政预算支出占 GDP 的比重由 1998 年的 12％上升至 1999 年的 15％,有效地遏制国内经济下滑趋势,因而人民币均衡汇率降幅小于实际汇率降幅,造成人民币实际有效汇率低估。外汇冲销干预指数 1998 年只有 0.485,1999 年为 0.551,2000 年为 0.393,低于国际上公认的合理的经验区间 0.5～1.5。国内货币投放相对减少没有引起利率的相应提高和资本流入,相反,为治理通货紧缩,央行连续降息,人民币一年期的存款利率从 1996 年的 7.47％、1998 年的 5.03％下调到 1999 年的 2.25％,在本外币负利差和贬值预期影响下,国内短期资本进一步外流。1998—2000 年国际收支错误遗漏逆差高达 422.7 亿美元，其他投资逆差则达 932.7 亿美元，这种趋势进一步减少了国内货币供应。2000 年起，随着金融机构流动性增强和债券市场出现投机现象，央行改变公开市场的操作方向，开始采用债券正回购，实行货币回笼。

（三）2001—2003 年的外汇干预

2000 年开始美国出现经济危机迹象，特别是 2001 年美国科技股泡沫破裂后，美元开始采取贬值措施（Dibooglu and Kutan，2001），人民币实际汇率因而伴随美元呈整体走低态势。我国在 2001 年加入世贸组织，中国外汇政策开始转变，对全球经济产生影响，也对人民币汇率预期产生影响和冲击，使得人民币实际有效汇率出现低估。

2001 年起，出口和外商直接投资恢复高速增长，外汇流入增速大幅上升，同时，央行为治理通货紧缩继续降息，但同期美联邦利率也持续下调，本外币又形成正向利差为主。伴随经济基本面好转和海外政治压力增加，市场对人民币升值预期日益增强。在国内房地产等新增贷款增长带动下，货币供应总量发生了异常变化，M0 增速由 2001 年的 7.07% 增至 2002 年的 10.13%，而到了 2003 年高达 14.28%，国内通货膨胀潜在风险上升，外汇占款对基础货币和货币供应量的影响日益增大，原有的政策工具难以满足冲销需要，因此不断创新冲销工具，冲销由外汇占款增加所投放的基础货币。外汇冲销干预指数 2001 年快速跃升到 2.142，2002 年为 1.030，2003 年为 1.872。市场对人民币升值预期日益增强，居民个人结汇顺差成倍增长，外汇企业尽量减少外汇持有，而外汇贷款和境内金融机构对外融资大幅度增长。2001 年后，国际收支下侨汇收入等经常转移明显增加，直接投资开始攀升，证券投资和其他投资波动性增加，可能有一部分相当大规模的短期投资甚至投机资本积极活跃于市场。

为稳定汇率，央行被迫扩大购汇规模和人民币投放量，同时，在公开市场通过不断增加债券交易种类、频率等方式增加冲销力度。但随着政府债券逐年到期和相继抵押，资产冲销空间日益缩小。

2003 年 4 月 22 日，央行正式通过公开市场操作滚动发行中央银行票据，并决定固定于每周二发行 3 个月、6 个月及 1 年期中央银行票据，中央银行票据开始成为中央银行对冲不断扩大的外汇占款的一个重要手段。2003 年 9 月和 2004 年 4 月，央行又两次提高法定存款准备金率。2001 年到 2004 年四年间，我国外汇占款约投放基础货币 36 776 亿元，成为这一时期基础货币增长的主要因素。同时，在持续单向冲销下，央行已对商业银行形成过多负债，导致其对信贷总量的控制能力下降。CPI 接近通货膨胀的临界值。

（四）2004—2005 年的外汇干预

2004—2005 年人民币实际有效汇率仍然高估。2003—2004 年中国外汇储备开始大幅增长，2004 年外汇储备达到 6 099 亿美元，有力减缓了人民币实际有效汇率的贬值趋势。同时，国内消费不足、股票市场低迷、投资渠道不畅，国内宏观经济状况却陷入通货紧缩时期，2003 年消费价格指数为 1.2%。

央行票据的净回笼资金量急剧上升,有效对冲比率在 2004 年达到最高值 52.1%。外汇冲销干预指数 2004 年快速跃升到 3.971,2005 年为 2.992。

2005 年人民币汇率形成机制改革,人民币对美元名义汇率一次性小幅升值 2%。但就我国宏观经济基本面而言,2005 年全年贸易顺差高达 1018.8 亿美元。从国内来看,2004 年国家启动股改方案,物价从 2005 年起开始回升,同年社会固定资产投资高达 88 604 亿元。因而人民币不仅对美元实际汇率贬值,而且对非美主要货币也出现贬值,所以人民币实际有效汇率总体出现了轻微贬值。

在 2003—2008 年期间,人民币汇率一直保持升值的总趋势,并伴随着国内的通货膨胀。为维持汇率稳定,中央银行进入外汇市场进行干预,抛出人民币,增加外汇储备,为了消除由于买入外汇而对货币供给量的影响,中央银行进行了一系列冲销操作,其中之一是提高存款准备金率。至 2008 年 6 月中央银行对存款类金融机构人民币存款准备金率达到 17.5% 的历史高位。提高存款准备金率的冲销方式虽然可以与货币政策的目标保持一致,但仍具有诸多的不足。

（五）2005 年后的外汇干预

自 2005 年后,人民币汇率改为参考一篮子货币浮动,逐步从美元贬值轨道上分离,并对美元逐步升值。2005 年,央行共发行了 27 882 亿元的央行票据,共进行了 62 次正回购操作和 3 次逆回购操作。3 次逆回购操作都是在年初为应付春节期间的社会流动性需要而进行的,逆回购投放的基础货币很少,总共只有 368 亿元。2005 年 62 次正回购操作的交易量达到了 7 380 亿元。同时,在持续单向冲销下,央行已对商业银行形成过多负债,导致其对信贷总量的控制能力下降,2004 年年末,金融机构的信贷余额为 177 363 亿元,2005 年年末,全部金融机构本外币贷款余额为 20.7 万亿元。从冲销操作的实际效果看,2006 年 10 月以前,央行通过发行中央银行票据基本上实现了基础货币的平稳增长。

2006 年人民币实际有效汇率也相应出现了小幅升值;另外,2006 年国内物价整体平稳,所以人民币均衡汇率基本保持平稳。2006 年 10 月基础货币月均增长 12.2%,由于央行公开市场对冲操作力度较大,基本上有效地对冲了因外汇占款增加而增加的基础货币投放。从 2006 年以后,票据回收流动性的效率持续下降,央行票据有效对冲比率(净回笼基础货币量/当期票据发行总量)呈下降趋势。央行票据的发行规模越来越大,但是净回笼的货币不断减少,冲销的效率不断降低。

2006 年以来我国货币冲销操作力度持续加大,央行除了维系一定的公开市场操作力度外,开始不断提高人民币存款法定准备金率,并频繁使用法定准备金政策进行货币对冲,综合使用各种工具,加大对冲力度,取得极为明显的对冲效果。

进入 2007 年,人民币升值速度明显加快,远超过当年的 4.8% 的通胀率,同时,美国受到次贷危机的影响造成美元贬值,全球范围内的金融危机也从侧面促使人民币实际有效汇率升值。2007 年人民币升值预期不断加大,国际热钱大量涌入我国,造成国内房地产、股票等市场泡沫迅速积聚,宏观经济疲弱态势导致了人民币均衡汇率下降。央行正式通过公开市场操作继续发行中央银行票据,截至 2007 年年底,中央银行累计发行央行票据已达 34 469 亿元人民币。

2008 年年末外汇储备实现巨额增长,2008 年国内物价指数由最高时 4 月的 8.5% 一路降至 9 月的 4.6%,但代价是同期出口增长开始放缓和国内就业压力不断上升;央行为了控制通胀,不断加大冲销力度并压缩国内信贷,使得国内经济过热得到控制,因此人民币均衡汇率升值幅度也受到遏制。

2006—2008 年法定存款准备金率各上调 3 次、10 次和 6 次,分别上调 1.5、5.5 和 3 个百分点,分别深度冻结流动性约 1.1 万亿元、2.1 万亿元和 2.7 万亿元,直接降低货币乘数,限制商业银行的货币创造,控制货币供应量的增长。按照现行货币统计口径,法定存款准备金计入基础货币,而中央银行票据不计入基础货币。如果由法定存款准备金率上调所冻结的流动性改由发行央行票据进行对冲,基础货币增速将大大降低。因此,2006 年 11 月至 2008 年 12 月间基础货币增长率显著上扬,月均增长率为 31.2%。2008 年 M2 货币乘数降为 3.68。

2009—2011 年出现人民币实际有效汇率的低估。2009 年,受国际金融危机的影响,外汇占款增速大大下降,基础货币增速随之下行,对冲力度有所下降。但由于商业银行贷款大幅增长,活期存款快速增长,货币供应量增速大幅上升。法定存款准备金率提高的因素对基础货币影响不再存在,同时巨量信贷投放引起货币供应量大幅增长,货币乘数扭转了下降的趋势,M2 货币乘数达到 4.11。由于饱受国际金融危机的冲击,一季度我国出口同比下降 20% 以上,GDP 增长率骤降至 6.1%,2009 年汇率从年初的 6.8967 升值到年底的 6.8282;另外,中国股市的牛市在 2009 年达到顶峰,世界范围内对中国的资本市场持消极态度,国际资本迅速撤离中国资本市场,中国的经济开始放缓,进出口贸易已经趋稳,中国逐步放宽外汇市场和国内资本市场,人民币汇率持续升值,而国内资本市场却一直低迷,各方面因素的共同作用下,2011 年再次出现低估。

二、我国外汇市场干预的有效性评价

从汇率角度分析,一方面干预将人民币名义汇率保持在稳定水平,既实现了既定的汇率政策目标,又不断将人民币实际汇率推向其均衡水平;另一方面又加大了与某些国家货币的差距,放大了不稳定因素,形成实际汇率与名义汇率之间的缺口,造成人民币币值的低估,对外实际价值不能被体现。

从外汇干预规模来看,外汇干预的最大的成果是人民币汇率稳定,外汇储备增加。这减轻了外汇汇率波动风险,增强了对外支付能力,提高了综合国力和国际声誉,促进了我国对外经济的发展。同时也带来外汇储备的累积或流失,给货币当局带来巨大的压力;从央行资产结构的变化来看,因为外汇市场频繁大规模的外汇干预,央行的资产结构已经发生了巨大的变化,在一定程度上威胁了国内经济的稳定,加上人民币升值的预期,外汇市场干预的难度加大。

从货币稳定性的角度分析,"对外升值导致对内升值"是对汇率影响物价水平的肯定,而本国货币升值预期的长期存在,则具有进一步强化本国的通货紧缩的作用,给我国货币当局带来沉重的负担,甚至是以牺牲国内货币政策的稳定性为代价。

从资源利用与配置的角度考虑来看,我国央行干预外汇时对资源利用及资源在各部间、地区间的分配均产生明显影响,外汇干预所投放的基础货币在外汇银行与非外汇银行间分配是不均衡的,导致两者的信贷资金在企业、部门间分配的不均衡。

最后,就国外汇市场干预有效性的因素而言,客观上,现有外汇管理体制为中央银行进行外汇市场干预在时机和目标选择上提供了很大的空间,资本项目的严格管理使中外金融资产之间的替代程度很低,加上利率受到政府较严格的控制,短期套利资本不能随便进出国境,加大了外汇投机成本,在一定程度上减轻了外汇市场干预的投机压力,国民经济的持续增长和国际储备的大幅增加也为人民币汇率的稳定提供了经济基础。从主观上看,我国追求汇率稳定的干预目标比较容易把握,且目标汇率水平适合中国国情,外汇干预的规模很大且持续时间较长,干预方式灵活多样而又与经济金融情况密切相符。

简言之,我国外汇市场干预总体上取得了较大成绩,但局部暴露出不少经济社会问题;维护了世界经济平衡运转,背负了内部经济平稳运行的巨大包袱,使得国内外均衡两难兼顾,一定程度上压抑了市场的效率与活力。

我国的货币市场建设还刚刚起步,与外汇市场、资本市场以及银行中长期信贷市场之间还缺乏有机的联系。这种状况使中央银行的各种货币政策工具不能有效地协调运行,限制了它们进行外汇对冲的回旋余地。货币当局应该保持人民币对外实际价值的稳定,提供相配套的制度和法律保障,使市场在国家宏观调控下更好地发挥基础性配置的作用。

同步测练

1. 名词解释

外汇市场干预　直接干预　间接干预　积极干预　消极干预　中性干预　非中性干预　单边干预　联合干预　资产调整效应　信号效应　逆风向干预　目标水平干预　外汇市场压力　外汇市场压力指数　外汇市场干预指数

2. 简答题

(1) 外汇市场干预的概念中,狭义和广义的主要区别和联系是什么?

(2) 外汇市场干预的效应有哪些?

(3) 外汇市场干预的目的有哪些?

（4）外汇市场干预的工具主要有哪些？

（5）中央银行外汇市场干预效果的制约因素有哪些？

3. 论述题

（1）关于衡量官方外汇市场干预效果的标准有哪些？与均衡汇率标准和盈利标准有什么关系？

（2）对提高我国外汇市场干预的有效性，有什么对策建议？

C 第五章

HAPTER FIVE

即期外汇交易

学 习 目 标

通过本章学习,了解即期外汇的基本概念、外汇市场主要币种,掌握外汇套算汇率计算方法,理解外汇技术分析方法。

重 难 点 提 示

- 外汇套算汇率的计算,包括两点套算和三点套算等
- 理解外汇技术分析方法,并通过外汇技术分析来预测外汇走势

第一节　即期外汇概述

一、即期外汇交易的概念

外汇交易的类型较多,按照交易时间来分可以分为即期外汇交易和远期外汇交易。本章主要探讨即期外汇交易。即期外汇交易(spot exchange transaction),又称现汇交易或现期交易,是指外汇买卖双方在成交后,两个营业日内完成交割的外汇交易。与远期外汇交易的主要差别就在交割的时间上。而即期外汇交易交割的时间之所以是在两个营业日之内,而不是在交易即时完成,是因为各个市场时差存在使得即期外汇交易无法即时完成。

即期外汇市场交易者主要有中央银行、商业银行、金融机构以及个人投资者。由于各个市场参与者在外汇市场上交易动机各异,因此外汇市场由整个市场的供求决定。通常,进行即期外汇交易的动机主要包括以下几点:

(1) 国际贸易(含商品和劳务)所需的现汇支付。

(2) 直接对外投资或间接投资需要的外币需求。

(3) 投机者(含机构投资者和个人投资者)资金需求。

(4) 跨国公司在国际间的资本流动。

(5) 商业银行为了轧平外汇头寸的需求。

(6) 各国政府或者中央银行对外汇市场的干预等。

在即期外汇交易中,客户一般通过商业银行来买进和卖出一定数量的即期外汇,如果商业银行接受了这一笔外汇交易,则商业银行将会面临外汇头寸的变化。这种情况下,商业银行进行即期外汇买卖的目的一方面是为了满足客户的需求,另一方面是为了弥补和管理外汇头寸。

即期外汇交易的结算方式主要有电汇、信汇和票汇,而且以电汇为主。买卖即期外汇的汇率称为即期汇率,常以电汇汇率报价。例如,2014 年 7 月 22 日,中国外汇市场上美元对人民币的即期外汇汇率为 USD 1＝CNY 6.1926/6.2174,该即期外汇价格是根据美元对人民币的电汇汇率报出来的。

即期外汇市场类似与证券市场中的柜台交易(over the counter,OTC),一般没有集中的交易地点,也没有固定的开市和收市的交易时间。通常,公司企业以及个人只能通过银行或者经纪人来在商业银行进行即期外汇交易,并不能直接成为市场参与成员。而商业银行与商业银行以及经纪人之间可以进行各种货币的即期买卖交易。

二、即期外汇交易的适用业务

对于从事外汇业务的金融机构来说,现汇交易包括汇款、信用证结算、托收等业务。例如,金融机构的出口收汇业务,客户或机构卖出外汇,而金融机构买入外汇;金融机构的进口付汇业务,金融机构卖出外汇,客户或机构买进外汇等。

金融机构除了从事外汇业务之外,还包括如下业务:

(1)外币兑换业务。外币兑换不仅包括外币的现钞兑换,也包含了旅行支票、信用卡国际支付等业务。

(2)外汇票据贴现业务。商业银行在办理外汇交易业务时常会遇到持有远期外汇需要贴现的客户,为了满足这部分客户的需求,商业银行需要办理一笔即期外汇买卖来实现该需求。

三、即期外汇交易的交割日

即期外汇交割日(spot date)是指外汇买卖双方将资金交于对方的日期。通常可以分为标准交割日、隔日交割、当日交割。其中标准交割日是指在外汇买卖双方成交后的第二个营业日交割,也是目前外汇交易中最常用的一种形式。隔夜交割是在外汇成交后的第一个营业日进行交割。当日交割是指在外汇成交的当天进行交割。

由于外汇交易涉及两种及其以上的货币,那么在外汇交割时需要这两种货币同处在营业日,才能完成外汇的交割。因此,即期外汇交割日的确定需要具备如下条件:

(1)交割日必须处在两种货币的共同营业日。

(2)外汇交易双方需要在同一时间进行外汇交割,以免因交割不同时给双方带来经济损失。

(3)无论是上述哪种成交形式,当成交日遇到非营业日时,即期交割日向后顺延。

四、外汇市场主要币种货币

(一)美元

美元是全球硬通货和各国央行主要货币储备,美国政治经济地位决定了美元地位,同时,美国也通过操纵美元汇率为其自身利益服务,因此,从美国自身利益角度去考量美国对美元汇率的态度对把握汇率走势就非常重要。

美国国内金融市场发达,同全球各地市场联系紧密,且国内各市场也密切相关。因为资金随时能在逐利目的下于汇市、股市、债市间流动,也能随时从国内流向国外,对汇市影响重大。比如,美国国债的收益率的涨跌,对美元汇率有很大的影响,特别是当汇市关注点在美国利率前景时。因国债对利率的变化敏感,投资者对利率前景的预期的变化,敏锐地反映在债市。如果国债收益率上涨,将吸引资金流入,而资金的流入,将支撑汇率的上涨,反之亦然。因此,投资者可以从国债收益率的涨跌来判断市场对利率前景的预期,以决策汇市投资。

(二)欧元

欧元占美元指数的权重为57.6%,比重最大,因此,欧元基本上可以看作美元的对手货币,投资者可参照欧元来判断美元强弱。欧元的比重也体现在其货币特性和走势上,因为比重和交易量大,欧元是主要非美元币种里最为稳健的货币,如同外汇市场里的大盘股,常常带动欧系货币和其他非美元货币,起着领头羊的作用。因此,新手入市,选择欧元作为主要操作币种,颇为有利。

同时,因为欧元面市仅数年,历史走势较符合技术分析,且走势平稳,交易量大,不易被操纵,人为因素较少,因此,仅从技术分析角度而言,对其较长趋势的把握更具有效性。一般而言,对重要点位和趋势线以及形态的突破,可靠性都是相对较强的。

欧元区的政治结构相对分散,利益分歧较多,意见分歧相应也多。因此,欧盟影响欧元汇率的能力也大打折扣。

(三)日元

因为日本国内市场狭小,为出口导向型经济,特别是近十余年经济衰退,日本经常性地干预汇市,使日元汇率不至于过强,以保持出口产品竞争力。这成为日本习惯的外汇政策。日本央行是世界上最经常干预汇率的央行,干预汇市的能力较强,因此,对于汇市投资者来说,对日本央行的关注当然是必需的。日本央行和财政部官员经常性的言论对日元短线波动影响颇大,是短线投资者需要重点关注的,也是短线操作日元的难点所在。

也正因为日本经济与世界经济紧密联系,特别是与重要贸易伙伴,如美国、中国、东南亚地区密切相关,因此日元汇率也较易受外界因素影响。例如,中国经济的增长对日本经济的复苏日益重要,因而中国方面经济增长放缓的消息对日元汇率的负面影响也越来越大。

(四)英镑

英镑是曾经的世界货币,目前则是最值钱的货币,由于每日的波动较大,且其交易量远逊欧元,因此其货币特性就体现为波动性较强。伦敦作为最早的外汇交易中心,其交易员的技巧和经验都是顶级的,而这些交易技巧在英镑的走势上得到了很好的体现,因此,英镑相对欧元来说,人为因素较多,特别是短线的波动严重。

英国与欧元区经济、政治密切相关,且英国为欧盟重要成员之一,因此,欧盟方面的经济、政治变动,对英镑的影响颇大。

(五)瑞士法郎

瑞士是传统的中立国,瑞士法郎也是传统的避险货币,在政治动荡期能吸引避险资金流入。另外,瑞士宪法曾规定,每一瑞士法郎必须有40%的黄金储备支撑,虽然这一规定已经失效,但瑞士法郎同黄金价格仍具有一定的心理联系。黄金价格的上涨,能带动瑞士法郎一定程度的上涨。

瑞士是一小国,因此,决定瑞士法郎汇率的,更多的是外部因素,主要是美元的汇率。另外,因其也属于欧系货币,瑞士法郎平时基本上跟随欧元的走势。

瑞士法郎货币量小,在特殊时期,特别是政治动荡引发对其大量的需求时,能很快推升其汇率,且容易使其币值高估。

（六）加元

加元是非常典型的美元集团货币（美元集团指的是那些同美国经济具有十分密切关系的国家，这主要包括了同美国实行自由贸易区或者签署自由贸易协定的国家，以加拿大、拉美国家和澳洲为主要代表），其出口的80%是面向美国，与美国的经济依存度极高。

表现在汇率上，就是加元对主要货币和美元对主要货币走势基本一致，例如，欧元对加元和欧元对美元在图形上保持良好的同向性，只是在近年美元普遍下跌中，此种联系才慢慢减弱。

另外，加拿大是西方七国里唯一一个石油出口的国家，因此石油价格的上涨对加元是大利好，使起在对日元的交叉盘中表现良好。

（七）澳元

澳元是典型的商品货币[商品货币的特征主要有高利率、出口占据国民生产总值比例较高、某种重要的初级产品的主要生产和出口国、货币汇率与某种商品（或者黄金价格）同向变动等]，澳大利亚在煤炭、铁矿石、铜、铝、羊毛、棉纺品的国际贸易中占绝对优势，因此这些商品价格的上涨，对于澳元的正面影响是很大的，另外，尽管澳洲不是黄金的重要生产和出口国，但是澳元和黄金价格还有石油价格正相关的特征比较明显。例如，近几年来代表世界主要商品价格的国际商品期货价格指数一路攀升，特别是2004年黄金、石油的价格大涨，一路推升了澳元的汇价。

此外，澳元是高息货币，美国方面利率前景和体现利率前景的国债收益率的变动对其影响较大。

（八）港元

港元，也称港币，简称为 HKD（Hong Kong Dollar），标志为 HK＄，是中国香港特区的法定流通货币。按照香港基本法和中英联合声明，香港的自治权包括自行发行货币的权力。香港建立了港元发行与美元挂钩的联系汇率制度。外汇基金所持的美元就为港元纸币的稳定提供了支持。

第二节　即期外汇交易

一、即期外汇交易分类

即期外汇交易按照交易对象（货币）的不同可以分为双边交易和多边交易，根据涉及不同地区汇率可以分为两点套汇和多点套汇。下面，我们将具体来看这些分类。

（一）按照交易货币不同进行划分

1. 双边交易

双边即期外汇交易是指外汇交易双方相互买卖其本国货币的交易。双边交易的重点是双方在进行外汇交易时只是纯粹地交易两国的货币。双边外汇交易是即期外汇市场上较为常见的一种交易形式。例如,美国一家银行经营的双边交易,在日本东京进行日元与美元的即期买卖,在中国北京进行人民币与美元的即期买卖。

2. 多边交易

多边即期外汇交易是指外汇交易双方以第三个国家的货币进行买卖的行为,即外汇交易双方需要通过这两个国家货币之外的外汇来进行交易。例如,如果美国一家企业希望卖出 10 亿人民币,同时买进相应的英镑,这时如果通过多边交易可以直接完成该项交易。

(二) 按照汇率的适用地点不同划分

投机者利用各地汇率在不同地区之间存在的差异,而通过在不同地区同时买进和卖出来获得收益的行为称为套汇。按照套汇的地区数量,可以将套汇交易分为两点套汇和多点套汇。

1. 两点套汇

两点套汇(two-point arbitrage)是指投机者利用两个地区的即期汇率差异,在低汇率市场上买进,同时在高汇率市场卖出同种外汇,从而获得收益的行为。

例 5-1　某一天,在香港外汇市场美元与英镑的汇率为 GBP 1＝USD 1.1100/30,同时在伦敦外汇市场上美元与英镑的即期汇率为 GBP 1＝USD 1.1160/80,那么由于两地的汇率不同,在不计交易成本的情形下,可以通过两点套利来获得收益。投资者可以在香港外汇市场上利用 111.30 亿美元买进 100 亿英镑,然后在伦敦外汇市场卖出 100 亿英镑,获得 111.60 亿美元,从而赚取了 0.3 亿美元。

由于两种汇率之间存在差异,投机者将会不断地通过交易来获得收益,由此将会有大量的套利交易行为。随着这些交易的不断进行,最终,两个地方的汇率将会趋于一致,否则投机者仍然会继续套利。

2. 多点套汇

多点套利是投机者在三个或三个以上的地区利用外汇市场差异而进行外汇交易获得收益的行为。这里我们来看一下三点套汇交易。

例 5-2　在某一天香港、伦敦、法兰克福三个外汇市场的汇率分别是:

香港外汇市场:GBP 1＝USD 1.4856/65;

伦敦外汇市场:GBP 1＝CHF 2.4021/29;

法兰克福外汇市场:USD 1＝CHF 1.6410/20。

这样,投机者可以利用 100 亿英镑在香港外汇市场买入 148.56 亿美元,然后用这些美元在法兰克福外汇市场买入 243.79 亿瑞士法郎,最后在伦敦市场上卖出瑞士法郎买入 101.46 亿英镑。这样,投机者通过三角套汇可以获得 1.46 亿英镑的收益。

二、外汇交易与其他投资渠道的比较

外汇、股票、期货及房地产都是投资工具,通过价钱的波动而获得利润,但各有其特点(见表 5-1)。

表 5-1　各种投资渠道的比较

外　汇	股　票	期　货	房地产
1. 双向买卖	1. 只能做多,不可卖空	1. 双向买卖	1. 资金需求量大
2. 全球 24 小时交易,可即买即卖	2. T+1 交易,当天不能卖出	2. 有固定交易时间	2. 成本高
3. 每日成交量巨大,无人可以控盘	3. 股本因素易受庄家控盘	3. 有庄家入市,市场才会活跃	3. 手续烦琐
4. 成本低,合约形式	4. 实际资金运作,多少资金＋多少外汇	4. 保证金的数额较大	4. 转手慢
5. 受数据、息口、图形影响较大	5. 受政府政策的影响	5. 信息模糊,庄家激活市场	5. 容易受到国家政策调控
6. 可掌握亏损幅度(即时平仓)	6. 跌停板时,卖不出去	6. 有涨跌幅限制	6. 只能买涨、不能买跌
7. 咨讯开放、信息广泛,如上网、电视、报纸等	7. 造假,造市,信息不易掌握	7. 无准确的信息	7. 信息不对称(例如有关房子的不利信息)
8. 挂单交易	8. 无	8. 无	8. 缴税
9. 种类少	9. 种类多,难以选择	9. 种类多,难以选择	
10. 无税	10. 无税	10. 无税	

三、套算汇率

由于全世界有一百多种不同的货币,各国在制定汇率时不可能针对这一百多种货币分别制定相应的汇率政策,而是选取一种或几种货币作为主要货币对象来制定本币对应的汇率。本币对应主要货币的汇率又称为基础汇率(basic rate)。就目前而言,大多数国家都将美元作为主要的货币对象,在这种情形下,本币与美元之间的汇率则成为基础汇率。在知道不同国家的基础汇率后,就可以通过这些基础汇率进行计算得到任何两国之间的汇率,通常称这种计算为汇率套算。

在不同的汇率标价法下,汇率套算公式是不同的。如果两种汇率的标价方式相同的话,那么在套算汇率时,可以直接将买入价和卖出价交叉相乘。如果两种汇率的标价方式不同时,套算汇率就应该买入价和卖出价各自对应相乘。具体操作如下面的例子。

(一)按中间汇率套算

例 5-3　2014 年 7 月 22 日中国银行现汇价:GBP 1 ＝ USD 1.7054,USD 1 ＝ EUR 0.7407。

假如报价银行(中国银行)想以 GBP 换 EUR,则卖出 GBP 1,买入 USD l.7054,卖出 USD 1.7054,买入 EUR (1.7054×0.7407)。则英镑对欧元的套算汇率为

$$GBP\ 1 = EUR\ (1.7054 \times 0.7407) = EUR\ 1.2633$$

上述例子是一个简化的例子,现实中,报价银行外汇买入价和卖出价不同。例如,GBP 1= USD l.7054/1.7174,表示 GBP 对 USD 的买入价为 GBP 1= USD l.7054,卖出价为 GBP 1= USD 1.7174。也即,报价银行愿意以 USD l.7054 的价格买入 GBP 1,愿意以 USD l.7174 的价格卖出 GBP 1。同理,USD 1= EUR 0.7407/0.7437。国际市场上日度汇率价差往往很小,有时为了简化,常常省略前面相同的数字,记为 USD 1= EUR 0.7407/37。

(二)同边相乘法

两种汇率的中心货币不同时,采用同边相乘法。

例 5-4　即期汇率行市 USD 1= HKD 7.7520/7.7831,GBP 1= USD 1.7054/1.7174。

假如报价银行想以英镑换港币,则卖出 GBP 1,买入 USD 1.7054,在国际市场上卖出 USD 1.7054,买入 HKD(7.7520×1.7054)。

同边相乘以后,英镑对港币的套算买入汇率为

$$GBP\ 1 = HKD(7.7520 \times 1.7054) = HKD\ 13.2206$$

同理,英镑对港币的套算卖出汇率为

$$GBP\ 1 = HKD(7.783\ 1 \times 1.7174) = HKD\ 13.3667$$

例 5-5　2014 年 7 月 22 日中国银行现汇价:GBP 1= USD l.7054/1.7174,USD 1= EUR 0.7407/0.7437。

假如想以 GBP 换 EUR,则卖出 GBP 1,买入 USD l.7054,卖出 USD l.7054,买入 EUR (1.7054×0.7407)。则英镑对欧元的套算买入汇率为

$$GBP\ 1 = EUR(1.7054 \times 0.7407) = EUR\ 1.2633$$

英镑对欧元的套算卖出汇率为

$$GBP\ 1 = EUR(1.7174 \times 0.7437) = EUR\ 1.2773$$

综上,英镑对欧元的套算汇率为

$$GBP\ 1 = EUR[(1.7054 \times 0.7407)/(1.7174 \times 0.7437)] = EUR\ 1.2633/1.2773$$

例 5-6　已知美元与港币的汇率和英镑对美元的汇率,计算英镑对港币的汇率。

即期汇率:USD 1=HKD 7.7972/81

即期汇率:GBP 1=USD 1.8337/41

因为是不同的标价方式,因为计算方法应该是对应相乘。所以 7.7972×1.8337 = 14.2977,7.7981×1.8341=14.3025。所以 GBP 1=HKD 14.2977/14.3025。

(三)交叉相除法

两种汇率的中心货币或者关键货币相同时,采用交叉相除法。

例 5-7 2014 年 7 月 22 日中国银行报出以下汇率：

USD 1＝GBP 0.5864/0.5887

USD 1＝EUR 0.7407/0.7437

假如想以 EUR 换 GBP，则卖出 EUR 1，买入 USD（1÷0.7437），卖出 USD（1÷0.7437），买入 GBP（0.5864÷0.7437）。

交叉相除以后，欧元对英镑的套算买入汇率为

$$EUR \ 1＝GBP \ 0.7884$$

同理，欧元对英镑的套算卖出汇率为

$$EUR \ 1＝GBP \ 0.7948$$

上述两种运算可以用一个交叉相除公式表示为

$$EUR \ 1＝GBP \ 0.7884/0.7948$$

注意交叉相除法套算规则。

1. 两种货币对第三种货币均为直接标价法（两种货币对第三种货币均为间接标价法同理）

例 5-8 已知基本汇率

$$USD \ 1 = CHF \ 1.4580/90$$

$$USD \ 1 = DEM \ 1.7320/30$$

求：瑞士法郎与德国马克之间的汇率。

此例所求的是 1 瑞士法郎对德国马克的汇率，瑞士法郎是被报价货币，即需要利用已知的两个汇率套算出银行买卖此货币的价格。当报价银行从顾客手中买入瑞士法郎、付给顾客德国马克时，实际上是该银行从顾客手里收进瑞士法郎后，在国际外汇市场上先将瑞士法郎兑换成美元，再将美元兑换成德国马克付给顾客。即报价银行以买入汇率买入瑞士法郎，卖出德国马克：

（1）报价银行在市场上用 1.4590 的价格买入瑞士法郎而卖出美元；

（2）报价银行在市场上用 1.7320 的价格买入美元，卖出德国马克。

即得：CHF 1 = DEM（1.7320 ÷ 1.4590）＝DEM 1.1871。

同理，可知报价银行以卖出汇率卖出瑞士法郎，买入德国马克：

（1）报价银行在市场上用 1.7330 的价格买入德国马克而卖出美元；

（2）报价银行在市场上用 1.4580 的价格买入美元卖出瑞士法郎。

即得：CHF 1 = DEM（1.7330 ÷ 1.4580）＝DEM 1.1886。

即 CHF 1 = DEM 1.1871/86（套算汇率）。

2. 两种货币对第三种货币，一为直接标价法，二为间接标价法

例 5-9 已知：GBP 1 = USD 1.6550/60，USD 1 = DEM 1.7320/30。

求：英镑与德国马克之间的汇率。

此例所求的是英镑兑德国马克的汇率,英镑是被报价货币,即需要利用已知的两个汇率套算出银行买卖此货币的价格。

当报价银行从顾客手中买入英镑、付给顾客德国马克时,实际上是该银行从顾客手里收进英镑后,在国际外汇市场先将英镑兑换成美元,再将美元兑换成德国马克付给顾客。即报价银行以买入汇率买入英镑,卖出德国马克:

(1) 报价银行在市场上用 1.6550 的价格买入英镑而卖出美元;

(2) 报价银行在市场上用 1.7320 的价格买入美元,卖出德国马克。

即得:GBP 1 = DEM (1.6550 × 1.7320) = DEM 2.8665。

同理,可知报价银行以卖出汇率卖出英镑,买入德国马克:

(1) 报价银行在市场上用 1.7330 的价格买入德国马克而卖出美元;

(2) 报价银行在市场上用 1.6560 的价格买入美元卖出英镑。

即得:BGP 1 = DEM (1.7330 × 1.6560) = DEM 2.8698。

即 BGP 1 = DEM 2.8665/98。

3. 两种货币对第三种货币均为间接标价法

例 5-10 已知:GBP 1 = USD 1.6550/60,AUD 1 = USD 0.6810/20。

求:英镑与澳大利亚元之间的汇率。

此例所求的是 1 英镑对澳大利亚元的汇率,英镑是被报价货币,即需要利用已知的两个汇率套算出银行买卖此货币的价格。当报价银行从顾客手中买入英镑、付给顾客澳大利亚元时,实际上是该银行从顾客手里收进英镑后,在国际外汇市场先将英镑兑换成美元,再将美元兑换成澳大利亚元付给顾客。即报价银行以买入汇率买入英镑,卖出澳大利亚元:

(1) 报价银行在市场上用 1.6550 的价格买入英镑而卖出美元;

(2) 报价银行在市场上用 0.6820 的价格买入美元,卖出澳大利亚元。

即得:GBP 1 = AUD (1.6550 ÷ 0.6820) = AUD 2.4302。

同理,可知报价银行以卖出汇率卖出英镑,买入澳大利亚元:

(1) 报价银行在市场上用 0.6810 的价格买入澳大利亚元而卖出美元;

(2) 报价银行在市场上用 1.6560 的价格买入美元卖出英镑。

即得:BGP 1 = AUD (1.6560 ÷ 0.6810) = AUD 2.4317。

即 BGP 1 = AUD 2.4302/17。

从上述运算过程,可以总结出如下套算汇率的运算规律:

第一,两种汇率的标价法相同(都是直接标价或都是间接标价),即其标价的被报价货币相同时,要将"/"左右的相应数字交叉相除;

第二,两种汇率的标价法不同,即其标价的被报价货币不同时,要将"/"左右的数字同边相乘。

例 5-11 在已知人民币和日元对美元的汇率时,计算人民币对日元的汇率。外汇市场报价如下：

即期汇率：USD 1＝CNY 6.1430/6.2174

即期汇率：USD 1＝JPY 109.51/59

首先，注意到这两种汇率的标价方式相同，那么应该交叉相除。这样可以得到109.51÷6.2147＝17.6211，109.59÷6.1430＝17.8398，由此得到 CNY 1＝JPY 17.6211/17.8398。

在已知欧元和美元与人民币的汇率时，计算欧元对美元的汇率。

即期汇率：USD 1＝CNY 6.1430/6.2174

即期汇率：EUR 1＝CNY 10.2566/10.6766

同样是标价法相同，计算方法仍是交叉相除。10.6766÷6.1430＝1.7380，10.2566÷6.2174＝1.6497，这样 EUR 1＝USD 1.6497/1.7380。

四、即期外汇交易地与结算地

即期外汇结算（亦称为即期外汇交割）是即期外汇交易客户的某种货币的存款交割即期外汇交易的另一方，同时另一方的某种货币存入该客户账户中。例如，两客户的美元与人民币的结算就是，客户讲在英国的英镑存款转交给对方，而对方将在美国的存款转交这一客户。

由于即期外汇交易的双方不一定处于他们所交易的货币发行国家，这时他们进行即期外汇交易的地点为交易地，而货币的发行国家为即期外汇交易的结算地。例如，在纽约的两家银行进行人民币买卖，纽约就是交易地，而结算地为中国北京。这里区分即期外汇交易的交易地与结算地的目的是为了让即期外汇交易者更清晰地确定交易的时机。由于不同的交易地点可能不在同一时区，如果一笔交易在交易地发生了，但可能需要到第二天才能结算，这显然对买进某种货币的客户是不利的。因为，在收到外汇之前这段时间，由于无法实现外汇的转移，因此也无法获得利息收入。

五、即期外汇交易的结算日确定

即期外汇结算日不同于即期外汇交易的交易日，而即期外汇结算日直接关系即期外汇的交割。因此，这里对即期外汇交易的结算日的确定给予介绍。通常，即期外汇交易的结算日分为三种情况。

第一，是零星的即期外汇买卖。这种即期外汇交易在交易时即可实现外汇的交割。例如，中国游客在美国旅游时，在当地银行利用人民币现金兑换美元，即为零星的即期外汇交易。

第二，是处于同一时区的即期外汇买卖结算日是在交易后的一天。例如，北美地区（美国、加拿大、墨西哥）的交易银行和结算银行处于同一时区，即期外汇交易结算日是交易后的第一个营业日，如果遇到节假日则顺延。

第三,不处于同一时区的即期外汇买卖结算日在交易日后的两个营业日。如遇特殊情况,则特殊处理:如果从事交易的两家商业银行与结算地银行的节假日制度相同,则在交易日后两个营业日进行结算;如果从事交易的两家银行与结算地银行的节假日不同,则以结算地银行的工作日为即期外汇交易的结算日;如果两家银行的节假日不同,则起息日即为即期外汇交易的结算日。

从结算日上看,即期外汇交易是外汇买卖成交后双方在当天或两个营业日内办理交割的一种外汇交易方式。这里所说的"即期"外汇交易并不是在外汇交易双方成交后马上进行交割。通常,即期外汇交易均在成交后第一个工作日进行交割。

第三节　外汇市场技术分析

外汇市场分析方法常分为基本面分析和技术分析。外汇市场基本面分析主要是对外汇市场外部环境的研究,而外汇市场技术分析主要是对外汇交易构造进行分析。在外汇即期交易分析中,两者相辅相成,可相互验证、相互参照。

在外汇交易行情预测过程中,必须遵循以下四个原则:客观性、准确性、可检验性和结论保密性。

外汇交易的基本分析应注意以下几点:

第一,全面分析资料。注意对影响国际金融市场因素的全面分析,尽可能掌握比较充分的资料,防止由于片面性的信息导致判断错误。

第二,掌握最新信息。某些新近的信息,如某个国家的某项经济政策、某个地区发生的自然灾害等都可能对国际金融市场带来影响,也许这种影响不一定会马上发生,但一旦发生影响,对毫无防备的投资者来说可能带来致命的一击。

第三,结合技术分析法。在外汇买卖交易中,最为重要的是对外汇汇率的走势进行正确的预测,而一项正确预测的得出既依赖于对影响外汇汇率走势的基本因素分析,也依赖于外汇交易的技术分析。

外汇市场技术分析是应用技术处理手段,力求掌握外汇市场中现有的各种信息,得到可以在外汇市场中获得收益的正、反两个方面的机会。外汇市场技术分析主要是通过对外汇市场历史和当前数据进行数据分析和处理,围绕汇率、成交量和时间这三个最基本的要素,构建汇价的数学或逻辑模型,预测汇率未来走势。

在外汇市场技术分析的框架下需要满足以下假设前提:

第一,在外汇市场上,汇率可以反映市场所有信息,政治、经济、心理预期等因素均会及时反映在汇率变化上;第二,汇率会按照一定趋势或者规律进行变化,可以通过数学或者逻辑模型进行描述;第三,历史并不只反映历史信息,未来也会继续上演。

这里将对外汇市场技术分析进行简单介绍,主要包括 K 线图、移动平均线、指数异同平滑移动平均线、趋势线、相对强弱线、随机指标和艾略特波浪理论七个方面。

一、图形分析法

简单地说,图表分析法是指根据记录的历史上的外汇走势图形,分析和预测外汇未来走势的基本技术分析方法,而不管外汇汇率的走势和变化是由什么原因引起的。

(一)点数图

点数图(point and figure chart),又称为圈叉图,是利用带方格的图表来记录、分析和预测外汇交易价格的变动趋势的图形。

(二)曲线图

曲线图(curve chart)是将不同价位按照时间顺序依次连接起来,形成一个简单图形。曲线图是图表分析法中经常应用的一种图形。在曲线图上,纵轴表示价格水平,横轴表示时间。由于曲线图忽视单位时间内的价格波动,便于直观地观察汇率波动趋势,有利于分析较长时间段的图形信号,但对于短期波动趋势预示不够明显。

(三)直线图

直线图(bar chart)又称线状图、柱状图、棒形图等,是图表分析法中主要流行于欧美的一种技术分析图形。直线图由曲线图演化而来,它忠实地记录了每一个时间内汇价的波动情况,描述了汇价的波动趋势。通过直线图的变化我们可以很容易解读多空双方在市场中的争夺程度,了解市场心理的变化趋势。

二、K线图

K线图来源于日本德川幕府时代的大米市场交易,经历了两百多年发展成为现在的形式。K线图,也称为日本式蜡烛图,主要依据某一段时间段内的最高价格、最低价格、开市价格、收市价格的数据绘制,反映了某一段时间内开市价格和收市价格的变化范围。K线图的最大优点是当日行情从开市价格到收市价格的重要变动均可以一目了然,其缺陷主要在于不能反映柱状图所表示期间内价格变化的整个过程。

(一)单个K线图分析

K线图通常把开市价和收市价之间的部分用长方形来表示,称为实体。若开市价格高于收市价格,则用阴线(实体部分为黑色)表示;若开市价格低于收市价格,则用阳线(实体部分为白色)来表示。

如果阴线中最高价格与开市价格不同,用黑色细线将开市价格和最高价格连接起来,称为上影线;最低价格与收市价格不同时,同样利用黑色细线连接收市价格与最低价格,称为下影线(见图 5-1)。阳线则与阴线正好相反,收市价格与最高价格之间的红色连接线称为上影线,开市价格与最低价格之间的红色连接线称为下影线(见图 5-2)。

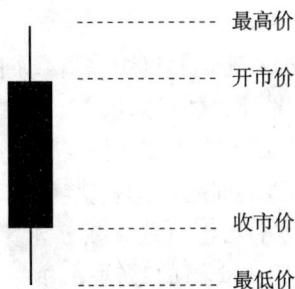

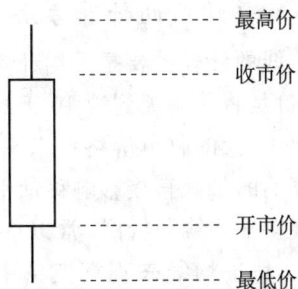

图 5-1　K 线阴线　　　　　　　图 5-2　K 线阳线

（二）K 线组合分析

单个 K 线图仅仅只能反映一天的汇率强弱变化,而不能反映汇率在一段时间内的变化趋势。如果研究汇率在一段时间内的变化,则可以利用多根 K 线形成的 K 线组合来分析汇率运动变化趋势。汇市价格如同波浪运动一样由较多的上升和下降波段组成。多根 K 线图一般包括上升、下降、盘升和转势四种形态,如图 5-3 所示。

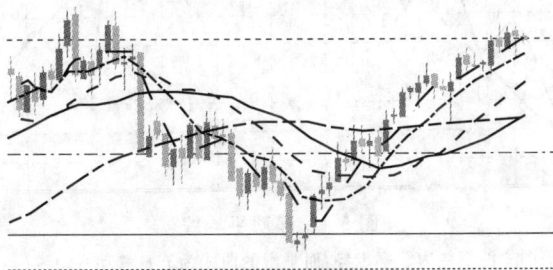

图 5-3　K 线组合分析图

三、移动平均线

移动平均线主要是利用统计分析中的平均原理来剔除外汇价格波动的不规则变动因素,从而得到反映整个外汇市场交易价格变化的趋势线。移动平均线一个最大的优点是通过某一期间平均收盘价的移动走势来反映汇率的变动趋势,避免了人为因素影响。从市场操作视角来看,移动平均线可以自动发出市场买卖的信号,使得操作者根据移动平均线的趋势来判断自身风险水平,并把损失降到最低点,收益提到最高点。但是,该方法同样存在缺点,主要在于其指示的汇率水平与实际汇率水平在时间上存在先后顺序,难以通过移动平均值来确定汇率的最高水平和最低水平。因此,移动平均线难以确定一个事前的标示,买入卖出时机较难断定。

（一）移动平均线的计算方法

移动平均线的计算主要是采用计算平均值的方式来确定。以 10 日移动平均线为例,第一个 10 日均价是将第 1 天到第 10 天的 10 个收盘价累计相加再除以 10。第二个 10 日均值是第 2 天到第 11 天的收市价格算术平均值。由此类推,便可以得到 10 日的移动均线。移动平均线计算期的长短直接影响移动平均线的敏感度,期间越小其敏感度越高。

在利用移动平均线分析时,常以 5～10 天的移动平均汇价线来观察汇率短期走势,以 30～72 天的移动平均线来观察汇率中期走势,以 13～26 周的移动平均线来观察汇率长期走势。

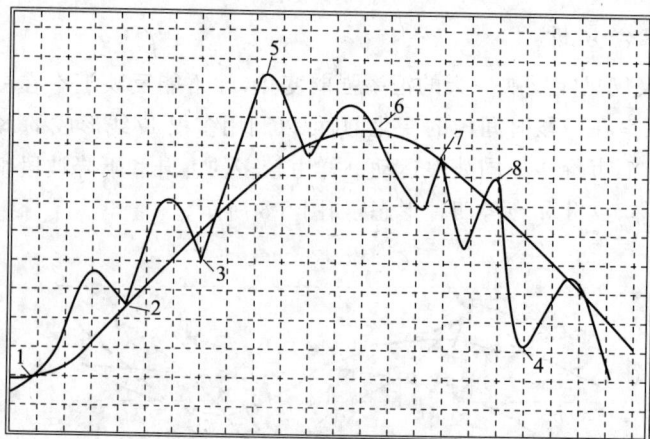

图 5-4　移动平均线

注:该图中波浪线为汇率走势,而平滑的曲线为五日移动平均线。

（二）移动平均线的特点

1. 描述市场动向

移动平均线能够描述汇率的趋势方向,只要汇率没有出现大幅的方向波动,移动平均线不会改变方向。这个性质可以直接用来把握汇率市场大的趋势。

2. 滞后性

由于移动平均线的计算方式决定了移动平均线可以反映若干天的汇率价格平均波动,一天较大的波动实际上被几天均分了从而缩小了变动趋势。这使得汇率波动趋势可能无法及时通过移动平均线来反映,具有滞后性。当外汇市场出现反向改变时,移动平均价格往往并不能及时改变方向。

3. 稳定性

同样因为移动平均线无法及时反映汇率价格的波动趋势,利用移动平均线在分析汇率波动时也具有稳定性。

4. 助涨助跌性

移动平均线的助涨助跌性是指当汇率超出移动平均线或是跌出移动平均线时,汇率都会向突破的方向继续延伸一段。如果移动平均线的天数参数较小,那么突破后延伸的距离较短;相反,如果移动平均线参数较大,那么突破后延伸的距离较长。

(三)移动平均线的买入和卖出信息

移动平均线可以帮助判断汇率价格走势,从而确定买进或者卖出外汇的时机(见图 5-5)。具体操作如下:

第一,当移动平均线由下降逐渐走平而汇率自平均线的下方向上突破,那么可以买进外汇。因为当汇率位于移动平均线下方时,表示买方需求太低,这种短期的下降表明具有反弹的机会。在该情形下,一旦汇率回升,则是买进外汇的好时机。

第二,如果汇率位于移动平均线之上而产生下跌的趋势,且汇率的绝对水平不是很高,则是买进外汇的信号。但是,如果汇率水平已经非常之高,那么可能不是买进外汇的信号。

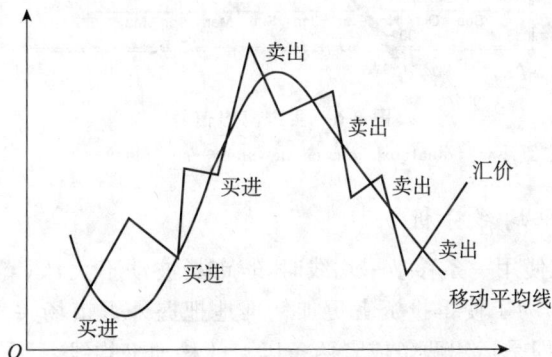

图 5-5 汇率与移动平均线相交的买入和卖出信号

第三,移动平均线位于上升阶段,而实际汇率是下跌而未跌倒移动平均线之下,接着又开始反弹,这也表示可以买进外汇。在汇率上升阶段会出现汇率暂时回落的情况,但是每次回落的绝对水平都在提高。在利用这条规则时,需要判断汇率是否处于上升期,位于上升期的哪个阶段。通常,位于上升期的初期,该规则更加适用。

第四,汇率趋势线位于移动平均线的下方,且加速下跌远离平均线时,则此时出现了卖方需求过剩,出现了超卖现象,汇率价格就不会重新回到平均线附近,所以为买进外汇的时机。

第五,当外汇价格由平均线上方向下突破平均线时,则此时可以卖出外汇。汇价位于平均线上方说明价格较高,汇率有下跌的可能。在该情形下,一旦外汇价格出现下跌,那么正是卖出外汇较好的时机。但是,如果汇率价格继续上涨,则应该随着价格上涨逐渐减少外汇的购买,以降低外汇价格下跌带来的风险。

第六,当移动平均线出现缓慢下降,汇率虽然一度上升,但是每次突破移动平均线就开始逆转向下,那么适宜卖出外汇。因为这可能是汇率下降的趋势中暂时的上涨,价格可能继续下跌。但是,如果汇率已经下降的非常低了,则该规则不一定具有适用性。

第七,当移动平均线处于下降趋势,汇率下跌过程中曾多次上涨到移动平均线附近,但是很快又出现了下跌,那么此时适合卖出外汇。因为这可能是外汇价格下降过程中出现的反弹,汇率可能继续下跌,因此更加适合卖出外汇。

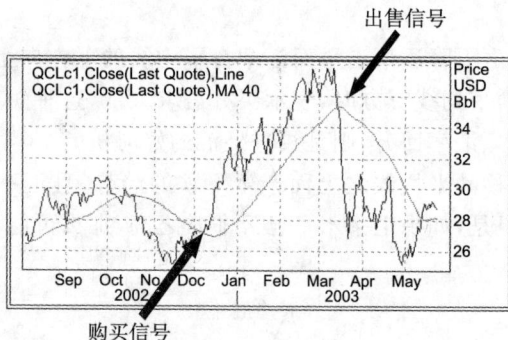

图 5-6　买进卖出信号

资料来源:www.dinatouzi.com.cn/newshow.asp? id=998

(四)组合移动平均线分析

同 K 线图一样,在使用一条移动平均线时,若市场波动不大,频繁的市场买卖信号往往使得投资者无法适从。为了使得投资者更加精准地把握外汇市场买卖信号,可以运用组合移动平均线来分析,也即是运用两条或者两条以上的移动平均线。

1. 交叉法买卖信号

同时构造两条移动平均线,一条为短期移动平均线,另一条为长期移动平均线。当短期移动平均线由下向上穿越长期移动平均线,则为买入外汇的时机,称为黄金交叉。当短期移动平均线由上向下穿越长期移动平均线时,则为卖出外汇的时机,称为死亡交叉。

例如,在外汇市场的上升行情中,较短期的移动平均线如 5 日线、10 日线从下方向上突破,与较长期的移动平均线如 30 日线、60 日线发生黄金交叉。黄金交叉是多头的表现,出现黄金交叉后,后市会有一定的涨幅空间,这是进场的最佳时机。

无论是黄金交叉还是死亡交叉,都是买卖的进出信号。在即期汇率走势的分析中,可以用来把握进出的时机,在长期应用中准确率比较高。

2. 中性区买卖信号

将长短期移动平均线之间的区域看成中性区,在上升趋势中,当某日收市价格同时穿过短期和长期的移动平均线时,则构成买入外汇的信号。相反,在下跌趋势中,某日收市价格同时穿越短期和长期的移动平均线时,则构成卖出外汇的信号。如果汇率重新回到中性区,

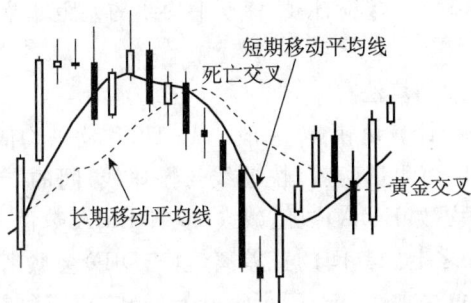

图 5-7　黄金交叉和死亡交叉示例

则应该执行平仓。

3. 银山谷与金山谷

银山谷特征是出现在上涨初期,由 3 根移动平均线交叉组成,形成一个尖头向上的不规则三角形。这是见底信号,后市看涨。银山谷一般可作为激进型投资者的买点。如图 5-8 所示。

金山谷出现在"银山谷"之后,其不规则三角形构成方式和银山谷不规则三角形构成方式相同。金山谷既可处于银山谷相近的位置,也可高于银山谷。金山谷是买进信号,后市看涨。金山谷一般可作为稳健型投资者的买进点,金山谷和银山谷相隔时间越长,所处的位置越高,日后汇价的上升潜力就越大。

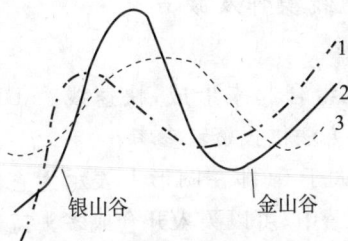

图 5-8　金山谷、银山谷

注:曲线 1,2,3 分别为短期、中期和长期平均线。

四、指数异同平滑移动线

(一)指数异同平滑移动线的概念及算法

1. 指数异同平滑移动线的概念

指数异同平滑移动线(MACD)是利用两条不同速度的指数平滑移动平均线来计算二者之间的差离状况作为判断外汇行情的基础。指数异同平滑移动线实际上是利用快速移动和慢速移动平均聚合和分离的变化来判断外汇未来的走势,进一步确定买卖外汇的时机。当MACD 从负数转向正数,是买的信号。当 MACD 从正数转向负数,是卖的信号。当 MACD

以大角度变化,表示快的移动平均线和慢的移动平均线的差距非常迅速地拉开,代表了一个市场大趋势的转变。

2. 指数异同平滑移动线的算法

MACD 在应用上应先行计算出快速(一般选 12 日)移动平均值与慢速(一般选 26 日)移动平均值。以这两个数值作为测量两者(快速线与慢速线)间的"差离值"依据。所谓"差离值"(DIF),即 12 日指数平均数(EMA)数值减去 26 日 EMA 数值。因此,在持续的涨势中,12 日 EMA 在 26 日 EMA 之上。其间的正差离值(+DIF)会愈来愈大。反之在跌势中,差离值可能变负(-DIF),也愈来愈大。至于行情开始回转,正或负差离值要缩小到一定的程度,才真正是行情反转的信号。MACD 的反转信号界定为"差离值"的 9 日移动平均值(9 日 EMA)。在 MACD 的指数平滑移动平均线计算公式中,都分别加 $T+1$ 交易日的份量权值,以现在流行的参数 12 和 26 为例,其公式如下:

12 日 EMA 的计算:EMA 12 = 前一日 EMA 12×11/13 + 今日收盘×2/13

26 日 EMA 的计算:EMA 26 = 前一日 EMA 26×25/27 + 今日收盘×2/27

差离值(DIF)的计算:DIF = EMA 12－EMA 26

根据差离值计算其 9 日的 EMA,即离差平均值,是所求的 MACD 值。为了不与指标原名相混淆,此值又名 DEA 或 DEM。

今日 DEA =(前一日 DEA×8/10 + 今日 DIF×2/10)

(二)指数异同平滑移动线操作及缺点

1. 指数异同平滑移动线操作

MACD 指标是由两线一柱组合起来形成,快速线为 DIF,慢速线为 DEA,柱状图为 MACD。在各类投资中,有以下方法供投资者参考:

第一,当 DIF 和 MACD 均大于 0(即在图形上表示为它们处于零线以上)并向上移动时,一般表示为行情处于多头行情中,可以买入开仓或多头持仓。

第二,当 DIF 和 MACD 均小于 0(即在图形上表示为它们处于零线以下)并向下移动时,一般表示为行情处于空头行情中,可以卖出开仓或观望。

第三,当 DIF 和 MACD 均大于 0(即在图形上表示为它们处于零线以上)但都向下移动时,一般表示为行情处于下跌阶段,可以卖出开仓和观望。

第四,当 DIF 和 MACD 均小于 0 时(即在图形上表示为它们处于零线以下)但向上移动时,一般表示为行情即将上涨,外汇价格将上涨,可以买入开仓或多头持仓。

2. 指数异同平滑移动线的缺点

指数异同平滑移动线操作方法的主要缺点包括以下几点:

第一,由于 MACD 是一项中、长线指标,买进点、卖出点和最低价、最高价之间的价差较大。当行情忽上忽下幅度太小或盘整时,按照信号进场后随即又要出场,买卖之间可能没有利润,也许还要赔点儿价差或手续费。

第二，一两天内涨跌幅度特别大时，MACD 来不及反应，因为 MACD 的移动相当缓和，比较行情的移动有一定的时间差，所以一旦行情迅速大幅涨跌，MACD 不会立即产生信号，此时，MACD 无法发生作用。

五、趋势线

趋势线是指在一个价格运动当中，如果其包含的波峰和波谷都相应地高于前一个波峰和波谷，那么就称为上涨趋势；相反，如果其包含的波峰和波谷都低于前一个波峰和波谷，那么就称为下跌趋势；如果后面的波峰与波谷都基本与前面的波峰和波谷持平，那么称为振荡趋势、横盘趋势或者无趋势。

如图 5-9 所示，上升趋势线的主要用途在于能够显示外汇汇率的支撑位置，一旦外汇汇率跌破该支撑线，则意味着行情可能出现反转，进入由涨转跌的趋势。同样，下降趋势线的主要用途在于能够显示出汇率下跌过程中回升的阻力，一旦汇价在波动中突破该线，则意味着汇率可能会进入止跌回涨的趋势（见图 5-10）。

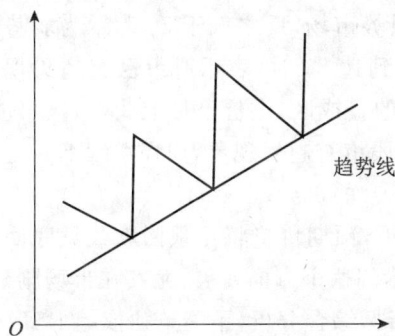

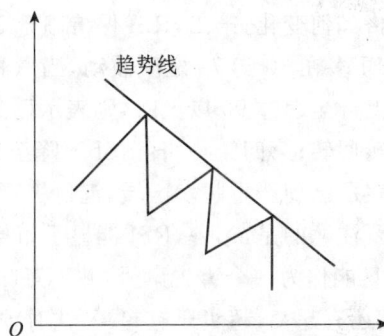

图 5-9　上升趋势线　　　　　　　图 5-10　下降趋势线

在上升趋势线中，由于两点即可确定一条直线，所以在绘制趋势线时，至少需要两个依次上升的折点，通过连接这两个折点便可以得到一条上升的趋势线。趋势线有效性的检验方法是考查价格线是否第三次触及该线，并且没有下降到这条趋势线之下。如果汇率一直位于该趋势线上方，则说明这个趋势线是有效的。同样，在下降趋势线中，连接两个下降趋势的点，检查汇率价格波动是否一直位于下降趋势线的下方。可以看出，趋势线需要两个点来确定，如果验证趋势线的有效性则需要第三个点来完成。

在外汇市场中，投资者常利用汇率的"突破点"，并在突破点出现时刻进行外汇的买卖。主要是因为在突破点买卖外汇可以提高资金的利用效率，在最短的时间获得最大的收益或者最小的亏损。

六、相对强弱指数（RSI）

相对强弱指数（Relative Strength Index，RSI）是由威尔斯·怀德（Wells Wider）于 1978

年 6 月创制的一种通过特定时期内股价的变动情况计算市场买卖力量对比,来判断股票价格内部本质强弱、推测价格未来的变动方向的技术指标。相比起其他分析工具,RSI 是其中一种较容易向大众阐释的计量工具,故一推出便大受欢迎。

相对强弱指数是通过比较一段时期内的平均收盘涨数和平均收盘跌数来分析市场买沽盘的意向和实力,从而预测未来市场的走势。该指数主要用于比较数天内某种金融工具价格上涨的平均幅度相对其价格下降的平均幅度。该指数不比较两种证券的相对强弱,而只比较单一金融工具本身价格波动的强弱。运用该指数可找到超买和超卖的信号,以及作为指数的变化方向与金融工具价格变化方向间出现背离的警示。例如,当外汇即期汇率下跌而相对强弱指数在上升时,这就是买入的信号。

$$RSI = [上升平均数 \div (上升平均数 + 下跌平均数)] \times 100 \qquad (5.1)$$

其中,上升平均数是在某一段日子里升幅数的平均,而下跌平均数则是在同一段日子里跌幅数的平均。

相对强弱指数的运用原则如下:第一,从计算公式来看,RSI 的值在 0 与 100 之间,无论外汇价格如何变化;第二,RSI 保持高于 50 表示为强势市场,反之低于 50 表示为弱势市场;第三,RSI 多在 30 与 70 之间波动,当六日 RSI 上升到达 80 时,表示股市已有超买现象,如果继续上升至超过 90 以上时,则表示已到严重超买的警戒区,汇价已形成头部,极可能在短期内反转回转;第四,当六日 RSI 下降至 20 时,表示股市有超卖现象,如果继续下降至 10 以下时则表示已到严重超卖区域,汇价极可能有止跌回升的机会。

需要注意的是:第一,RSI 能显示市场超卖和超买,预期价格将见顶回软或见底回升等,但 RSI 只能作为一个警告讯号,并不意味着市势必然朝这个方向发展,尤其在市场剧烈震荡时,超卖还有超卖,超买还有超买,这时须参考其他指标综合分析,不能单独依赖 RSI 的讯号而作出买卖决定;第二,背离走势的讯号通常都是事后历史,而且有背离走势发生之后行情并无反转的现象,有时背离一二次才真正反转,因此这方面研判须不断分析历史资料以提高经验;第三,在牛皮行情时 RSI 徘徊于 40~60 之间,虽有时突破阻力线和压力线,但价位无实际变化。

七、艾略特波浪理论

艾略特波浪理论(Elliott Wave Theory)是股票技术分析的一种理论,认为市场走势不断重复一种模式,每一周期由 5 个上升浪和 3 个下跌浪组成。艾略特波浪理论将不同规模的趋势分成九大类,最长的超大循环波(grand supercycle)是横跨 200 年的超大型周期,而次微波(subminuette)则只覆盖数小时之内的走势。但无论趋势的规模如何,每一周期由 8 个波浪构成这一点是不变的。

这个理论的前提是:股价随主趋势而行时,依五波的顺序波动,逆主趋势而行时,则依三波的顺序波动。长波可以持续 100 年以上,次波的期间相当短暂。

波浪理论的波浪形态常分为两种：第一种是当市场处于上升状态时，波浪呈现出5个上升波浪和3个下降波浪的形态；第二，当市场处于下降状态，波浪形态相反。如图5-11，波浪理论可以概括为下面五点：

第一，通常外汇市场遵循5个上升波浪随后3个下降波浪的基本规律。也就是说，一个完整的循环是由8个波浪组成，如图中所示，5个数字波和3个字母波。

第二，无论是上升波浪还是下降波浪，第三个波浪一般是波幅最大的一个。在上升过程中，第三个波浪排除阻力向一个更高的价位移动；而在下降过程中，第三个波浪突破支持向一个更低的价位下降。波浪理论中重要的斐波那契比率包括以下几点：

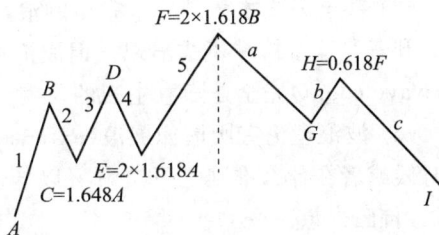

图 5-11　波浪理论示意图

（1）三个推动波浪中某一个波浪经常会延长，一旦某个波浪延长，其他两个波浪的形成时间和波浪幅度均相等。

（2）将1波浪的长度乘以1.618，然后再加在2波浪的底部，可以度量出3波浪顶部最小的目标位。

（3）将1波浪乘以3.236（即2×1.618），然后分别加在1波浪的顶部和底部上，可以估算出5浪顶部的最大目标和最小目标位。

（4）1波浪和3波浪如果大致相等，5波浪极可能延长，这时候5波浪估算方法是，先量出1波浪底部到3波浪的顶部的距离，再乘以1.618，并把结果加在4波浪的底部。

（5）在常态的锯齿形调整波浪中，c波浪和a波浪的长度相等。

（6）c波浪的目标位可以由a波浪长度乘以0.618，然后用a浪波底部减去所得结果。

（7）在平台形调整波浪中，b波浪如果达到甚至超过a波浪的顶部，那么c波浪长度大约等于a波浪的1.618倍。

（8）在对称三角形中，每一个相继的波浪约等于前一个波浪乘以0.618。

第三，波浪走势的表现形态可能因为时间等原因而有所改变，即波浪或长或短，但是波浪的走势是不会改变的，即总是一浪高过一浪，在一定点后是一浪低于一浪，上升与下降形态反复交替。

第四，波浪理论认为任何一级的任何一个波浪均可以分为次一级的波浪，反过来也构成上一级的波浪。

第五，汇价走势分析中常利用斐波那契数列的相关数据来确定时间和价格目标。在重要的顶部和底部用斐波那契数列向前数，可以得到斐波那契比率的时间目标。

波浪理论同样存在缺陷：

（1）波浪理论家对现象的看法并不统一。每一个波浪理论家，包括艾略特本人，很多时都会受一个问题的困扰,就是一个浪是否已经完成而开始了另外一个浪呢?有时甲看是第一浪,乙看是第二浪。差之毫厘,失之千里。看错的后果却可能十分严重。一套不能确定的理论用在风险奇高的外汇市场,运作错误足以使人损失惨重。

(2)甚至怎样才算是一个完整的浪,也无明确定义,在外汇市场的升跌次数绝大多数不按五升三跌这个机械模式出现。但波浪理论家却曲解说有些升跌不应该计算入浪里面。数浪(wave count)完全是随意主观的。

(3)波浪理论有所谓伸展浪(extension waves),有时五个浪可以伸展成九个浪。但在什么时候或者在什么准则之下波浪可以伸展呢?艾略特却没有明言,使数浪这回事变成各自启发,自己去想。

(4)波浪理论的浪中有浪,可以无限伸延,亦即是升市时可以无限上升,都是在上升浪之中,一个巨型浪,一百几十年都可以。下跌浪也可以跌到无影无踪都仍然是在下跌浪。只要是升势未完就仍然是上升浪,跌势未完就仍然在下跌浪。这样的理论有什么作用?能否推测浪顶浪底的运行时间实属可疑,等于纯粹猜测。

(5)艾略特波浪理论是一套主观分析工具,毫无客观准则。市场运行却是受情绪影响而并非机械运行。波浪理论套用在变化万千的市场上会十分危险,出错机会大于一切。

(6)波浪理论不能运用于单个外汇价格的选择上。

八、其他指标

(一)威廉指标(WMS)

威廉指标是由拉里·威廉姆斯(Larry Williams)于 1973 年首创的,表示的是市场处于超买还是超卖状态。威廉指标的计算主要是利用分析周期内的最高价、最低价及周期结束的收盘价等三者之间的关系展开的。以日威廉指标为例,其计算公式为

$$WMS = 2n(H_n - C) \div (H_n - L_n) \times 100 \qquad (5.2)$$

其中:n 是交易者设定的交易期间(常用为 30 天);

C 为第 n 日的最新收盘价;

H_n 是过去 n 日内的最高价(如 30 天的最高价);

L_n 是过去 n 日内的最低价(如 30 天的最低价)。

WMS 是用百分比来计算,结果是介于 0%～100%。如果在指定窗口内收盘价越接近最高价的水平(超买),结果越接近零,收盘价越接近最低价(超卖),结果越接近 100%,在线形的呈现上与其他技术指标相反,一般会乘上 −1 以符合线形上扬为超买、下跌为超卖的认知。

应用法则主要是从威廉指标"碰顶、碰底"的次数进行分析判断的。取值介于 0～100%之间,接近 10%或 90%就碰底和碰顶。威廉指标碰顶、碰底的次数至少 2 次,一般不超过 4次,且曲线脱离了 20 以下或是 80 以上,才可以是明确的买入和卖出信号。由于该指标过于

敏感,在操作过程中,最好能结合其他指标一起判断。

(二) 乖离率 BIAS

乖离率(BIAS)是测量汇率偏离均线大小程度的指标。当汇率偏离市场平均成本太多时,都有一个回归的过程,即所谓的"物极必反"。

乖离率是指汇率与平均移动线之间的偏离程度,通过百分比的形式来表示汇率与平均移动线之间的差距。如果汇率在均线之上,则为正值;如果汇率在均线之下,则为负值。乖离率最早来源于葛兰维的平均线定律,它的理论基础主要是从投资者心理角度来分析。

乖离率用来预警外汇价格的暴涨和暴跌引发的行情逆转,即当外汇价格在上方远离移动平均线时,就可以卖出;当外汇价格在下方远离移动平均线时,就可以买进。乖离率的计算方法相当简单,计算公式如下:

$$乖离率=[(当日收盘价-N日平均价)/N日平均价]×100\% \qquad (5.3)$$

其中,N 一般取 5、6、10、12、24、30 和 72。在实际运用中,短线使用 6 日乖离率较为有效,中线则放大为 10 日或 12 日。

乖离率最大的作用不在于通过指标的高低判断汇价是否超买还是超卖,而是通过观察在汇价发展过程中 BIAS 指标是否与之发生背离,从而判断买入和卖出的时机。

(三) 顺势通道指标 CCI

商品通道指标(Commodity Channel Index,CCI)又叫顺势通道指标,是由美国股市分析家唐纳德·蓝伯特(Donald Lambert)所创造的,是一种重点研判股价偏离度的股市分析工具。顺势通道指标测量当前外汇价格对近期平均价格的偏离程度,其数值高则当前价格高于平均价格;反之亦然。作为超买超卖指标,顺势通道指标能预测价格趋势的背离。当外汇价格走势创出新高而顺势通道指标下降,那么回调就可能出现。CCI 的正常取值在 $-100\sim$ 100 之间。指标高于 100 则走势超买,低于 -100 则走势超卖。

和其他技术分析指标一样,由于选用的计算周期不同,顺势指标也包括日 CCI 指标、周 CCI 指标、年 CCI 指标以及分钟 CCI 指标等很多种类型。经常被用于外汇市场研判的是日 CCI 指标和周 CCI 指标。虽然它们计算时取值有所不同,但基本方法一样。

以日 CCI 计算为例,其计算方法有两种。

第一种计算过程如下:

$$CCI(N 日)=(TP-MA)\div MD\div 0.015 \qquad (5.4)$$

其中:TP=(最高价+最低价+收盘价)÷3;

MA=最近 N 日收盘价的累计之和÷N;

MD=最近 N 日(MA-收盘价)的累计之和÷N;

0.015 为计算系数,N 为计算周期。

第二种计算方法表述为中价与中价的 N 日内移动平均的差除以 N 日内中价的平均绝

对偏差。其中,中价等于最高价、最低价和收盘价之和除以 3。

平均绝对偏差为统计函数:

$$TYP = (HIGH + LOW + CLOSE)/3 \qquad (5.5)$$

顺势通道指标(CCI)是通过测量价格的波动是否已超过其正常范围,来预测价格变化趋势的技术分析指标。顺势通道指标是短线技术分析指标,当汇价走势和 CCI 产生背离现象时,它是一个明显的交易信号,值得投资者注意。

(四)布林线(BOLL)

布林线指标,即 BOLL 指标,其英文全称是"Bollinger Bands"。布林线由约翰·布林创造,其利用统计原理,求出股价的标准差及其信赖区间,从而确定股价的波动范围及未来走势,利用波带显示股价的安全高低价位,因而也被称为布林带。其上下限范围不固定,随股价的滚动而变化。布林指标和麦克指标(MIKE)一样同属路径指标,股价波动在上限和下限的区间之内,这条带状区的宽窄随着股价波动幅度的大小而变化,股价涨跌幅度加大时,带状区变宽,涨跌幅度狭小盘整时,带状区则变窄。

1. 计算公式

$$中轨线 = N 日的移动平均线 \qquad (5.6)$$
$$上轨线 = 中轨线 + 两倍的标准差 \qquad (5.7)$$
$$下轨线 = 中轨线 - 两倍的标准差 \qquad (5.8)$$

2. 指标使用

在外汇市场分析软件中,布林指标一共由四条线组成,即上轨线(UP)、中轨线(MB)、下轨线(DN)和价格线。和其他技术指标一样,在实战中,投资者不需要进行布林指标的计算,主要是了解其计算方法和过程,以便更加深入地掌握布林指标的实质,为运用指标打下基础。

布林指标的使用原则有:第一,布林带带宽紧紧收窄时,是行情将会选择突破方向的信号。但此时不要盲目入市,而是等到布林带带宽放大,趋势确定时再入场操作。第二,当布林带上轨继续放大,而下轨却开始收敛,或者是相反的情况,都是行情转势的先兆。

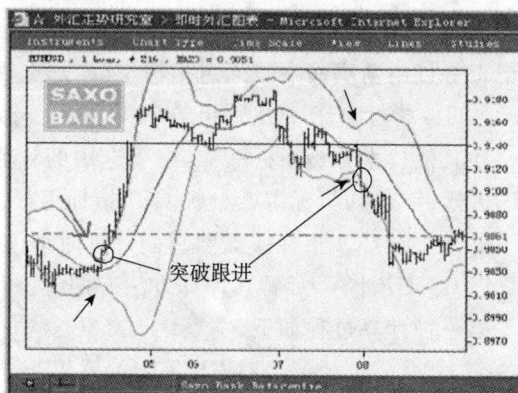

图 5-12　布林线示意图

同步测练

1. 名词解释

即期外汇交易　双边交易　多边交易　套汇交易　相对强弱指标　移动平均线　艾略特波浪理论　标准交割日　交叉汇率

2. 计算题

(1) 假设某日香港、伦敦和巴黎外汇市场即期汇率行情如下：

香港外汇市场：USD 1＝CHF 7.0805/20；

伦敦外汇市场：GBP 1＝CHF 9.6532/39；

巴黎外汇市场：GBP 1＝USD 1.4326/34；

应该如何进行三点套汇，并计算收益为多少？

(2) 某外汇市场某日即期外汇行情如下：

USD 1＝JPY 103.52/64；

USD 1＝HKD 7.5062/79；

AUD 1＝USD 0.6921/28

计算 JPY/HKD 和 JPY/AUD。

(3) 已知 EUR 1＝USD 1.1320/32，

① 如果 USD 1＝HKD 7.7451/63,计算 EUR/HKD。

② 如果 GBP 1＝USD 1.5421/35,计算 EUR/GBP。

③ 如果 AUD 1＝USD 0.8131/39,计算 EUR/AUD。

(4) 假设有三家银行的英镑对美元的价格如下：

甲银行 1.8107/13

乙银行 1.8109/17

丙银行 1.8105/10

如果客户想买入美元,那么应该选择哪一家银行的报价更加优惠？

如果客户想买入英镑,又该选择哪一家银行更加优惠？

3. 简答题

(1) 外汇交易行情预测过程中,必须遵循哪几条个原则。

(2) 简述外汇交易技术分析的理论基础。

(3) 简述外汇交易技术分析的要素。

(4) 简述即期外汇交易交割时间的确定原则。

C
HAPTER SIX

第六章

远期外汇交易

学 习 目 标

通过本章学习,了解远期外汇交易的概念,理解远期外汇交易的目的和远期汇率的确定,掌握远期汇率和远期交叉汇率的计算方法。

重 难 点 提 示

- 汇率升贴水
- 远期汇率计算方法
- 远期交叉汇率的计算

第一节　远期外汇交易概述

一、远期外汇交易的概念

远期外汇交易(forward exchange transaction),是指外汇买卖双方达成协议后并不马上办理交割,而是根据合同规定,在未来约定的时间按照约定的汇率办理交割。与上一章的即期外汇交易的区别在于,即期外汇交易的交割期限一般在两个营业日之内,而远期外汇交易则约定在未来某个时点(超过两个营业日)进行外汇交割。通常远期外汇交易的期限有1个月、2个月、3个月、6个月或者更长时间。

远期外汇交易的交割日(或者有效起息)通常满足以下条件:

第一,远期外汇交易交割日不在营业日,则顺延至下一个营业日。如果顺延之后,恰好是下一个月,那么远期外汇交割日需要提前至当月的最后一个营业日。

第二,远期外汇交易的交割日遵循"双底"的惯例。当即期外汇交易的交割日是某个月的最后一个营业日,则所有的远期外汇交易的交割日也是相应的每月最后一个营业日。

二、远期外汇交易的分类

按照交割期限可以将远期外汇交易分为:固定交割日远期外汇交易,选择交割日远期外汇交易,以及即期、远期结合型远期外汇交易。

(一)固定交割日远期外汇交易

固定交割日远期外汇交易是指只在远期外汇市场进行交易,而不在其他外汇市场进行交易的行为。例如,某投资者买入或者卖出未来某一特定时间的远期外汇。远期外汇汇率与即期汇率不一定相等,远期外汇汇率可能高于即期外汇汇率,也可能低于即期外汇汇率。两者之间的差额取决于该时间段两种货币利率的相对水平等多种因素。

(二)选择交割日远期外汇交易

选择交割日远期外汇交易往往不能提前确定交易外汇的确定时间。该类型远期外汇交易允许投资者选择远期外汇交易时间,因此,该投资者具有选择执行外汇合约交易时间的权利。但是,随着外汇期权交易的发展,该类型交易在现实交易中渐渐淡去。

(三)即期、远期结合型远期外汇交易(掉期型)

外汇市场的掉期业务是即期外汇交易与固定交割日的远期外汇交易的综合。在即期、远期结合型远期外汇交易中,当日的即期外汇交易和未来特定时间交割的远期外汇交易进行互换。通常,进行掉期交易的两部分是和同一个对手进行交易,但也并不全是这样。而掉期交易的价格是由交易双方进行谈判达成一致形成的。商业银行常利用该业务进行货币风险管理和流动性管理。

三、远期外汇交易的目的

（一）规避风险

在国际商品交易中，由于清算债权债务需要支付或者收入一定数量的外汇，那么在这段时间中，汇率价格变动必然将会给商品交易一方带来损失。因此为了规避汇率波动带来的风险，商品进出口商可以通过远期外汇交易来规避。

如果商品进口商在预期未来本币相对外币贬值，那么在未来支付外国货币时，由于本币对外币相对贬值，在购买同样数量的外汇时需要支付更多的本币。因此，商品进口商可以通过提前进行远期外汇交易来对此风险进行规避。例如，美国进口商从中国商人手中进口一批丝绸，价值 2 亿人民币（USD 1＝CNY 6.2020），这批货物的交货期为 3 个月后，并以人民币进行支付。如果美国商人预期未来人民币将升值，这意味着 3 个月后将要支付更多的美元。此时，美国商人可以通过购买 3 个月的远期外汇，以此来锁定进口成本。

同样，对于未来收到外币的出口商来说，如果预期未来外币相对本币贬值，在收到外币后需要将外币兑换成本币，将会给出口商带来经济损失。因此，预期外币贬值本币升值时，出口商同样可以通过卖出远期外汇交易来规避该风险。

对于跨国公司而言，由于其营业范围遍布多个国家，母公司及其子公司的资产负债表往往是以不同的货币计价。如果子公司所在国与母公司所在国的汇率波动，母公司的总资产价值将会因为子公司的总资产价值的变化而发生变化。跨国公司为了规避这种因汇率变化而带来的总资产价值发生贬值，一般会采取远期外汇交易来规避风险。具体操作是：第一，针对有升值趋势的货币，增加该国子公司资产的比例而减少其负债的比例；第二，对有贬值趋势的货币，增加子公司负债的比例，同时减少资产的比例。

（二）投机套利

外汇的远期交易同样可以作为投机套利的工具。在外汇市场上，投机者可以根据搜集的信息和专业的知识来预测汇率未来的走势，根据汇率的变化趋势来进行外汇的买卖，从而获得套利。如果投机者预期未来某种货币的汇率将要上浮，那么该投机者可以买进该种货币（做多），待未来货币升值以后，再卖出该种货币，从而获得这种差价带来的利润。反之，如果投机者预期未来某种货币的汇率会下跌，那么该投机者可以卖出该种货币（做空），待货币贬值后，再买入这种货币，同样获得利润。

虽然两种目的的远期外汇从交易上类似，但是同样存在很多区别：第一，风险规避的远期外汇交易者往往是因为其他实际的业务会由于外汇变化而带来经济损失，但是投机套利者通常没有实际的业务，仅仅是为了通过买卖外汇来套利；第二，投机交易在买进卖出时，通常并不发生实际资金的流转。

例 6-1　有一德国外汇投机商预期英镑有可能贬值。当时,英镑 3 个月期汇汇率为 GBP 1＝DEM 3.3448,他就在法兰克福外汇市场上卖出 10 万英镑的 3 个月期汇,即在交割日他应交付 10 万英镑现汇,收入 33.448 万德国马克。若 3 个月后,法兰克福外汇市场的英镑现汇价格果然像预期这样下跌,跌至 GBP 1＝DEM 3.2408,这时他就以原先约定汇率所得的 33.448 万德国马克中的 32.408 万德国马克在市场上买进 10 万英镑现汇,来履行期汇合同。这样,该投机商通过卖空就赚取了 1.04 万(33.448 万－32.408 万)马克的差价利润。当然,如果汇率变动与投机者预期正好相反,则该投机商就可能遭受损失。

例 6-2　有一美国外汇投机商预期德国马克可能会大幅度上升。若当时马克 3 个月期汇汇率为 USD 1＝DEM 1.90,投机商就在纽约外汇市场上买入 19 万马克 3 个月期汇,即到交割日他须付出 10 万美元,收入 19 万德国马克。若 3 个月后,纽约外汇市场的马克汇率果然升至 USD 1＝DEM 1.80,投机商就把按原先约定的汇率所得到的 19 万德国马克,拿出 18 万到纽约外汇市场上去卖,换回 10 万美元的现汇去履行期约合约。可见,投机商通过这种买空,赚取了 1 万马克,合 5 556 美元。

(三)调整外汇银行外汇持有额和资金结构

例 6-3　香港某外汇银行发生超卖现象,表现为美元期汇头寸“缺”10 万美元,为此银行就设法补进。假定即期汇率为 USD 1＝HKD 7.70,3 个月远期汇率为 USD 1＝HKD 7.88,即美元 3 个月期汇汇率升水港币 0.18 元。3 个月后,该外汇银行要付给客户 10 万美元,收入港币 78.8 万元。该银行为了平衡这笔超卖的美元期汇,它必须到外汇市场上立即补进同期限(3 个月)、相等金额(10 万)的美元期汇。如果该外汇银行没有马上补进,而是延至当日收盘时才成交,就可能因汇率已发生变化而造成损失。假定当日收市时美元即期汇率已升至 USD 1＝HKD 7.90,美元 3 个月期汇仍为升水港币 0.18 元,这样,该外汇银行补进的美元期汇就按 USD 1＝HKD 8.08(即 7.90＋0.18)的汇率成交。10 万美元合 80.8 万港元,结果银行因补进时间不及时而损失 2 万港元(80.8 万－78.8 万)。

所以,银行在发现超卖情况时,就应立即买入同额的某种即期外汇。如本例,即期汇率为 USD 1＝HKD 7.70,10 万美元合 77 万港币。若这一天收盘时外汇银行就已补进了 3 个月期的美元外汇,这样,即期美元外汇已为多余,因此,又可把这笔即期美元外汇按 USD 1＝HKD 7.90 汇率卖出,因此可收入 79 万港元,该外汇银行可获利 2 万港元(79 万－77 万)。

由此可见:首先,在出现期汇头寸不平衡时,外汇银行应先买入或卖出同类同额现汇,再抛补这笔期汇。也就是说用买卖同类同额的现汇来掩护这笔期汇头寸平衡前的外汇风险。其次,银行在平衡期汇头寸时,还必须着眼于即期汇率的变动和即期汇率与远期汇率差额的大小。

第二节　远期汇率的确定与交易

一、远期汇率确定

利率平价理论(The Theory of Interest Parity)是指远期汇率的大小取决于两种货币的利率差,利率高的货币远期汇率将贴水,而利率低的货币远期汇率将升水,利率差和汇率差保持平衡。利率平价理论认为,不同货币的远期汇率与即期汇率之间的差额等于这两种货币所在金融市场上的利率差。

那么,为什么利率高的货币在远期汇率市场上将会出现贴水,而利率低的货币的远期汇率将出现升水? 同即期外汇市场类似,远期外汇市场也是利用一种货币去购买另一种货币。假设外汇市场上存在大量的投机者。如果存在一种货币 A 的利率高于另一种货币 B 的利率,那么投机者将会利用货币 B 在即期外汇市场上购买货币 A,从而获得货币 A 所在金融市场较高的利息收益。如果即期利用利率高的货币 A 去购买利率较低的货币 B 将会在利息收入上出现亏损。购买者为了补偿利息收入上的损失,就要求利率较低的货币的远期价格(远期汇率)上浮,即升水。反之,如果即期以较低利率的货币 B 去购买货币 A,购买者会得到额外的收益,这就客观要求购买者所购入的高利率货币 A 的远期价格下跌,即远期外汇汇率贴水。

在利率平价理论框架下,远期外汇汇率可以通过如下方式来确定:

远期汇水＝即期汇率×(报价币利率－被报价币利率)×天数/360　　　　(6.1)

远期汇率＝即期汇率＋即期汇率×(报价币利率－被报价币利率)×天数/360　　(6.2)

从上述公式可以看出,如果报价币利率大于被报价币利率,那么远期汇水将大于零,此时称为升水;当报价币利率小于被报价币利率,那么远期汇水将小于零,此时称为贴水。当然,如果远期汇率与即期汇率相同,则称为平价。

在远期汇率升水和贴水中,常用"点"来表示。"1 点"等于 0.01%。例如,30 天远期美元对人民币价格为 6.30,即期美元对人民币价格为 6.13,则远期汇率升水 17 点。那么在知道点数的情形下,可以通过即期外汇汇率计算远期汇率,也可以通过远期汇率计算即期汇率。在直接标价法下,当远期外汇升水,就以即期外汇汇率加上点数就可以得到远期外汇汇率;反之,当远期外汇汇率贴水时,将即期外汇汇率减去点数就可以得到远期外汇汇率。

二、远期汇率升水贴水

升水(贴水)年率的计算公式:

$$\Delta = \frac{F-S}{S} \times \frac{12}{n} \times 100\%$$　　　　(6.3)

其中,F 表示远期汇率,S 表示即期汇率,n 表示远期月数。

注意:利用上述公式进行计算时应注意区分"目标货币"和"参照货币"。目标货币是指要计算升水或贴水程度的那种货币,而参照货币是指用于表达目标货币价值的货币。计算时,要把所有的汇率报价按每单位目标货币相当于多少单位参照货币的形式表示出来。

远期汇率的报价方式包括直接报价和点报价。

(1) 直接报价(outright quotation)。例如,某银行 2014 年 7 月 22 日报出以下汇率:

- 即期汇率 USD 1=DEM 1.2605/1.2615
- 1 个月远期汇率   1.2543/1.2558
- 3 个月远期汇率   1.2406/1.2423
- 6 个月远期汇率   1.2140/1.2160

(2) 点报价(point quotation),报出远期汇率比即期汇率高出或低出的若干点。例如,某银行 2014 年 7 月 22 日报出以下汇率:

- 即期汇率 USD 1=DEM 1.2605/15
- 1 个月远期汇率 62/57
- 3 个月远期汇率 199/192
- 6 个月远期汇率 465/455

无论是直接标价法还是间接标价法,都存在"点报价"转换成"直接报价"的规则:如果左边小于右边,则加;如果左边大于右边,则减。

银行一般都直接报出即期汇率,但对于远期汇率则有两报价方法。一种方法叫完整汇率(outright rate)报价方法,又称直接报价方法,是直接将各种不同交割期限的远期买入价、卖出价完整地表示出来,此种报价方法与即期汇率报价方法相同。

例如,2014 年 7 月 22 日伦敦外汇市场英镑兑美元的汇率为:

即期汇率双向报价	1 个月远期汇率直接报价	3 个月远期汇率	6 个月远期汇率
1.6205/15	1.6235/50	1.6265/95	1.6345/90

这种方法通常用于银行对客户的报价上。在银行同业交易中,瑞士、日本等也采用过这种方法。该种方法一目了然,但也有其缺陷,如改动比较费事。因此在银行同业间往往采用另一种方法,即远期差价报价方法。

远期差价报价方法,又称掉期率(swap rate)或点数汇率(points rate)报价方法,是指不直接公布远期汇率,而只报出即期汇率和各期的远期差价,然后再根据即期汇率和远期差价来计算远期汇率。某一时点上远期汇率与即期汇率的汇率差称为掉期率或远期价差,这种远期价差又可分为升水和贴水两种。升水表示远期汇率比即期汇率高,或期汇比现汇贵;贴水表示远期汇率比即期汇率低,或期汇比现汇贱。还有一种情况叫平价(at par),表示远期汇率与即期汇率相同。升贴水的幅度一般用点数来表示。

如 2014 年 7 月 22 日伦敦外汇市场英镑兑美元的远期汇率为:

即期汇率 1.6205/15

1 个月掉期率 20/35(只报出了差价)

3 个月掉期率 60/80

6 个月掉期率 140/175

用远期差价或掉期率来表示远期汇率的方法简明扼要。因为虽然在即期汇率变动的同时,远期汇率也相应变动,但通常远期差价比较稳定,用远期差价或掉期率报价比直接报价方法要省事。

由于直接标价法和间接标价法的不同,升水和贴水的表示方法也就不一样。现举例说明如下。

第一,直接标价法(报前者)下。

① 升水举例:巴黎市场上即期汇率为 USD 1＝FRF 6.4520/40,1 个月远期汇率为 USD 1＝FRF 6.4560/90,说明美元的远期汇率高于即期汇率,美元升水,升水点数为 40/50。

② 贴水举例:法兰克福市场上即期汇率为 USD 1＝DEM 1.8410/20,3 个月远期汇率为 USD 1＝DEM 1.8350/70,说明美元的远期汇率低于即期汇率,美元贴水,贴水点数为 60/50。

第二,间接标价法(报后者)下。

① 升水举例:纽约市场上即期汇率为 USD 1＝CHF 2.1170/80,1 个月远期汇率为 USD 1＝CHF 2.1110/30,说明瑞士法郎的远期汇率高于即期汇率,瑞士法郎升水,升水点数为 60/50。

② 贴水举例:伦敦市场上即期汇率为 GBP 1＝USD 1.5305/15,1 个月远期汇率为 GBP 1＝USD 1.5325/50,说明美元的远期汇率低于即期汇率,美元贴水,贴水点数为 20/35。

通过以上举例可以看出,在不同的标价法下,根据即期汇率和远期差价计算远期汇率的方法不一样,可归纳为:

直接标价法下:远期汇率＝即期汇率＋升水点数

远期汇率＝即期汇率－贴水点数

间接标价法下:远期汇率＝即期汇率－升水点数

远期汇率＝即期汇率＋贴水点数

银行公布升贴水点数时,不必直接说明这是升水还是贴水。根据风险与收益的关系,外汇买卖成交后交割的期限越远风险越大,银行的兑换收益也就要求越高。因此,远期外汇的买卖差价总是大于即期外汇的买卖差价。根据这一原则,按照远期点数的排列关系,即可判断出这是升水还是贴水。直接标价法下,远期点数按"小/大"排列则为升水,按"大/小"排列则为贴水;间接标价法下刚好相反,按"小/大"排列为贴水,按"大／小"排列则为升水(理论逻辑上)。

如伦敦外汇市场,英镑对美元的汇率则可公布为:

即期汇率	1个月远期差价	2个月远期差价	6个月远期差价
1.6205/15	20/35	60/80	140/175

由于伦敦市场采用的是间接标价法,且英镑对美元1个月的远期差价为20/35,则表示1个月远期美元贴水,于是伦敦外汇市场英镑对美元1个月的远期汇率为

$$1.6205+0.0020=1.6225 \qquad 1.6215+0.0035=1.6250$$

即 GBP 1=USD 1.6225/50。计算后我们可以发现,英镑对美元即期的买卖差价为10点,而1个月远期的买卖差价则扩大为15点。

如果我们将上例中的伦敦外汇市场改为纽约外汇市场,其他条件均不变,这样,1个月的远期差价20/35则表示1个月远期英镑升水,于是纽约外汇市场英镑对美元1个月的远期汇率为

$$1.6205+0.0020=1.6225 \qquad 1.6215+0.0035=1.6250$$

即 GBP 1=USD 1.6225/50。虽然伦敦和纽约两个外汇市场英镑对美元汇率的标价方法不一样,但计算结果完全一致。于是,在根据即期汇率和远期差价计算远期汇率时,不论何种标价法,我们都可以归纳为:

当远期点数按"小/大"排列时,远期汇率=即期汇率+远期汇率;当远期点数按"大/小"排列时,远期汇率=即期汇率-远期汇率(计算上)

在对远期汇率进行分析时,还经常使用升(贴)水年率这一概念,即把远期差价换成年率来表示,计算时一般使用中间汇率,公式为

基准货币的升(贴)水年率 = [(远期汇率-即期汇率) ÷ 即期汇率] × (12 ÷ 远期月数) ×100%

如即期汇率为 GBP 1=USD 1.6210,1个月的远期汇率为 GBP 1=UBD 1.6240,则英镑的升水年率为

$$[(1.6240-1.6210)÷1.6210]×(12÷1)×100\%=2.2212\%$$

该计算结果表明,如果英镑按照1个月升水30点的速度发展下去,那么英镑1年将会升水2.2212%。

本例中如果要计算美元的贴水年率,先应将汇率变形,即期汇率为 USD 1=GBP 0.616903,1个月的远期汇率为 USD 1=GBP 0.615764。再按上述公式计算,即美元的贴水年率为

$$[(0.615764-0.616903)÷0.616903]×(12÷1)×100\%=-2.2152\%$$

在计算报价货币的升(贴)水年率时,如果事先不将汇率变形,实际上可按如下公式计算:

报价货币的升(贴)水年率=[(即期汇率-远期汇率) ÷ 远期汇率]×(12÷远期月

数）×100％

故本例中美元的贴水年率也可计算为

$$[(1.6210-1.6240)÷1.6240]×(12÷1)×100\%=-2.2164\%$$

三、远期汇率计算

（一）合约期在 1 年期以内的远期外汇汇率的计算

假设远期外汇交易的合约期为 t 天（月份需要转化为天数），根据利率平价条件可以得到

$$1+i = \frac{e_f}{e_s}(1+i^*) \tag{6.4}$$

那么，进一步可以推导出远期外汇的计算公式如下：

$$e_f = e_s × \frac{1+i×t/360}{1+i^*×t/360} \tag{6.5}$$

其中，i 和 i^* 分别为报价货币和基准货币的利率，e_f 为远期汇率，e_s 为即期汇率。进一步整理可以得到

$$e_f = e_s × \left[1 + \frac{(i-i^*)×\frac{t}{360}}{1+i^*×\frac{t}{360}} \right] \tag{6.6}$$

由于 $1+i^*×\frac{t}{360}$ 趋于 1，所以上式可以简化为

$$e_f = e_s \left[1+(i-i^*)×\frac{t}{360} \right] \tag{6.7}$$

因此可以利用上式作为远期汇率的近似计算公式。

（二）合约期在 1 年以上的远期汇率计算

1 年以上合约期的远期外汇交易合约需要将货币的复利计算纳入计算范畴，其计算公式如下：

$$e_f = e_s × \frac{(1+i)^n}{(1+i^*)^n} \tag{6.8}$$

其中，n 为合约期（这里以年来表示）。

（三）非标准日期远期汇率的计算

非标准日期远期汇率的定价有两种方法。第一种是直接采用相关期间的利率，并根据公式计算：

$$升（贴）水=即期汇率×两国利差×天数/360 \tag{6.9}$$

第二种是根据标准日期的远期汇率，进行向内插补计算。

银行采用的方法主要有：

第一，求出不标准交割日的前后两个最接近该日的标准日期的远期升贴水点数的差额；

第二，用求出的点数差额除以这两个标准日期之间的天数，求出每一天的点数；

第三，用求出的每日点数乘以前面一个标准日期和不标准交割日之间的天数；

第四，得出的结果与前一个标准日期的远期点数相加。

例 6-4 某银行一客户打算卖出远期英镑，买入远期美元，成交日为 4 月 3 日，交割日为 6 月 15 日，伦敦外汇市场有关汇率报价如下：4 月 3 日的即期汇率 GBP 1＝USD 1.7694，2 个月期 USD 升水 300，3 个月期 USD 升水 450。求远期汇率。

计算 2 个月期与 3 个月期远期升贴水点数差额：

$$450－300＝150$$

计算每天的点数，4 月 3 日成交的 2 个月期远期交割日为 6 月 5 日，3 个月期的交割日为 7 月 5 日，它们之间共 30 天，求出每天的点数：

$$150÷30＝5$$

6 月 15 日交割的远期交易比 2 个月期的多了 10 天：

$$5×10＝50$$

与前一个标准日期的远期点数相加，求出 6 月 15 日的点数：

$$300＋50＝350$$

非标准的远期汇率为 GBP 1＝USD(1.7694－0.0350)＝USD 1.7344

例 6-5 某银行一客户需要卖出远期新加坡元 1 000 万，成交日为 3 月 1 日，即期交割日为 3 月 4 日，远期交割日为 7 月 15 日。市场信息如下：

即期汇率：USD/SGD   1.6446/56

      3 个月点数   90/85

      6 个月点数   178/170

首先，选定正确的即期汇率：1.6456。

计算 3～6 个月远期之间的点数，然后再计算每一天的点数。

3 个月远期交割日为 6 月 4 日，6 个月远期交割日为 9 月 4 日，因此 6 月 4 日—9 月 4 日为 92 天：

$$(170－85)/92＝0.92$$

计算出 3 个月远期标准交割日至 7 月 15 日之间的点数。

不标准天数为 41 天(6 月 4 日—7 月 15 日)：0.92×41＝38。

求出远期汇率：1.6456－(0.0085＋0.0038)＝1.6333。

客户出售 1 000 万新元可得 1 000 万/1.6333＝612.2574 万美元。

（四）实例分析

例 6-6 假设 6 个月 USD 的利率为 3.5％，6 个月的 CNY 的利率为 3.2％，即期汇率

(e_s) 为 USD/CNY = 6.2020，计算合约期为 6 个月的美元对人民币远期汇率 e_f（USD/CNY）。

根据前文所述的合约期在 1 年以内的远期汇率计算公式可以得

$$e_f = 6.2020 \times \frac{1 + 3.2\% \times 180/360}{1 + 3.5\% \times 180/360} = 6.1929$$

例 6-7 假设 3 年期 CNY 的年利率为 5%，3 年期 USD 的年利率为 6%，即期汇率 e_s（USD/CNY）为 6.2020，计算 3 年期 USD/CNY 的远期汇率 e_f。

$$e_f = 6.2020 \times \frac{(1 + 5\%)^3}{(1 + 6\%)^3} = 6.0281$$

从这两个例题可以看出，在已知远期汇率的情况下，可以计算出即期汇率值。

四、远期掉期率的计算

远期掉期率为远期汇率与即期汇率之间的差额，因此对于合约期在 1 年以内的远期掉期率计算公式为

$$q = e_f - e_s = e_s \times \frac{(i - i^*) \times \dfrac{t}{360}}{1 + i^* \times \dfrac{t}{360}} \tag{6.10}$$

其中，q 为远期掉期率。由于 $1 + i^* \times \dfrac{t}{360}$ 趋于 1，所以上式可以简化为

$$q = e_f - e_s \approx e_s \times (i - i^*) \times \frac{t}{360} \tag{6.11}$$

根据上述计算思路同样可以计算出合约期超过 1 年的远期掉期率，这里给予省略，读者可以自己证明。

例 6-8 假定即期汇率为 USD 1 = JPY 153.30/40，3 个月期远期掉期率为 42/39。3 个月期美元同业折息率为 5%，3 个月期日元同业折息率为 4%，为了简化计算，这里不考虑拆入价与拆出价的差异。计算：

(1) 如果购买 3 个月期日元，汇率应该为多少？

(2) 利用利息差原理计算以美元购买 3 个月期限的日元的汇率。

解：(1) 3 个月日元的汇率：

$$153.30 - 42 = 152.88$$

所以，如果购入 3 个月期日元，汇率应该为 152.88。

(2) 根据远期汇率计算公式，我们可以得到：

$$153.30 \times \left(\frac{1 + 4\% \times 3 \div 12}{1 + 5\% \times 3 \div 12}\right) = 152.92$$

$$153.40 \times \left(\frac{1 + 4\% \times 3 \div 12}{1 + 5\% \times 3 \div 12}\right) = 153.02$$

所以,以美元购买 3 个月期限日元的汇率为 152.92/153.02。

五、远期交叉汇率计算

在国际外汇市场上,大多数货币均可以与美元直接兑换,而其他货币之间往往没有明确地标明汇率。这种情形下,如果需要确定没有直接标明汇率的两种货币之间的汇率,就需要利用交叉汇率来计算。远期交叉汇率与即期汇率的套汇计算类似,均是在已知两种货币与第三种货币汇率的条件下,确定该两种货币之间的汇率。

与即期套汇计算类似,远期交叉汇率计算方法是:

第一,在两种汇率采用相同的标价法时,直接将远期汇率交叉相除即可得到;

第二,在两种汇率采用不同的标价法时,直接将远期汇率同边相乘即可。

接下来,将通过两个例子来加深我们对该计算规则的理解:

例 6-9　外汇市场报价信息如下:

即期汇率为:USD 1＝CNY 6.2020/30;

USD 1＝JPY 120.12/23

远期差价为:对 CNY 的 3 个月点数为 151/157;

对 JPY 的 3 个月点数为 16/19。

计算 CNY/JPY 3 个月期交叉汇率。

首先计算 3 个月远期汇率:

USD/CNY＝(6.2020＋0.0151)/(6.2030＋0.0157)＝6.2171/87;

USD/JPY＝(120.12＋0.16)/(120.23＋0.19)＝120.28/42

因为两种汇率的标价方式相同,所以应该交叉相除,我们得到:

卖出汇率:120.42÷6.2171＝19.3692;

买入汇率:120.28÷6.2187＝19.3417

所以 CNY/JPY 3 个月远期汇率为 19.3417/19.3692。

例 6-10　如果外汇市场报价信息如下:

即期汇率为:USD 1＝CNY 6.2020/30;

GBP 1＝USD 1.2012/21

远期差价为:对 CNY 的 3 个月点数为 151/157;

对 USD 的 3 个月点数为 16/19。

计算 GBP/CNY 3 个月期交叉汇率。

首先计算 3 个月期远期汇率:

USD/CNY＝(6.2020＋0.0151)/(6.2030＋0.0157)＝6.2171/87;

GBP/USD＝(1.2012＋0.0016)/(1.2021＋0.0019)＝1.2028/40

由于两种标价方式不同,所以采用同边相乘来计算远期外汇:

$$GBP/CNY=(6.2171×1.2028)/(6.2187×1.2040)=7.4779/7.4873$$

六、远期外汇交易的操作

(一)进出口商和资金借贷者应用远期外汇交易

规避外汇风险汇率的变动是经常的,而在国际贸易中进出口商从签订贸易合同到执行合同、收付货款通常需要经过一段相当长的时间,在此期间进出口商可能因汇率的变动遭受损失。

资金借贷者持有净外汇债权或债务时,汇率的不利变动也会引起以本币计值的收入减少和成本增加。因此,进出口商和资金借贷者为避免汇率波动所带来的风险,就通过远期外汇交易在收取或支付款项时按成交时的汇率办理交割。

例 6-11 某年 10 月末外汇市场行情为:

即期汇率　　USD/DEM=1.6510/20

3 个月掉期率　　16/12

假定一美国进口商从德国进口价值 100 000 马克的机器设备,可在 3 个月后支付马克。若美国进口商预测 3 个月后 USD/DEM 将贬值(即马克兑美元升值)到 USD/DEM=1.6420/30。

问:(1)美国进口商若不采取保值措施,延后 3 个月支付马克比现在支付马克预计将多支付多少美元?

(2)美国进口商如何利用远期外汇市场进行保值?

(1)美国进口商若不采取保值措施,现在支付 100 000 马克需要 100 000/1.6510=60 569 美元。3 个月后所需美元数量为

$$100\ 000÷1.6420=60\ 901\ 美元$$

因此需多支付 60 901－60 569＝332 美元。

(2)利用远期外汇市场避险的具体操作是:

10 月末美国进口商在与德国出口商签订进货合同的同时,与银行签订远期交易合同,按外汇市场 USD/DEM3 个月远期汇率 1.6494(即 1.6510－0.0016)买入 100 000 马克。

这个合同保证美国进口商在 3 个月后只需 60 628 美元(100 000÷1.6494)就可满足需要,这实际上是将以美元计算的成本"锁定"。

(二)外汇银行为平衡其外汇头寸而进行远期外汇交易

进出口商进行远期外汇交易避免或转嫁风险的同时,就是银行承担风险的开始。外汇银行之所以有风险,是因为它在与客户进行交易后,会产生外汇"综合持有额"或 称总头寸,这期间难免会出现期汇和现汇的超买或超卖,因此,外汇银行就处于汇率变动的风险之中。为避免外汇风险,对不同期限、不同货币头寸的盈缺要进行抛补,以求外汇头寸平衡。

例 6-12 假设我国某外汇指定银行于某年 10 月 30 日开盘时卖给某企业 100 万美元的

远期外汇,买进相应的德国马克。

即期汇率　　　　　　　USD/DEM＝1.6310

　3个月远期汇率为　　　USD/DEM＝1.6710

如果这家银行的美元头寸不足,那么在卖出3个月远期的100万美元后,应该补回100万美元的远期外汇,以平衡美元的头寸。

否则,如果该银行没有立即补回,而是延至当日收盘时才成交,若此时美元兑马克的即期汇率变为USD/DEM＝1.6510,3个月远期汇率为USD/DEM＝1.6910,这样该银行就要损失(1.6910－1.6710)×100万＝20万德国马克。

在实际业务处理过程中,银行在卖出远期外汇的同时,往往要买进相同数额、相同币种的即期外汇。即在出现期汇头寸不平衡时,应该先买入或卖出相同数额、相同币种的现汇来防护期汇头寸平衡前的外汇风险,然后再抛补这笔期汇。如上例中银行先以USD/DEM＝1.6310的即期汇率买进1 000 000的即期美元,到收市时可按USD/DEM＝1.6510的即期汇率卖出1 000 000的即期美元。所以,尽管补进卖出的3个月远期美元要损失20 000德国马克,但即期交易中获得的20 000德国马克的利润却可以抵消远期外汇交易上的损失。

(三) 投机者利用远期外汇市场进行外汇投机

外汇投机既可以在现汇市场上进行,也可以在期汇市场上进行。二者的区别在于:在现汇市场上进行投机时,由于现汇交易要求立即进行交割,投机者手中必须持有足额的现金或现汇。

一美国投机商预期英镑有可能大幅度下跌。假定当时英镑3个月远期汇率为GBP/USD＝1.6780,该投机商卖出1 000 000远期英镑,成交时他只需付少量保证金,无须实际支付英镑。如果在交割日之前英镑果然贬值,设远期英镑汇率跌为GBP/USD＝1.4780,则该投机商再次进入远期市场。

买1 000 000远期英镑,交割日和卖出远期英镑的交割日相同。这一买一卖使他获得200 000美元(1.6780×1 000 000—1.4780×1 000 000)的投机利润。

在上面例子中,投机者先卖后买,并且在他抛售外汇时,实际上手中并无外汇,所以这种投机活动被称为"卖空";若该投机者预期英镑将升值,他可以采取先买后卖的手法以期获利,这叫作"买空"。

同步测练

1. 名词解释

远期外汇交易　远期外汇汇率　升水　贴水　掉期率　利率套汇　择期交易

2. 计算题

(1) 假定即期汇率 USD 1＝GBP 1.8012/23，1 个月掉期率为 20/30，即期汇率 USD 1＝JPY 120.14/25，一个月掉期率为 34/44，计算 GBP/JPY 1 个月期远期汇率和远期汇水。

(2) 计算下列各货币的远期交叉汇率：即期汇率 USD 1＝CHF 1.6212/23，3 个月掉期率 164/171；即期汇率 USD 1＝JPY 120.14/25，3 个月掉期率为 13/19。

计算 CHF/JPY 3 个月双向汇率。

(3) 某日，中国 6 个月存款利率为 4％，美元 6 个月存款利率为 5％，当日即期汇率为 USD 1＝CNY 6.2020/34，6 个月汇水为 66/76，中国投资者拥有 10 亿元人民币，该如何投资，收益是多少？

3. 简答题

(1) 简述远期外汇市场的主要功能。

(2) 简述远期外汇汇率的计算方法。

(3) 简述远期外汇交易交割时间确定的原则。

(4) 简述择期外汇交易的特点。

4. 论述题

(1) 进出口商如何利用远期外汇业务避免外汇风险？

(2) 投机者如何利用远期外汇交易进行投机？

C 第七章

远期利率协议交易和掉期交易

学 习 目 标

通过本章的学习,了解远期利率协议的概念和掉期交易的概念,了解掉期交易的功能,掌握远期利率协议结算金额和掉期汇率的计算。

重 难 点 提 示

- 掉期交易的功能
- 远期利率协议结算金额和掉期汇率的计算

第一节　远期利率协议交易

一、远期利率协议概念

远期利率协议(forward rate agreement,FRA)是 20 世纪 80 年代初出现的一种利用合约方式防范利率风险的金融创新工具。远期利率协议的交易最初出现在 1983 年的瑞士金融市场,1984 年年底伦敦金融中心已经形成了远期利率协议的银行间交易市场。目前,已形成了以伦敦为主要中心的国际远期利率协议中心。

远期利率协议是协议双方约定在名义本金的基础上进行协议利率与参照利率差额支付的远期合约。协议利率为双方在合同中约定的固定利率,是对名义本金额的计息基础。签订该协议的双方同意,交易将来某个预先确定时间的短期利息支付。其中,远期利率协议的买方支付以合同利率计算的利息,卖方支付以参考利率计算的利息。金融机构使用远期利率协议(FRA)可以对未来期限的利率进行锁定,即对参考利率未来变动进行保值。

远期利率协议交易具有以下几个特点:一是具有极大的灵活性,作为一种场外交易工具,远期利率协议的合同条款可以根据客户的要求"量身定制",以满足个性化需求;二是并不进行资金的实际借贷,尽管名义本金额可能很大,但由于只是对以名义本金计算的利息的差额进行支付,因此实际结算量可能很小;三是在结算日前不必事先支付任何费用,只在结算日发生一次利息差额的支付。

二、远期利率协议结算金额的计算

远期利率结算金额的计算公式如下。

买进协议时的结算金额:

$$结算金额 = \frac{本金 \times (参照利率 - 协议利率) \times 实际计息天数/360}{1 + 参照利率 \times 实际计息天数/360} \tag{7.1}$$

卖出协议时的结算金额:

$$结算金额 = \frac{本金 \times (协议利率 - 参照利率) \times 实际计息天数/360}{1 + 参照利率 \times 实际计息天数/360} \tag{7.2}$$

例 7-1　某一家银行某日欧洲美元的远期利率协议报价为 3×6(表示从签约日起 3 个月为起息日,6 个月为到期日,实际计息为 3 个月),5.00~5.125(表示协定利率)。假定报价银行在 7 月 1 日按照该合约买入 1 000 万美元存款,实际计息天数为 92 天(10 月 1 日到 12 月 31 日),起息日前两个营业日的 LIBOR 为 5.5%,则结算金额为

$$结算金额 = \frac{10\ 000\ 000 \times (5.5\% - 5\%) \times 92/360}{1 + 5.5\% \times 92/360} = 12\ 819.25(美元)$$

即报价银行在结算日可以从协议的另一方收取 12 819.25 美元的利差。

如果 LIBOR 为 4.5%，那么代入公式计算可得

$$结算金额 = \frac{10\,000\,000 \times (4.5\% - 5\%) \times 92/360}{1 + 4.5\% \times 92/360} = -12\,852.20（美元）$$

即报价行在结算日需要向协议的另一方支付 12 852.20 美元。

这里我们对远期利率协议进行总结。如果结算时参照利率高于协议利率，那么远期利率协议的买方可以获利，而卖方就会亏损。而结算时参照利率低于协议利率，那么远期利率协议的买方就会亏损，而卖方就会获利。

表 7-1　利率变化对远期利率协议当事人的影响

	参照利率高于协议利率	参照利率低于协议利率
协议购买方	收取结算金额	支付结算金额
协议卖出方	支付结算金额	收取结算金额

三、内含远期利率

远期利率协议对投资来说实际上可以用来锁定未来利率。对于未来不同的期限结构的债权债务，它不仅提供一个保值路径，而且可以预知未来的收益。因为远期利率协议交易当事人在签约之前，需要确定其收支相抵的内含远期利率（implied forward rate）。

商业银行在拆放款业务中常会遇到拆进和贷出的期限和利率各不相同。期限上常存在两种情况：第一是借入较短期限的资金而贷出较长期限的资金，第二种是借入较长期限的资金而贷出较短期限的资金。同样在利率上也存在两种可能性，借入较长期限的利率低于短期贷出利率或者借入较长期限的利率高于短期贷出利率。在这种情形下，商业银行需要对期限和利率进行匹配，以免发生损失。在借入和贷出资金的利率与期限不匹配的条件下，使得利率与期限相匹配，并使得银行盈亏平衡的远期利率称为内含远期利率。

假设本金为 P，较短期限的利率为 i_n，计息天数为 n，较远期限的利率为 i_N，计息天数为 N，内含远期利率为 i_{N-n}，根据复利原理可以得到

$$P\left[1 + i_N\left(\frac{N}{360}\right)\right] = P\left[1 + i_n\frac{n}{360}\right]\left[1 + i_{N-n}\frac{N-n}{360}\right] \tag{7.3}$$

因而可以得到内含远期利率的计算公式：

$$i_{N-n} = \left[\frac{1 + i_N\dfrac{N}{360}}{1 + i_n\dfrac{n}{360}} - 1\right] \times \frac{360}{N-n} \tag{7.4}$$

例 7-2　中国某家银行于 2014 年 3 月 1 日借入一笔两个月后起息，期限为 92 天的资金，利率为 9.5%。同时贷出一笔两个月以后起息，期限为 183 天的资金，利率为 11%。此时，这个商业银行希望可以锁定自己的损益，那么 91 天借款的借款利率应该为多少？

在该问题中，我们可以看出 $i_N = 11\%$，$i_n = 9.5\%$，$N = 183$，代入上述计算公式，可以

得到内含远期利率为

$$i_{N-n} = \left[\frac{1 + 11\% \times \frac{183}{360}}{1 + 9.5\% \times \frac{92}{360}} - 1 \right] \times \frac{360}{91} = 12.22\%$$

因此,这家商业银行在从 92 天到第 183 天再次贷出短期资金时,借款利率为 12.22%,则正好锁定收益和损失,既不会亏损也没有收益。如果预期借款利率低于 12.22% 时,则该银行会有利润产生。

实际上,银行在借短贷长时,可以利用内含远期利率来确保整个交易不发生亏损时所能接受的最高借款利率。同样,在借长贷短时,银行同样可以利用内含远期利率来保证整个交易不亏损的所能提供的最低贷款利率。尽管未来利率可能高于或者低于银行的预期利率,通过签订远期利率协议,预知交易的成本或者收益,从而可以适当防范未来利率变动带来的亏损。

四、远期利率协议保值

商业银行在运营资金借贷业务时,难免会遇到借短贷长或者借长贷短的不匹配。为了使借贷头寸的期限、利率和金额可以得到匹配,银行需要计划在未来拆进或者拆出资金。但是在利率频繁波动的情况下,未来资金的拆借往往暴露在较大的风险之下。于是,可以利用远期利率协议来对这部分未来的借贷资金头寸进行保值。这里分为远期借款利率保值和远期贷款利率保值两个部分来讨论。

（一）远期借款利率保值

例 7-3　A 银行有一笔期限为 9 个月的 100 万元贷款,贷款利率为 9.5%,计划 3 个月后因资金缺乏借入为期为 6 个月的 100 万元借款。该银行预计 3 个月后利率可能出现回升。为了避免利率上升增加借款成本的风险,于是与 B 银行签订了 3×9 的远期利率协议交易,A 银行向 B 银行买进一个 9% 的远期利率。根据该协议规定,签订 3 个月以后进入远期利率协议合同期,此时市场利率升至 10%,超出协议利率 1%。那么,A 银行在结算时可以从 B 银行获得多少补偿?

利用计算公式,可得结算金额为

$$\frac{1\,000\,000 \times 1\% \times \frac{183}{360}}{1 + 9\% \times \frac{183}{360}} = 4\,860.95（元）$$

因此,在结算时,A 银行可以从 B 银行得到 4 860.95 元的补偿。可以看出,通过远期利率协议,A 银行规避了部分因为利率上涨而带来的利息损失。

（二）远期贷款利率保值

例 7-4 假设甲银行两个月要收回一笔 1 000 万美元的短期贷款，计划将收回的贷款投向 3 个月欧洲美元的大额存单上。但是，该银行担心两个月以后欧洲美元短期利率会下降，因此通过出售一个 2×5，8.125％的远期利率协议。这样，无论两个月以后短期美元利率如何变动，甲银行均可以通过该远期贷款利率协议将短期投资利率锁定在8.125％的水平。

第二节 掉 期 交 易

一、掉期交易概述

国际互换交易主要是为了防范、规避汇率风险和利率风险，降低融资成本，提高资金的利用效率而进行筹资条件或者投资条件的交换。掉期交易（swap transaction），也称外汇掉期交易，是同时进行两笔或两笔以上货币相同、金额相同而方向相反、交割期限不同的外汇交易。也即，掉期交易双方约定以一种货币来交换一定数量另一种货币，同时以约定价格在未来特定的日期进行反向交易。例如，美元兑与人民币的即期汇率为 USD 1＝CNY 6.2020，掉期交易商卖出 1 亿美元买进 6.2020 亿人民币，同时在远期外汇市场上，3 个月期限的远期汇率为 USD 1＝CNY 6.0107，该交易商买进 3 个月的 1 亿美元。这一交易过程即为掉期交易。

可以看出，掉期交易并不改变交易者的外汇持有金额，但是由于买入和卖出的货币期限不同，因此掉期交易将导致交易者持有货币期限发生变化。掉期交易与外汇套期保值之间的差异在于：第一，掉期交易的目的是为了改变持有的外币期限，而套期保值的外汇交易通常是改变外汇的头寸；第二，掉期交易强调买入和卖出货币的同时性；第三，掉期交易通常是针对同一对手，而套期保值不是。

掉期交易的报价方法：若买进短期 A 货币并卖出远期 A 货币，简称买/卖 A 货币掉期，即B/S A 货币；若卖出短期 A·货币并买进远期 A 货币，简称卖/买 A 货币掉期，即 S/B A 货币。例如，掉期率 a/b，其中：a 表示报价者卖近期买远期基础货币的价格，即为 S/B 基础货币的换汇汇率（对询价者而言即为 B/S 基础货币的换汇汇率）；b 表示报价者买近期卖远期基础货币的价格，即为 B/S 基础货币的换汇汇率（对询价者而言即为 S/B 基础货币的换汇汇率）。

例 7-5 某银行报价为：即期汇率 EUR/USD＝1.4985/93；90 天掉期率 13/12。

问：客户做 B/S 90 天欧元掉期的即期、远期成交价分别为多少？

据推算该银行 90 天远期汇率双向报价为 1.4972/81，客户做 B/S 90 天欧元掉期，银行对应是 S/B 欧元掉期，这笔掉期交易中即期和远期成交价格是不是分别在 1.4993 与 1.4972水平成交呢？

解：客户做 B/S 90 天欧元掉期，银行对应是 S/B 欧元，故 90 天的掉期率为 13。

若即期成交价是 1.4993,则远期成交价是 1.4993－0.0013 ＝1.4980。

(若即期成交价确定为 1.4985,则远期成交价是 1.4985 －0.0013 ＝1.4972。)

二、掉期类型

(一) 根据交割日的差异来区分

1. 即期对远期掉期交易

即期对远期掉期交易是指买进(卖出)即期外汇的同时,卖出(买进)远期该货币。这种类型的掉期交易是外汇市场上最为常见的外汇交易,其他掉期交易多以此类型外汇交易为基础发展起来的。因此,即期对远期掉期交易的报价和计算方法具有一般性,是其他类型掉期交易价格的基础。常见的交割期限有 1 周、1 个月、2 个月、3 个月、6 个月等。

如某机构欧元现汇充足,3 个月欧元短缺,这样该机构就可以通过掉期交易来规避汇率波动。该机构可以卖出欧元现汇,同时买入 3 个月的欧元期汇。

2. 即期对即期掉期交易

即期对即期掉期交易是在买进(卖出)即期外汇的同时,卖出(买进)即期该货币。该类型掉期交易是由当天交割或者隔天交割和标准即期外汇交易组成。由于这种掉期交易交割期限很多,常被银行用来处理即期交割日之前的资金缺口以及短期头寸等。常见有隔夜交易(over night,O/N)和隔日交易(Tom-next,T/N)两种。

3. 远期对远期掉期交易

该类型远期掉期交易是在买进(卖出)远期外汇的同时,卖出(买进)远期该货币。一般来说,远期对远期掉期交易是在买入(卖出)某种较短期的远期外汇的同时,卖出(买入)较长期的远期外汇(金额相同、货币种类相同)。例如,某银行在 3 个月应支付 1 亿美元,同时将在一个月后收到一笔 1 亿美元,那么就可以采用该类型的掉期。但实际上,该类型的掉期交易在国际市场上较为少见。

一般在实际操作中,上述三种掉期交易并不局限于每次仅用一种类型,可以同时进行两种或者三种掉期交易。

(二) 按照换回对手来区分

1. 纯粹的汇率互换交易

纯粹的汇率互换交易是同时与同一对象买入和卖出不同期限的等额外汇的交易。主要特征在于该掉期交易发生在相同的两个交易对象之间。在纯粹的掉期交易中,互换交易的汇率均由交易双方协商确定并达成协议,按照协议汇率进行交割。

2. 操纵性汇率互换交易

操纵性汇率互换交易是与不同的对手买入和卖出不同期限的等额外汇的交易。即交易者在购买(卖出)远期外汇后,与其他的交易对手按照即期汇率或其他远期汇率卖出(买入)同一币种的等额即期外汇或远期外汇。

三、掉期交易的功能

由于掉期交易是运用不同的交割期限来进行的,可以避免因时间不一所造成的汇率变动的风险,对国际贸易与国际投资发挥了积极的作用。具体表现如下。

(一) 有利于进出口商进行套期保值

如英国出口商与美国进口商签订合同,规定 4 个月后以美元付款。它意味着英国出口商在 4 个月以后将收入一笔即期美元。在这期间,如果美元汇率下跌,该出口商要承担风险。为了使这笔货款保值,该出口商可以在成交后马上卖出等量的 4 个月远期美元,以保证 4 个月后该出口商用本币计值的出口收入不因汇率变动而遭受损失。除进出口商外,跨国公司也经常利用套期保值,使公司资产负债表上外币资产和负债的国内价值保持不变。

在实质上,套期保值与掉期交易并没有差异。因为在套期保值中,两笔交易的交割期限不同,而这正是掉期交易的确切含义所在。凡利用掉期交易同样可获得套期保值的利益。但在操作上,掉期交易与套期保值仍有所区别,即在套期保值中,两笔交易的时间和金额可以不同。

(二) 有利于证券投资者规避货币汇兑损失

掉期交易可以使投资者将闲置的货币转换为所需要的货币,并得以运用,从中获取利益。现实中,许多公司和银行及其他金融机构就利用这项新的投资工具,进行短期的对外投资。在进行这种短期对外投资时,它们必须将本币兑换为另一国的货币,然后调往投资国或地区,但在资金回收时,有可能发生外币汇率下跌使投资者蒙受损失的情况,为此,就得利用掉期交易避开这种风险。

(三) 有利于银行规避汇率风险

掉期交易可使银行消除与客户进行单独远期交易所承受的汇率风险,平衡即期交易与远期交易的交割日结构,使银行资产结构合理化。

如某银行在买进客户 6 个月期的 100 万远期美元后,为避免风险,轧平头寸,必须再卖出等量及交割日期相同的远期英镑。但在银行同业市场上,直接出售单独的远期外汇比较困难。因此,银行就采用这样一种做法:先在即期市场上出售 100 万即期美元,然后再做一笔相反的掉期买卖,即买进 100 万即期美元,并卖出 100 万远期美元,期限也为 6 个月。结果,即期美元一买一卖相互抵消,银行实际上只卖出了一笔 6 个月期的远期美元,轧平了与客户交易出现的美元超买。

四、掉期汇率确定

(一) 以利率差为基础的掉期汇率计算

掉期汇率是两种货币在特定时间内相互交换使用的成本。在不考虑外汇交易成本以及交易限制的情形下,两种货币交换使用的成本就是两种货币的利率差额。因此,掉期汇率可以利用两种货币的利率差来计算。

$$掉期汇率 = 即期汇率 \times (报价币利率 - 被报价币利率) \times 天数/360 \qquad (7.5)$$

从式(7.5)可以看出,当报价币利率大于被报价币利率,掉期汇率大于零,称为升水;当报价币利率小于被报价币利率,掉期汇率小于零,称为贴水。

例 7-6 即期汇率 USD/CNY = 6.2020,CNY DEPO MONTH:2.25/2.285% p.a.,USD DEPO MONTH:3.25/3.385% p.a.,计算 1 个月 USD/CNY 的掉期汇率。

B/S:即期汇率 × (报价币利率 - 被报价币利率) × 天数/360

$$= 1.9570 \times (2.25\% - 3.385\%) \times 30 \div 360 = -0.00185$$

S/B:即期汇率 × (报价币利率 - 被报价币利率) × 天数/360

$$= 1.9570 \times (2.285\% - 3.25\%) \times 30 \div 360 = -0.00157$$

(二) 以利率平价为基础的掉期汇率计算

利率平价理论是资金从利率较低的市场流向利率较高的市场以获取高额利息收益,为了避免因汇率波动带来的损失,资金持有者往往在即期市场买入高利率货币,同时卖出远期的高利率货币。只要存在利率差,就会有交易者在这两个市场进行套利。随着这种套利交易的不断进行,将会出现低利率货币的即期汇率下浮,期汇汇率上浮,而高利率货币的即期汇率上浮,期汇汇率下浮。最终将会出现远期汇率的差价正好等于两种货币的利率差。此时,汇率也即为均衡汇率。

根据这一思路,我们可以得到掉期汇率的计算公式:

$$掉期汇率 = e_s \times (i - i^*) \times \frac{t}{360} \qquad (7.6)$$

例 7-7 假设投资者现有 100 万人民币,可用于人民币投资或美元投资。投资者可使用银行转换投资货币,银行在成本收益平衡下的掉期汇率是多少?其中美元利率 i 为 5.650%,人民币利率为 6.750%,$t = 30$ 天,即期汇率为 6.2020%。

掉期汇率为

$$e_s \times (i - i^*) \times \frac{t}{360} = 6.2020\% \times (6.750\% - 5.650\%) \times \frac{30}{360} = 0.5685\%$$

以上计算公式为粗略计算方法,精确的计算公式则需要考虑本金和年利息基础天数等其他因素。其计算公式为

$$e_f = e_s \times \left[\left(1 + \frac{i_2 \times t}{B_2} \right) \Big/ \left(1 + \frac{i_1 \times t}{B_1} \right) \right] \qquad (7.7)$$

其中,e_f 为远期汇率,e_s 为直接标价法下的两种货币的即期汇率,i_1 和 i_2 为两种货币的年利率,B_1 和 B_2 为两种货币利率的基础天数(常为 360 天或 365 天),t 为实际投资的天数。

如果在间接标价法下,远期汇率的计算公式为

$$e_{\mathrm{f}} = e_{\mathrm{s}} \times \left[\left(1 + \frac{i_1 \times t}{B_1} \right) \Big/ \left(1 + \frac{i_2 \times t}{B_2} \right) \right] \qquad (7.8)$$

在计算的远期汇率下,进一步可以得到掉期汇率值:

$$e_{\mathrm{f}} - e_{\mathrm{s}} = e_{\mathrm{s}} \times \left[\left(1 + \frac{i_2 \times t}{B_2} \right) \Big/ \left(1 + \frac{i_1 \times t}{B_1} \right) - 1 \right] \qquad (7.9)$$

或

$$e_{\mathrm{f}} - e_{\mathrm{s}} = e_{\mathrm{s}} \times \left[\left(1 + \frac{i_1 \times t}{B_1} \right) \Big/ \left(1 + \frac{i_2 \times t}{B_2} \right) - 1 \right] \qquad (7.10)$$

继续计算上述例子中的问题,代入数据可以得到:

$$e_{\mathrm{f}} = 6.2020 \times \left[\left(1 + \frac{6.750\% \times 30}{360} \right) \Big/ \left(1 + \frac{5.650\% \times 30}{360} \right) \right] = 6.589\%$$

这样,掉期汇率为 $6.589\% - 6.2020\% = 0.387\%$。

五、掉期交易的目的

一般机构或商业银行进行掉期交易的目的主要包括:第一,轧平资金头寸;第二,进行两种货币间的资金互换;第三,处理外汇交易的交割日延展或提前;第四,投机套利操作。

(一)轧平资金头寸

轧平资金头寸实际上就是为机构或者商业银行弥补资金缺口、平衡资金流量。机构或者商业银行在运营过程中常因为各种因素而带来资金流量不平衡,称为资金缺口。

(二)进行两种货币之间的资金互换

商业银行的客户在买卖外汇时买进和卖出外汇金额往往不同,商业银行在承做外汇交易时也会出现外汇的多头和空头。而在出现多头或空头时,如果外汇市场汇率发生波动,会对商业银行造成损失的风险。为了规避该风险,商业银行可以通过汇率互换交易在出现多头时卖出超出部分,同时在较远期买入;如果出现空头时买入不足部分并在较远期卖出。

(三)期限调整

商业银行在承接外汇交易时,经常会遇到客户提出提前或者延后外汇交易的交割日,从而影响商业银行的资金头寸的均衡。为了应对这一因素对资金头寸的影响,商业银行可以通过掉期交易对交割日进行期限调整,并重新确定新的汇率水平。

(四)套利操作

资金管理者或投机者通常会预期利率的未来走势,利用掉期交易来套利。通常,如果预期利率上涨,则应该贷出短期资金,借入长期资金;如果预期利率下跌,则应该借入短期资金,贷出长期资金。

如果期限不变时,那么掉期汇率变动的主要影响因素是即期外汇汇率和利率差。其中,在即期外汇汇率一定的情况下,影响掉期汇率的主要因素就是利率差。交易可以根据两种货币的利率差额变化预期和即期汇率走势,通过相应的掉期交易来获得利润。

同步测练

1. 名词解释

换汇交易　换汇汇率　B/S 和 S/B　即期对即期　即期对远期　远期对远期　远期利率协议

2. 计算题

(1) 假设即期汇率为 USD 1＝CNY 6.2020/35,人民币 3 个月利率为 4.125％,美元 3 个月利率为 5.231％,求美元与人民币的互换汇率。

(2) 某日中国银行报价:即期汇率　　USD/CNY　6.8840/80

　　　　　　　　　　　　6 个月掉期率　　　　30/50

请分别计算客户 B/S6 个月美元和 S/B6 个月美元的掉期交易中成交价分别为多少?

(3) 即期汇率 GBP/USD＝1.9570

USD DEPO 1MONTH:3.25％～3.375％ p.a

GBP DEPO 1MONTH:10％～10.125％p.a

试求询价者承做 Spot/1 Month GBP/USD 的换汇汇率(GBP 的利率计算以 360 天为基础)。

(4) 某公司 2 个月后将收到 100 万英镑的应收账款,同时 4 个月后应向外支付 400 万英镑的材料欠款。该公司为了固定成本,避免外汇风险,并利用有利的机会套期图利,进行了一笔掉期业务。

假定市场汇率行市如下:

2 个月期 GBP 1 ＝ USD 1.6500～1.6550

4 个月期 GBP 1 ＝ USD 1.6000～1.6050

那么,该公司在这笔掉期交易中是否获利?结果如何?

(5) 银行的报价如下表所示。某一客户卖出即期/买入远期美元 300 万,问:银行的 5 个月 USD/HKD 掉期汇率是多少?该笔交易中,谁支付交易费用?支付多少?

银行的外汇报价表

类别	价格	买价和卖价
即期汇率 USD/HKD		7.9515/42
5 个月掉期差价		67/58

3. 简答题

（1）简述银行如何利用远期利率协议来规避风险。

（2）简述掉期交易的目的。

（3）简述掉期交易的类型。

C 第八章
HAPTER EIGHT

外汇期货交易

学 习 目 标

通过本章学习,了解外汇期货的基本概念,理解外汇期货市场的功能和外汇期货交易的原理,掌握外汇期货市场结构和交易流程。

重 难 点 提 示

- 外汇期货交易原理
- 外汇期货交易的流程

第一节　外汇交易的基本概述

一、外汇期货基本概念

外汇期货是买卖双方按照约定的价格,在约定的时间买卖外汇的合约。外汇期权交易是在交易所内,交易双方通过公开叫价的方式,买卖在一定期限内按照既定价格交割一定数量外汇的期货合约交易。期货是在交易所内达成的、未来特定时间交割的标准化合约,这将期货交易与远期交易显著区分开了。

外汇期货合约是外汇期货交易的最小单位。外汇期货合约是一个具有法律效力的外汇买卖协议,规定了外汇期货买卖双方在未来将要交割的某种货币的数量、交割时间、最小变动单位、购买数量限制等。外汇期货合约的基本原理是将未来要交易的事项通过签订合约的形式定下来。

期货交易起源于商品远期交易。最早的外汇期货是美国芝加哥商品交易所(Chicago Mercantile Exchange,CME)在 1972 年建立的国际货币市场(International Monetary Market,IMM)推出的七种货币的外汇期货交易。其后,外汇期货市场不断地发展,成为重要的金融期货产品。

外汇期货合约主要包括以下八个方面内容。

(一) 交易币种

以美国芝加哥国际货币市场(IMM)为例。它的外币期货合约的币种有英镑、欧元、日元、瑞士法郎、加拿大元、澳大利亚元、墨西哥比索等。这些外币期货合约均以美元计价,即以 1 英镑、1 欧元、1 日元、1 法郎、1 加元、1 澳元等折合多少美元计价。

(二) 合约金额

合约金额即交易单位。以 IMM 为例,每份国际货币期货合约都是标准的。如:2.5 万英镑、1 250 万日元、12.5 万欧元、12.5 万瑞士法郎、10 万加元等。

(三) 最小价格变动和最高限价

最小价格变动指货币期货合约在交易时的最小变动价位。以英镑为例:IMM 规定英镑期货合约的最小变动价位为 0.0005(即 5 个点),则每份英镑合约最小价格波动应为$0.0005 \times 25\,000 = 12.5$美元。其他几种货币合约的最小变动价位约为 1 个点,即 0.0001。

最高限价指每日价格波动的最大幅度限制,超过这一限额,该种货币期货交易就将停止,即每日跌停板额。例如,IMM 规定英镑 500 点、欧元 100 点、日元 100 点、瑞士法郎 150 点、加元 75 点等。每份合约的最高波动限额为英镑 1 250 美元、欧元 1 250 美元、日元 1 250 美元、瑞士法郎 1 875 美元、加元 750 美元等。

(四) 交割月份

交割月份指期货合约规定的到期月。每个交易所交割月份不尽相同,一般分为 1、2、3、

6、9、12 月。IMM 的货币期货交割月份分别为 3、6、9、12 月。

（五）交割日期和交割地点

交割日期指到期的货币期货合约进行现货交割的日期,具体是指到期月的某一天。IMM 规定的交割日期都是到期月的第三个星期的星期三。

若合约到期前未进行对冲了结,则必须进行现货交割。99％的合约在到期前已经对冲平仓了,实物交割的还不到 1％。

（六）交易时间

不同币种的外汇期货交易时间往往存在差异。例如,英镑期货、日元期货交易主要在芝加哥商业交易所(CME)进行,交易时间上午 7:20—下午 2:00(芝加哥时间)。到期合约最后交易日交易截止时间为上午 9:16,市场在假日或假日之前将提前收盘,具体细节与交易所联系。香港交易所首只推出的期货为美元兑人民币,交易时间为上午 9:00—下午 4:15(到期合约月份在最后交易日收市时间为上午 11 时正)。

（七）最后交易日

最后交易日是外汇期货合约允许的交收月份的最后截止日。合约的最后交易日必须以现货、金融工具或根据期货合约的协议作结算。

（八）保证金

在外汇期货市场上,交易者只需按期货合约价格的一定比例交纳少量资金作为履行期货合约的财力担保,便可参与期货合约的买卖,这种资金就是外汇期货保证金。

表 8-1 交易所与交易货币种类

交易所名称	货币期货种类
悉尼期货交易所	AUD
中美洲商品交易所	CHF、GBP、EUR、CAD、JPY
纽约棉花交易所	EUR
费城证券交易所	CHF、GBP、EUR、CAD、JPY、AUD
伦敦国际金融期货期权交易所	GBP、USD、JPY、CHF、EUR
伦敦证券交易所	GBP、USD
多伦多期货交易所	CAD、CHF、EUR、GBP
温哥华证券交易所	CAD、CHF、EUR、GBP
新加坡国际货币交易所	EUR、JPY、欧洲 USD、GBP
奥克兰期货交易所	NZD、USD
法国国际期货交易所	EUR
东京国际金融期货交易所	欧洲 JPY、JPY、欧洲 USD

从定义来看,外汇期货与外汇远期之间既有联系也有区别。外汇期货与外汇远期之间的共同点有以下方面:

第一，交易的标的相同，均为外汇。

第二，交易的目的相同，均为了防范、转移和规避风险；交易的功能相同，均有利于外汇市场的价格发现。

外汇期货与外汇远期之间存在的区别为：

第一，交易方式不同，在外汇期货市场，交易双方并不直接接触，而是由经纪商代理买卖；而外汇远期交易通常是由买卖双方直接联系。

第二，交易场所不同，外汇期货交易均在交易所内进行，而外汇远期是场外交易，没有固定的交易场所。

第三，佣金和保证金制度不同，外汇期货在合约有效期内每日均进行保证金调整，而外汇远期买卖通常不收取保证金。

第四，结算方式不同，外汇期货交易并不实行现货交割，而是逐日盯市，现金结算；而远期外汇是在交割日以现汇交割。

二、外汇期货市场的功能

外汇期货市场主要功能有规避风险、价格发现和信息传递。

（一）规避风险

外汇期货投资者往往是通过在外汇期货市场买进或卖出外汇期货合约，以期货市场的盈利来规避现货市场上的损失，从而达到规避风险的目的。由于期货市场价格和现货市场价格影响因素相似，那么外汇市场价格发生变化，外汇期货市场价格将发生相同的变化。因此，可以进行套期保值：在持有外汇现货的同时，为了防止外汇价格在未来发生下跌，在外汇期货市场卖出外汇期货。这样，当未来即期外汇价格和外汇期货价格低于卖出时的价格时，可以买入同等数量的期货合约对冲，从而利用外汇期货市场的收益来弥补外汇现货市场的损失，从而达到保值的功能。

（二）价格发现

在外汇期货市场上，外汇期货的价格是通过交易者公开竞价的方式决定，因此反映了外汇期货市场的供求关系。如果外汇期货价格不合理，那么投机者必然在外汇期货市场套取收益。期货交易者为了在外汇期货市场获利，会利用自身所能获得的信息和专业知识对外汇期汇未来的价格进行预测，并会及时反映在期货价格上。因此，外汇期货市场具有价格发现的功能。

（三）信息传递

外汇期货市场为投资者及时提供公开信息，而且一切外汇期货交易均在交易所完成，比较有效率、有组织，因此，期货交易者可以以较低的成本参与期货交易。通常，外汇期货市场大部分信息均是公开的，市场信息较为有效地反映外汇期货市场供求关系。外汇期货市场信息较为充分得到体现,使社会资源得到更加充分、有效的配置。

三、外汇期货交易原理

外汇期货交易按照交易者的目的不同可以分为套期保值外汇期货交易和投机型外汇期货交易。套期保值外汇期货交易与投机型外汇期货交易的主要区别在于,投机型外汇期货交易者通常没有外汇现货基础,而是根据对外汇市场价格的预期走势的判断,低价买进高价售出或者高价卖出低价买进,通过不断买卖来获取该市场的买卖差价从而获取利润。套期保值外汇交易是在外汇现货市场交易的基础上,同时在外汇期货市场上进行相反的交易来规避风险。这里我们将重点分析套期保值外汇期货交易,它可以分为买入型套期保值外汇期货交易和卖出型套期保值外汇期货交易。

(一)买入型套期保值外汇期货交易

买入型套期保值外汇期货交易是债务人为了规避未来所要支付外汇的价格上浮风险,在外汇期货市场上先买进后卖出外汇期货的交易,以抵消外汇现货市场的亏损。

例 8-1 2014 年 6 月 10 日,美国一家企业向中国一家企业借款 5 亿美元,期限为 6 个月,年利率为 4%。美国企业预测 6 个月后人民币会大幅上涨,因此委托外汇期货经纪人买入 41 份 12 月期人民币期货合同,期货价格为 CNY = USD0.002。假设 6 月 10 日与 12 月 10 日美元兑人民币的即期汇率分别为 USD 1 = CNY 6.2020/35,USD 1 = CNY 6.1125/55,12 月 10 日人民币期货合同期货价格为 CNY = USD 0.003,美国企业委托其外汇期货经纪人出售 41 份 12 月期人民币期货合同。那么在该过程中,美国企业能否利用外汇期货规避现货外汇市场的风险?

美国企业到期需要支付贷款的本息和为

$$5 \times (1 + 4\% \times 6/12) = 5.1(亿美元)$$

在现货外汇市场上,美国企业计划到期支付的本息和为

$$5.1/6.2020 = 0.8223(亿人民币元)$$

12 月 10 日,美国企业实际支付的贷款本息和为

$$5.1/6.1125 = 0.8344(亿人民币元)$$

实际支付与计划支付之间的差额为

$$0.8344 - 0.8223 = 0.0121(亿人民币元)$$

在外汇期货市场上,进行外汇期货投资的收益为

$$5.1 \times (0.003 - 0.002) = 0.0051(亿人民币元)$$

比较外汇现汇市场和期货市场收益的差,可以发现虽然外汇期货市场的收益并不能扎平现汇市场因外汇波动带来的损失,但是可以降低外汇现汇市场的亏损。

(二)卖出型套期保值外汇期货交易

卖出型套期保值外汇期货交易是指债权人为了防止未来外汇价格下跌,而在外汇期货

市场上先卖出后买进的外汇期货交易行为,以便利用外汇期货市场的收益来弥补外汇现货市场的损失。

例 8-2 2014 年 5 月 9 日,美国企业与英国一家企业签订了 10 万英镑的商品出口合同,3 个月后以美元收款。当前英镑兑美元的即期汇率为 GBP 1＝USD 1.5050/65,美国企业认为 3 个月以后英镑贬值的可能性比较大,因此委托外汇期货经纪人卖出 4 份 9 月期的英镑期货合同,价格为 GBP 1＝USD 1.5805。假定 8 月 9 日英镑兑美元的即期汇率为 GBP 1＝USD 1.4975/87,9 月期外汇期货价格为 GBP 1＝USD 1.5455。美国企业委托期外汇经纪人买入 4 份 9 月期英镑期货合同,同时把收到的出口货款 10 万英镑在现货市场卖出。那么美国企业能否通过外汇期货交易来规避外汇现汇市场的风险?

在外汇期货市场上,美国企业进行外汇期货交易的总收益为

$$10 \times (1.5805 - 1.5455) = 0.35 (万美元)$$

在现货市场上,该企业因汇率变动而带来的亏损:

$$10 \times (1.5050 - 1.4975) = 0.075 (万美元)$$

可以看出外汇期货市场的收益要大于外汇现货市场即期汇率波动带来的损失,因此美国企业通过卖出外汇期货可以较好地规避现汇外汇市场风险。

第二节 外汇期货交易流程

一、外汇期货市场结构地

(一)期货交易所

期货交易所(futures exchange)是一个非营利的会员制机构,通常由一定名额的会员组成。交易所内一般限于场内经纪人和交易职员。每一笔期货交易均由期货交易所分别与买卖双方订立合约,买卖双方不直接见面,免去互相征信的任务。

期货交易所的职能主要包括:

第一,提供一个有组织的市场和制定会员业务经营的公平竞争原则,提供统一的交易标准和规则(交易时间、期货品种、保证金等),调节会员之间的纠纷。

第二,为会员提供履行合约及财产责任的担保,收集并传播价格、市场、政策等信息。

(二)清算机构

清算机构(clearing house)又称清算公司、结算公司。它是期货交易所下负责期货合约清算的营利性机构,拥有法人地位,负责期货合约的交易与登记。据交易所的规定,在期货交易所完成每一笔交易都必须经过清算所证实和保证才能实现。

清算所充当交易双方最后结算者,对于合约买方来说,清算所是卖方;对于合约卖方来说,清算所又是买方。清算所实行会员制,非会员客户必须经过某一会员才可以进行清算。

因此,清算所记录每一笔交易并计算着每一位会员每天的盈亏额度以及资金的净头寸。客户在经纪人处存放保证金,非会员经纪人在会员处存放保证金,会员在清算所存放保证金,均称为清算保证金(clearing margin)。

（三）经纪公司

经纪公司(futures commission company)又称期货佣金商,是期货交易中起中介作用的法人实体。它的基本职能是代表不具有会员资格的客户利益,代表客户下达交易指令,征收客户履约保证金,提供基本会计记录,处理账户,管理资金,并为客户传递市场信息和市场研究报告,充当交易顾问等。

经纪公司拥有一批经纪人,某些国家经纪人自己也参与期货交易,但大多数国家,包括我国,是不允许经纪人自己参与期货交易的。

（四）市场参与者

参与外汇期货交易者,主要是企业、银行和个人。任何单位和个人只要缴纳保证金,都可以参与外汇期货交易。根据交易目的不同,参与者可分为两类:一类是保值者;另一类是投资者和投机者。但这两类人的界限在交易时划分得并不明显,参与者可根据期货行情的变化进行选择。投资者和投机者参与得越多,期货市场的流动性越强,市场就越兴旺。其中,投机交易者可以分为基差交易者、价差交易者和头寸交易者。

基差交易者(basic trader)是指为了获取现货和期货之间的价差变动的收益而低买高卖的期货交易者。价差交易者(spread trader)指为了追求两种期货之间的价差而进行套利的期货交易者。头寸交易者(position trader)是指追求汇率绝对水准变动的收益而在期货市场上低买高卖的交易者。

二、外汇期货交易的基本规则

（一）保证金

期货交易常常具有投机性,通过保证金制度可以用较高的杠杆率控制交易合约的金额。保证金分为初始保证金(initial margin)和维持保证金(maintenance margin)。其中,初始保证金是指外汇期货交易者在开始建立期货交易部位(trading position)时,要缴纳的保证金。维持保证金是当外汇期货合约价格发生变动时,客户必须在其保证金账户内保持的最低保证金金额。初始保证金一般仅占成交额的 $5\% \sim 10\%$,以保证合约的履行。客户出现虚亏,需缴纳追加保证金。

例 8-3 某投资者在周一购买了英镑的期货合约 2 份,每份合约交易单位为 2.5 万英镑,合约价格为 1 英镑＝2 美元。若初始保证金比例为 5%,则投资者需在保证金账户中存入 $2.5 \times 2 \times 2 \times 5\% = 5\,000$ 美元。假设当天交易结束后,汇率变为 1 英镑＝1.9850 美元,则投资者损失[$2.5 \times 2 \times (2 - 1.9850)$]＝750 美元,则保证金账户降为 4 250 美元。

若维持保证金(即最低保证金)为每份合约 1 500 美元,即总额为 3 000 美元,当保证金账户余额低于 3 000 美元时,经纪人会要求投资者再存入一笔追加保证金,使之达到初始保证金水平。

(二)每日结算制

每日结算制度又称"逐日盯市"、每日无负债结算制度,指每日交易结束后,交易所按当日结算价结算所有合约的盈亏、交易保证金及手续费、税金等费用,对应收应付的款项同时划转,相应增加或减少会员的结算准备金。

期货交易的结算,是由期货交易所统一组织进行的。期货交易所实行每日无负债结算制度,又称为"逐日盯市",是指每日交易结束后,对应收的款项同时划转,相应增加或减少会员的结算准备金。

期货交易所的结算实行分级结算,即交易所对其会员进行结算,期货经纪公司对其客户进行结算。期货交易所应当在当日交易结算后,及时将结算结果通知会员。期货经纪公司根据期货交易所的结算结果对客户进行结算,并应当将结算结果及时通知客户。若在结算时,该会员(或客户)的保证金不足,交易所(或期货经纪公司)应立即向会员(或客户)发出追缴保证金通知,会员(或客户)应在规定时间内向交易所(或期货经纪公司)追加保证金。

(三)公开叫价制度与交割

公开叫价又称双向拍卖(double auction),即买卖双方同时报价,主要使用在期货交易中。公开喊价是现代金融交易的一种重要手段,具有方便、透明的特点,随着经济全球化的不断发展,将会被广泛运用于金融交易中。

在外汇期货交易中,外汇期货所买卖双方采用公开叫价方式竞价,待竞价成交以后,双方就脱离关系,卖方不知道买方是谁,同样买方也不清楚卖方。由此避免了纠纷,有利于交易的公平。

三、外汇期货交易流程

外汇期货投资者要具备良好的心理素质和承担风险的能力,要具有坚强的意志、较强的自我约束力,能冷静地处理自己的交易业务,不感情用事。期货投资者面对瞬息万变的价格行情,要能够镇定和冷静地分析与观察,作出合理的决策。

期货交易对投资者颇有吸引力的一个原因就是期货交易的杠杆作用,也就是以相对较少的资本控制期货合约的整体价值,即用 5%~10% 的资金做 100% 的交易。但是,期货投资者应充分认识到高收益的背后是高风险。因此,踏入期货市场者要有承担风险的意识,对可能出现的蚀本要有足够的思想准备。除此之外,由于期货交易的规则和惯例与证券交易、一般现现货交易等有许多异同之处,故踏入期货市场者还应了解和掌握一些期货交易的必要知识。进入期货市场的程序与股票市场大致相同。就客户而言,通常通过一家经纪公司处理自己的期货买卖业务。期货投资者首先要在经纪公司开设期货交易账户,签署一张标准的"期货交易协议"书并填写客户登记,存入所需要的保证金,这样便完成了开立交易户头的手续。

当然根据有关期货交易的法规,经纪公司还会要求投资者(即顾客)提供正确、详细的财务资料,以便经纪公司了解投资者的财务状况、投资目的,并确定期货对该投资者是否适当,合格者才能被允许开立账户。同时交易所也要求会员经纪公司监督其客户资金的正常操作。当经纪公司接受投资者开立账户后,该投资者便可开始作为客户进行期货交易。

客户参与外汇期货交易的一般过程如下所述(见图 8-1)。

(一)客户进行交易前首先要选择经纪公司和经纪人

非清算所会员的公司和个人不能直接进入期货交易所交易,只能通过拥有会员资格的经纪公司进行交易。经纪公司和经纪人充当客户的顾问,对客户能否在期货交易中盈利起到重要的作用。

(二)开立账户,缴纳保证金

客户须在经纪公司开立账户,缴纳保证金,并签署一份授权经纪人代为买卖期货合约的协议。

(三)下达委托指令,也称下单

客户委托经纪公司为其办理期货合约买卖,经纪公司接到委托指令后,立即通过电信设备将有关内容通知场内交易厅经纪人,经纪人根据客户提出的条件,以公开叫价的方式,代理客户达成交易,由经纪人在场内相互之间进行交易。

(四)通过清算所办理结算

成交后,交易厅经纪人一方面把交易结果通知经纪公司和客户,另一方面将成交的订单交到清算所,进行成交记录和最后结算。

(五)清算所逐日结算盈亏

清算所根据未平仓的合约,按每日收盘价结算盈亏,特别是当期货价格发生不利变动时,还要通知客户追加保证金。

(六)对冲平仓合约

客户对原有的合约进行对冲,进行另一笔反向期货交易之后,他对这一笔期货交易的义务才算结束。在 IMM,从发出指令到清算所记录完毕,所需时间一般为 30 秒～10 分钟。

买方(委托买入)　　　　　卖方(委托卖出)

订单　　　　　　　　订单

经纪商
(以电话将客户订单转达交易所大厅)

场内经纪商
(经纪商派驻交易所代表)

交易所指定交易专柜
(采用公开喊价方式进行交易,成交合同应立即登录)

场内经纪商
(于成交单上背书并转知交易事实)

经纪商
(转知交易事实)

买方　　　　　　　　　清算所　　　　　　　　　卖方
(买入期货合约)　(担任买方客户的"卖方",　(卖出期货合约)
　　　　　　　卖方客户的"买方")

期货交易客户订单处理过程

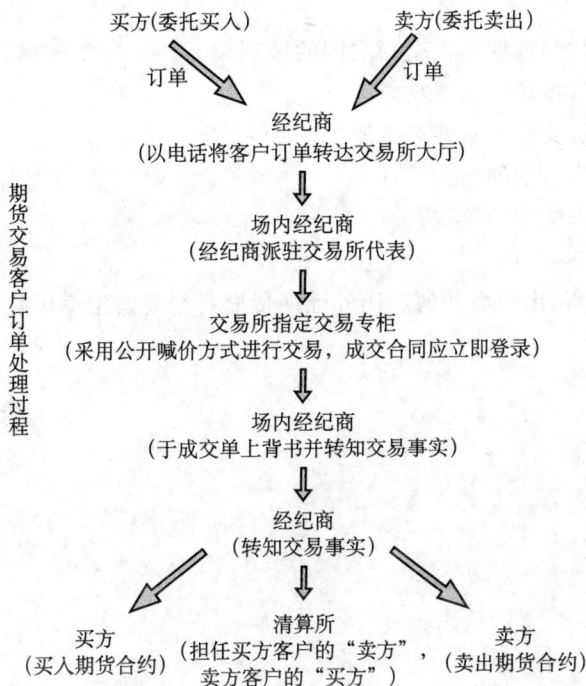

图 8-1　外汇期货交易流程示意图

同步测练

1. 概念论述题

外汇期货交易　保证金　维持保证金　买入套期保值　卖出套期保值　逐日盯市　套期保值

2. 计算题

2011 年 6 月 10 日,一家德国企业向中国一家企业借款 5 亿美元,期限为 6 个月,年利率为 3.5%。德国企业预测 6 个月后人民币会大幅上涨,因此委托外汇期货经纪人买入 43 份 12 月期人民币期货合同,期货价格为 CNY＝EUR 0.015。假设 6 月 10 日与 12 月 10 日欧元兑人民币的即期汇率分别为 EUR 1＝CNY 8.2020/35,EUR 1＝CNY 8.1125/55,12 月 10 日人民币期货合同期货价格为 CNY＝USD 0.027,德国企业委托其外汇期货经纪人出售 43 份 12 月人民币期货合同。那么在该过程中,德国企业能否利用外汇期货规避现货外汇市场的风险?

3. 简答题

(1) 简述外汇期货与远期外汇交易之间的区别。

(2) 简述外汇期货市场的主要功能。

(3) 简述外汇期货交易有哪些基本原则。

(4) 简述外汇期货市场的结构。

(5) 简述外汇期货交易的流程。

4. 论述题

试分别分析进口商、出口商如何利用外汇期货交易来规避汇率风险。

C

第九章

CHAPTER NINE

外汇期权交易

学 习 目 标

通过本章学习,了解外汇期权的概念,区分外汇期权交易的类型,理解外汇期权的价值,掌握外汇期权定价公式和外汇期权的交易策略。

重 难 点 提 示

- 外汇期权价值构成
- 外汇期权定价的计算
- 差价外汇期权交易策略
- 组合外汇期权交易策略

第一节　外汇期权交易概述

一、外汇期权概念

外汇期权(foreign exchange options)是以货币为标的物的一种期权,允许外汇期权购买者在特定期限内按照事前约定的价格买入或卖出一定数量的特定货币。外汇期权购买者向外汇期权出售者支付期权费用(价格),并获得在特定期限内买入或卖出协定数量的某种货币的权利,外汇期权出售者则承担了卖出或买入协定数量该货币的义务。从本质上看,外汇期权也是一种期权,所以外汇期权购买者具有购买或卖出某种货币的权利而非义务。当外汇期权购买者执行期权有利可图时,期权购买者将执行该项期权,而当外汇市场不利于外汇期权购买者时,期权购买者可以放弃该项期权的执行。

二、外汇期权的交易类型

与期权一样,按照不同的标准可以将外汇期权划分成不同的类型。这里将根据期权持有人的权利、期权执行的时间、标的资产、交易场所以及复杂程序等进行划分。

（一）按照期权持有人权利差异划分

根据期权持有人权利的不同,可以将外汇期权划分为看涨外汇期权和看跌外汇期权。其中,看涨外汇期权是外汇期权购买者(或持有者)可选择在期权到期日或期权到期日之前按照约定的价格从期权出售者手中买入一定数量的特定货币。看跌外汇期权则是外汇期权购买者(或持有者)可选择在期权到期日或期权到期日之前按照约定的价格向期权出售者卖出一定数量的特定货币。

（二）按照期权执行的时间不同划分

按照期权执行的时间不同,可以将外汇期权划分为欧式外汇期权和美式外汇期权。欧式外汇期权是一种只有在期权到期日才能执行的外汇期权。而美式外汇期权则可以在期权合约生效后至期日之前的任何一天执行。从外汇执行时间可以看出,美式外汇期权在期权执行日期上有更大的自由,因而价格一般高于欧式外汇期权。

（三）按照外汇期权交易的基础资产不同划分

按照外汇期权交易的基础资产不同,可以将外汇期权划分为外汇现汇期权、期货式期权和复合期权。外汇现汇期权是期权购买者有权在一定期限内或期权到期日以执行价格买入或者卖出特定数量的外汇现货。外汇期货式期权是指期权持有者有权在到期日或者到期日前以特定价格买入或者卖出特定数量的外汇期货。期货式期权主要是针对汇率频繁波动而带来外汇期权价格的不确定性,为了规避这种风险而产生的。复合期权是期权的期权,是期权的买方在支付期权费用后获得一项按照预先确定的期权费买入或卖出某种标准期权的权利。

（四）按照交易场所不同划分

按照外汇期权交易场所的不同，可以将外汇期权分为场内交易期权和场外交易期权。其中，场内交易期权是指在有组织的交易场所内进行交易的外汇期权，通常交易的均为标准化期权合约。场内外汇期权交易的清算工作均由场内特定的清算所负责，因此所有的信用风险同样也是由清算所承担。场外交易期权是指在交易所以外的场所进行交易的期权合约。与场内交易期权相比，场外交易期权大多为非标准化的期权，期权的执行价格、到期日、成交额、期权费用等均由交易双方自行协商，因此具有很大的灵活性。但是，因为场外交易期权不经场内清算所清算，所以场外交易期权的信用风险需要期权交易双方自行承担。

（五）按照期权的复杂程度和使用范围划分

按照期权的复杂程度和使用范围划分，可以分为标准期权和奇异期权。其中，标准期权是指普通的欧式期权和美式期权。而奇异期权是指在标准期权的基础上衍生出来的期权。这里不进行详细介绍，读者感兴趣可以阅读其他资料。

三、场内外汇期权交易的组织形式

由于场外外汇期权没有特定的组织形式，这里主要介绍场内外汇期权交易的组织形式。场内期权交易类似期货交易，采用会员制。每家期权交易所均有一定数量的会员，同样交易所也会为每位会员准备特定的席位。交易所会员具有进入交易所场内并与其他会员进行交易的权利。

一般来说，期权交易所大多采用做市商（market maker）制度来完成交易。做市商实际上是撮合交易的中介，做市商可以为会员报出买入价和卖出价。其中，买入价（bid price）是买入的价格，卖出价（ask price）是出售的价格，通常卖出价大于买入价，两者存在一个买卖价差。做市商存在的目的主要是为了保证以及加快期权交易指令的迅速执行，从而提高期权市场的流动性。

投资者在购买期权时，需要支付全额的期权费用，而不允许利用保证金的方式来购买期权。这主要是因为通过保证金来购买期权会将杠杆放大，外汇期权本身就存在一个杠杆，再使用保证金来购买会将期权杠杆进一步放大。而当投资者出售外汇期权时，则需要在保证金账户保持一定金额的资金。因为在投资者出售外汇期权时，该投资者只有履行该期权的义务而没有选择执行期权的权利。一旦外汇期权持有人要求执行该期权，则外汇期权出售者需要无条件履行。

期权中的保证金通常包括两部分：初始保证金和维持保证金。初始保证金是指投资者在最初开仓交易时必须缴纳特定数量的资金，通常是由经纪人决定的。维持保证金是在整个期货合约期间内,期权出售者需要维持其在清算所账户上的最低金额。维持保证金随着外汇价格的变化而发生变化。外汇期权保证金的计算方法有两种,一般在两个保证金中取较大的那一个。两种方法分别如下所述。

第一种:保证金＝外汇期权价格＋外汇市场价值×4％－虚值金额

例9-1 一投资者卖出一份期限为半年的执行价格为 640 美元的看涨期权,价格为 2.2％。若成交时即期汇率为 USD 1＝CNY 6.2020,则需要缴纳的保证金为多少?

单位保证金＝0.022＋6.2020×4％－(6.4－6.2020)＝0.27008

第二种:最低保证金＝外汇期权价格＋外汇市场价值×0.75％

例9-2 某投资者出售一份半年期执行价格为 850 欧元的看涨期权,价格为 1.8％,若成交是 EUR 1＝CNY 8.440,按照第二种保证金计算方式计算保证金金额。

单位保证金＝0.018＋8.440×0.75％＝0.0813

第二节 外汇期权价值分析

同其他期权类似,外汇期权的价格也是由外汇期权的内在价值和时间价值构成。外汇期权的内在价值是指期权持有者立刻执行该外汇期权时所能获得的价值,而时间价值是整个外汇期权的价值扣除期权的内在价值剩下的那部分价值。

一、外汇期权的内在价值

由于外汇期权的内在价值是指期权持有者立刻执行该外汇期权时所能获得的价值,那么其内在价值是大于零的,因为为负值时期权所有者可以放弃期权的执行权。

首先,我们来看外汇看涨期权的内在价值计算公式(9.1):

$$IC(t) = \max[S(t) - X, 0] \tag{9.1}$$

其中,t 为 t 时刻,$IC(t)$ 为 t 时刻外汇看涨期权的内在价值,$S(t)$ 为 t 时刻即期外汇汇率,X 表示期权合约的执行价格。

t 时刻看跌期权的内在价值可以用式(9.2)表示:

$$IP(t) = \max[X - S(t), 0] \tag{9.2}$$

其中,$IP(t)$ 为 t 时刻外汇看跌期权的内在价值,$S(t)$ 为 t 时刻即期外汇汇率,X 表示期权合约的执行价格。

例9-3 假设 10 月期美元看涨期权合约的执行价格为 USD 1＝CNY 6.1520。9 月 10 日外汇市场美元的即期汇率为 USD 1＝CNY 6.2020,那么,10 月期美元看涨期权的内在价值为

$$IC(10) = \max[6.2020 - 6.1520, 0] = 0.0500$$

如果 9 月 15 日美元的即期汇率跌为 6.0820,那么,10 月期美元看涨期权的内在价值

为零。

通常,欧式期权和美式期权在内在价值的确定上是相同的。当存在一个发达的远期外汇市场时,欧式期权和美式期权的内在价值存在差异:欧式外汇期权内在价值一直是根据远期汇率来确定;而美式期权的内在价值则是根据远期汇率或者即期汇率计算的。

二、外汇期权的时间价值

外汇期权的时间价值,通常也称为期权外部价值,是其外汇价格超过其内在价值的那部分。随着时间的变化,外汇期权的时间价值也会发生变化。外汇期权的时间价值与距到期日的时间长短成正比:距离到期日越长,外汇期权的时间价值越高;距离到期日越短,外汇期权的时间价值越低。在到期日当天,该外汇期权的时间价值为零。

外汇期权的时间价值主要来自外汇期权买卖双方风险不对称。其中,外汇期权的卖方没有决定期权执行的权利,只有承担期权执行的义务,因此卖方损失的机会大于其获得收益的机会。为了弥补这一损失的可能性,外汇期权卖方依据对未来汇率变动的预测向外汇期权购买者收取一定的费用,这部分费用即为外汇期权的时间价值。

持有外汇期权通常比执行外汇期权更有价值,因为持有外汇期权获得的收益是期权的内在价值和时间价值,而执行期权时获得的收益仅仅为外汇期权的内在价值。因为外汇期货合约具有较高流动性,因此可以在市场上进行外汇期货交易,从而获得外汇期权的时间价值。如果直接执行外汇期权则无法得到时间价值,仅仅可以得到内在价值。外汇期权的价格、时间价值、内在价值和即期汇率的关系如图 9-1 所示。其中,横坐标表示外汇市场的即期汇率,纵坐标为期权的价格。

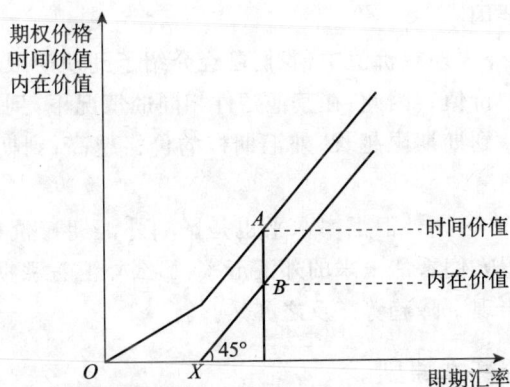

图 9-1 外汇期权价格、时间价值、内在价值和即期汇率的关系

第三节　外汇期权定价影响因素及定价模型

一、外汇期权价格影响因素

影响外汇期权价格的因素主要包括汇率、执行价格、汇率波动率、本外币的利率水平、到期期限、远期汇率等。

第一，汇率对外汇期权价格的影响。由于外汇期权的标的资产为外汇，因此外汇的价格（汇率）是影响外汇期权价格最直接的因素。以看涨期权为例，在外汇期权执行价格不变的情况下，外汇期权的内在价值等于外汇期权的执行价格减去即期外汇汇率，也就是说外汇期权的内在价值直接由即期汇率影响。因此，汇率是影响外汇期权价格的重要因素。

第二，执行价格也是影响外汇期权价格的重要因素。外汇期权的执行价格通过影响外汇期权的内在价值影响外汇期权的价格。比较两份只有执行价格不同、其他条件相同的外汇看涨期权，执行价格高的外汇看涨期权的价格将小于执行价格低的外汇看涨期权。

第三，汇率波动率同样影响外汇期权价格。汇率波动率是通过影响外汇期权的时间价值来影响外汇期权价格。当外汇波动率增加时，增加了外来汇率的不确定性，使得外汇期权投资者的风险更大，期权持有人获利的可能性更高，因此期权价格也相应增加。相反，如果外汇波动率较小，那么外汇期权价格也相应较低。

第四，本外币利率水平影响外汇期权价格。本外币利率水平是通过影响融资成本和收益来影响外汇期权价格。在外汇期权交易中，期权费用一般采用现金支付，那么短期利率水平就反映了融资成本。而外汇期权卖方为了避免外汇期权带来的损失，往往对潜在头寸进行保值，这也将涉及货币的利率差异。因此，本外币利率差别影响着卖方的融资成本，成为影响外汇期权价格的重要因素。

第五，到期期限。在外汇期权价值中，我们已经介绍了到期期限如何通过外汇期权的时间价值来影响外汇期权的价值。因此，在其他条件相同的情况下，到期期限不同的两个外汇期权合约的价格也不同。到期期限越长，外汇期权的价格越高；到期期限越短，外汇期权价格越低。

第六，远期外汇汇率。远期外汇汇率水平也是影响外汇期权价格的重要因素。一般远期外汇汇率较高将会使得人们看涨未来的外汇汇率，那么外汇看涨期权价格必然上涨，而外汇看跌期权的价格必然出现下降趋势。反之亦然。

二、外汇期权定价基本原则

为了更清楚地理解外汇期权定价基本原则，这里我们给出以下符号和定义。$C(t)$ 为单位外币的美式买入期权的本币价格，$P(t)$ 为单位外币的美式卖出期权的本币价格。$c(t)$ 为单位外币的欧式买入期权的本币价格，$p(t)$ 为单位外币的欧式卖出期权的本币价格。X 为期权执行价格，τ 为到期期限，$S(t)$ 为 t 时刻即期外汇汇率，到期日为 T。$B(t,\tau)$ 为 t 时刻贴现债券现值，其在 T 时刻支付 1 单位本币。$B^*(t,\tau)$ 为 t 时刻贴现债券现值，其在 T 时刻支付 1 单位外币。

接下来来看，外汇期权定价的基本原则。第一，期权的价格不可能小于零。所以可以得到

$$C[S(t),\tau;X] \geqslant 0 \tag{9.3}$$
$$P[S(t),\tau;X] \geqslant 0 \tag{9.4}$$
$$c[S(t),\tau;X] \geqslant 0 \tag{9.5}$$
$$p[S(t),\tau;X] \geqslant 0 \tag{9.6}$$

第二，到期时，外汇期权的价值等于其内在价值，可以表示为

$$C(T) = \max[S(T)-X,0] \tag{9.7}$$
$$c(T) = \max[S(T)-X,0] \tag{9.8}$$
$$P(T) = \max[X-S(T),0] \tag{9.9}$$
$$p(T) = \max[X-S(T),0] \tag{9.10}$$

第三，由于美式外汇期权在执行期权的时间上更自由，因此美式期权的价值不小于欧式期权价值。那么，当 $t < T$ 时，有

$$C(T) = \max[S(T)-X,c(t)] \tag{9.11}$$
$$P(T) = \max[X-S(T),p(t)] \tag{9.12}$$

第四，对于美式期权，在其他条件相同的情形下，到期期限较长的外汇期权的价值大于到期期限较短的外汇期权价值。对欧式期权，该结论不成立。因此，当 $\tau_2 < \tau_1$ 时，我们可以得到

$$C[S(t),\tau_1;X] \geqslant C[S(t),\tau_2;X] \tag{9.13}$$
$$P[S(t),\tau_1;X] \geqslant P[S(t),\tau_2;X] \tag{9.14}$$

第五，当其他条件相同时，执行价格不同，外汇期权价格不同。对于看涨期权来说，执行价格高的看涨外汇期权的价值小于或等于执行价格低的看涨期权。对于看跌外汇期权来说，其他条件相同的情况下，执行价格高的外汇看跌期权的价值大于执行价格低的外汇看跌期权。因此，当 $X_2 < X_1$ 时，

$$C[S(t),\tau;X_1] \geqslant C[S(t),\tau;X_2] \tag{9.15}$$
$$c[S(t),\tau;X_1] \geqslant c[S(t),\tau;X_2] \tag{9.16}$$
$$P[S(t),\tau;X_1] \geqslant P[S(t),\tau;X_2] \tag{9.17}$$
$$p[S(t),\tau;X_1] \geqslant p[S(t),\tau;X_2] \tag{9.18}$$

第六，$C[S(t),\tau;X] \geqslant c[S(t),\tau;X] \geqslant S(t) \cdot B^*(t,\tau) - X \cdot B(t,\tau) \tag{9.19}$

接下来我们证明式(9.19)成立。首先，构建两个投资组合。第一个投资组合为买入一单位欧式现汇看涨期权，期权费为 $c[S(t),\tau;X]$，同时买入 X 张本币贴现债券，时刻 T 到

期,现价为 $B(t,\tau)$,该投资组合的总投资为本币 $c + X \cdot B(t,\tau)$。第二个投资组合为买入一张期限为 T 的外国贴现债券,本币价格为 $S(t) \cdot B^*(t,\tau)$。第二个投资组合的总价值为本币 $S(t) \cdot B^*(t,\tau)$。

考虑 T 时刻两个投资组合的价值,我们可以得到表 9-1。

表 9-1　投资组合价值(一)

	第一种投资组合	第二种投资组合
$S(t+\tau) < X$	X	$S(t+\tau)$
$S(t+\tau) \geqslant X$	$S(t+\tau)$	$S(t+\tau)$

从表 9.1 可以看出无论什么时候第一种投资组合的价值都大于或者等于第二种投资组合的价值。根据金融学中无套利原理,第一种投资组合的价值必须大于第二种投资组合的价值,否则就存在套利空间。因此,$c + X \cdot B(t,\tau) \geqslant S(t) \cdot B^*(t,\tau)$。由于美式看涨外汇期权的价值必须大于或者等于条件相同的欧式看涨外汇期权的价值,所以命题得证。

第七,由抛补利率平价理论可以得到 $F(t,\tau) = S(t)(1+i)/(1+i^*)$,进一步可以得到 $F(t,\tau) = S(t)B^*(t,\tau)/B(t,\tau)$,因为债券的贴现值与利率成反比。

将上式代入第六条原则中可以得到

$$C[S(t),\tau;X] \geqslant c[S(t),\tau;X] \geqslant B(t,\tau)[F(t,\tau) - X] \tag{9.20}$$

第八,$p[S(t),\tau;X] = c[S(t),\tau;X] + X \cdot B(t,\tau) - S(t) \cdot B^*(t,\tau)$ (9.21)

证明:我们同样构造两个投资组合,投资组合 A 为购买一单位的看跌期权,本币价格为 $p[S(t),\tau;X]$,投资组合 B 为购买单位外币的欧式看涨外汇期权 $c[S(t),\tau;X]$,卖出外币债券,本币表示的价格为 $S(t) \cdot B^*(t,\tau)$,再买入 X 张国内的贴现债券,其价值为 $X \cdot B(t,\tau)$。因此投资组合 B 的总价值为 $c[S(t),\tau;X] + X \cdot B(t,\tau) - S(t) \cdot B^*(t,\tau)$。

同样,我们来看 $T = t + \tau$ 时刻两个投资组合的价值,如表 9-2 所示。

表 9-2　投资组合价值(二)

	投资组合 A	投资组合 B
$S(t+\tau) < X$	$X - S(t+\tau)$	$X - S(t+\tau)$
$S(t+\tau) \geqslant X$	0	0

比较两个投资组合的价值,可以发现 T 时刻两个投资组合的价值总是相等,因此我们得到了 $p[S(t),\tau;X] = c[S(t),\tau;X] + X \cdot B(t,\tau) - S(t) \cdot B^*(t,\tau)$ 成立。

三、外汇期权定价模型介绍

在介绍外汇期权定价模型之前,我们首先简单介绍传统期权的定价模型(包括维纳过程、伊藤定理和布莱克—舒尔斯期权定价模型),再进一步阐述外汇期权定价模型。

（一）传统期权定价模型

1. 维纳过程

首先，我们介绍维纳过程（Wiener Process）。假设变量 $z(t)$ 满足维纳过程，则具有以下性质：第一，Δz 为服从正态分布的随机变量；第二，Δz 的均值为零；第三，Δz 的值相互独立。因此，Δz 可以表示成

$$\Delta z = \varepsilon \sqrt{\Delta t} \tag{9.22}$$

其中，ε 为服从标准正态分布的随机变量。

当 $\Delta t \to 0$ 时，我们可以利用微积分的性质来计算 $\Delta z = \varepsilon \sqrt{\Delta t}$，即

$$\mathrm{d}z = \varepsilon \sqrt{\mathrm{d}t} \tag{9.23}$$

我们称 $\mathrm{d}z$ 为标准维纳过程。

对于任何变量 S 服从一般维纳过程，那么可以表示为

$$\mathrm{d}S = a\mathrm{d}t + b\mathrm{d}z \tag{9.24}$$

其中，a 为瞬时期望漂移率，b 为瞬时波动率，且 a 和 b 均为常数。$\mathrm{d}S$ 具有的性质有：$E(\mathrm{d}S) = a\mathrm{d}t$，$\mathrm{Var}(\mathrm{d}S) = b^2 \mathrm{d}t$。

2. 伊藤（Ito）定理

首先，我们介绍 Ito 过程，该过程也是一般维纳过程。其公式为

$$\mathrm{d}S = a(S,t)\mathrm{d}t + b(S,t)\mathrm{d}z \tag{9.25}$$

其中，$a(S,t)$ 和 $b(S,t)$ 均为时间 t 的函数。

接下来继续来看伊藤定理。根据伊藤定理，如果变量 S 服从 Ito 过程，则函数 $f = f(S, t)$ 遵循过程：

$$\mathrm{d}f = \left[\frac{\partial f}{\partial S}a + \frac{\partial f}{\partial t} + \frac{1}{2}\frac{\partial^2 f}{\partial S^2}b^2 \right]\mathrm{d}t + \frac{\partial f}{\partial S}b\mathrm{d}z \ 。 \tag{9.26}$$

证明：首先我们写出函数 $f = f(S,t)$ 的泰勒展开式：

$$\Delta f = \frac{\partial f}{\partial S}\Delta S + \frac{\partial f}{\partial t}\Delta t + \frac{1}{2}\frac{\partial^2 f}{\partial S^2}\Delta S^2 + \frac{\partial^2 f}{\partial S \partial t}\Delta S \Delta t + \frac{1}{2}\frac{\partial^2 f}{\partial t^2}\Delta t^2 + \cdots \tag{9.27}$$

因为变量 S 遵循伊藤过程，所以，

$$\mathrm{d}S = a(S,t)\mathrm{d}t + b(S,t)\mathrm{d}z \tag{9.28}$$

将上式离散化处理，我们得到

$$\Delta S = a(S,t)\Delta t + b(S,t)\varepsilon \sqrt{\Delta t} \tag{9.29}$$

由此进一步得到：

$$\Delta S^2 = b^2(S,t)\varepsilon^2 \Delta t + o(\Delta t) \tag{9.30}$$

有 ε 服从标准正态分布，可以得到

$$E(\varepsilon^2) = 1 \ , \mathrm{Var}(\varepsilon^2 \Delta t) = (\Delta t)^2 E\left[\varepsilon^2 - E(\varepsilon^2)\right]^2 \tag{9.31}$$

当 $\Delta t \to 0$ 时，有

$$dS^2 = b^2 dt \tag{9.32}$$

代入泰勒展开式,得到

$$df = \frac{\partial f}{\partial S}dS + \frac{\partial f}{\partial t}dt + \frac{1}{2}\frac{\partial^2 f}{\partial S^2}b^2 dt \tag{9.33}$$

联立 $dS = adt + b\xi\sqrt{dt}$,有

$$df = \left(\frac{\partial f}{\partial S}a + \frac{\partial f}{\partial t} + \frac{1}{2}\frac{\partial^2 f}{\partial S^2}b^2\right)dt + \frac{\partial f}{\partial S}b dz \tag{9.34}$$

3. 布莱克—舒尔斯期权定价模型

布莱克—舒尔斯期权定价模型是由布莱克和舒尔斯(1973年)提出的。该模型的假设条件主要有:第一,交易成本为零,且所有资产可以无限分割;第二,不存在买卖交易限制;第三,在期权有效期限内,股票不支付红利或者其他收益;第四,存贷款利率相同,且均以复利计息;第五,基础资产价格是连续的,价格没有跳跃性或非连续性等;第六,期权为欧式期权,只能在期权到期日才可以执行期权;第七,股票价格运动遵循伊藤过程。

接下来将介绍布莱克—舒尔斯期权定价模型的推导过程。我们构建一个投资组合,持有 -1 单位的衍生品和 $\frac{\partial f}{\partial S}$ 单位的股票,那么在 t 时刻该投资组合的价格为

$$\pi = -f + \frac{\partial f}{\partial S}\cdot S \tag{9.35}$$

对上式求微分可以得到

$$d\pi = -df + \frac{\partial f}{\partial S}\cdot dS \tag{9.36}$$

根据伊藤引理得

$$df = \left(\frac{\partial f}{\partial t} + \mu S_t\frac{\partial f}{\partial S} + \frac{1}{2}\sigma^2 S_t^2\right)dt + \sigma S_t\frac{\partial f}{\partial S}dW_t \tag{9.37}$$

以及基础资产遵从几何布朗运动,因此有

$$dS_t = S_t(\mu dt + \sigma dW_t) \tag{9.38}$$

联立上面三个式子可以得到

$$d\pi = -\left(\frac{\partial f}{\partial t} + \mu S_t\frac{\partial f}{\partial S} + \frac{1}{2}\sigma^2 S_t^2\right)dt - \sigma S_t\frac{\partial f}{\partial S}dW_t + \frac{\partial f}{\partial S}\cdot S_t(\mu dt + \sigma dW_t) \tag{9.39}$$

整理得

$$\frac{\partial f}{\partial t} + \frac{1}{2}\sigma^2 S_t^2\frac{\partial^2 f}{\partial S^2} + rS_t\frac{\partial f}{\partial S} = rf \tag{9.40}$$

该式为布莱克—舒尔斯微分方程。基于布莱克—舒尔斯微分方程,根据衍生品的类型一般决定了微分方程满足的边界条件,当为欧式看涨期权时边界条件为:

$$f(T,S_T) = \max\{S_T - K, 0\} \tag{9.41}$$

解得标准欧式期权的价格为

$$f(t, S_t) = S_t \Phi(d_1) - K e^{-r(T-t)} \Phi(d_2) \tag{9.42}$$

其中，$\Phi(\cdot)$ 为累积正态分布函数。$d_1 = \dfrac{\log \dfrac{S_t}{K} + \left(r + \dfrac{1}{2}\sigma^2\right)(T-t)}{\sigma\sqrt{T-t}}$，$d_2 = d_1 - \sigma\sqrt{T-t}$。

（二）外汇期权定价模型

这里主要根据布莱克—舒尔斯期权定价模型扩展来得到外汇期权定价模型。在推导外汇期权定价模型之前，首先我们给出一些定义和字母含义。t 时刻的即期汇率为 $S(t)$，本国的无风险利率为 r，国外的无风险利率为 r_f。由于本币和外币支付利息类似于股票的红利，因此可以利用股票期权定价公式来定义外汇期权定价公式。

外汇看涨期权定价公式：

$$c = S(t)e^{-r_f(T-t)} \Phi(d_1) - X e^{-r(T-t)} \Phi(d_2) \tag{9.43}$$

外汇看跌期权定价公式为

$$p = X e^{-r(T-t)} \Phi(-d_2) - S(t)e^{-r_f(T-t)} \Phi(-d_1) \tag{9.44}$$

其中，$d_1 = \dfrac{\log \dfrac{S(t)}{X} + \left(r - r_f + \dfrac{1}{2}\sigma^2\right)(T-t)}{\sigma\sqrt{T-t}}$，$d_2 = d_1 - \sigma\sqrt{T-t}$。

四、外汇波动率估计

从外汇期权定价模型中可以看出，汇率波动率这一变量 σ 无法通过直接观测得出。在外汇期权定价时，一个重要因素就是确定汇率波动率。汇率的波动率分为两种：历史波动率和隐含波动率。历史波动率是基于汇率的历史数据估计出来的，隐含波动率是指基于某个定价模型计算出来的汇率的波动率。

（一）汇率历史波动率估计

外汇历史波动率是根据汇率的历史数据估计出来的。但是，外汇历史波动率并不具有前瞻性，无法对未来汇率的波动进行预测。我们假设观测次数为 $n+1$，$S(i)$ 为第 i 个时间间隔末的汇率水平，$u(i) = \ln[S(i) - S(i-1)]$ $(i=1,2,\cdots,n)$。由于 $S(i) = S(i-1)e^{u(i)}$，故 $u(i)$ 为第 i 个时间间隔后的连续复利利率。

可以得到 $u(i)$ 标准差的估计值：

$$\bar{s} = \sqrt{\frac{1}{n+1} \sum_{i=1}^{n} [u(i) - \bar{u}]^2} \tag{9.45}$$

其中，$\bar{u}$ 为 $u(i)$ 的均值。

因为 $u(i) = \ln[S(i)/S(i+1)]：N\left[\left(\mu - \dfrac{\sigma^2}{2}\tau, \varpi^2\right)\right]$，所以可以得到

$$\bar{\sigma} = \frac{\bar{s}}{\sqrt{\tau}}$$
(9.46)

（二）汇率隐含波动率估计

隐含波动率是指基于某个定价模型计算出来的汇率的波动率,主要是根据目前外汇期权的价格代入 B-S 公式来计算汇率的波动率。隐含波动率的一个重要用途是确定期权的定价是否合理。如果隐含波动率低于汇率实际波动率,那么外汇期权价格被低估,存在套利空间;如果隐含波动率高于汇率实际波动率,那么外汇期权价格被高估,应该看跌外汇期权。

第四节　外汇期权交易原理

在外汇期权交易时,既可以采用单一外汇看涨或看跌期权进行交易,也可以构造外汇期权的投资组合来进行交易。

一、单一外汇期权交易策略

单一外汇期权交易主要是根据即期汇率与外汇期权执行价格之间的关系来确定。对于外汇看涨期权来说,当执行价格低于即期汇率时,执行外汇看涨期权;当执行价格高于即期汇率时,则不执行该外汇期权。对于外汇看跌期权来说,如果执行价格低于即期汇率,则不执行该外汇看跌期权;当执行价格高于即期汇率时,则执行该外汇看跌期权。

例 9-4　某家中国企业从美国进口一批货物,两个月以后美元支付,为了防止美元在两个月以后升值,该企业通过购买美元看涨期权来规避该风险。执行价格为 USD 1＝CNY6.350,期权价格为 CNY0.02/USD。到期日,该企业将根据即期汇率与期权执行价格之间的关系来决定是否执行该美元看涨期权。我们可以通过表 9-3 来说明美元看涨期权执行和收益情况。

表 9-3　美元看涨期权收益　　　　　　　　　　　　　　　　　　人民币元

美元即期汇率	美元期权是否执行	收益
6.205	不执行	−0.02
6.350	执行或不执行	−0.02
6.370	执行	0
6.400	执行	0.03

同样,如果该企业看跌美元,购买了美元看跌期权,执行价格为 USD 1＝CNY6.200,期权价格为 CNY0.02/USD。到期日,该企业将根据即期汇率与期权执行价格之间的关系来决定是否执行该美元看跌期权。我们通过表 9-4 来说明美元看跌期权执行和收益情况。

表 9-4　美元看跌期权收益　　　　　　　　　　　　　人民币元

美元即期汇率	美元期权是否执行	收益
6.205	不执行	−0.02
6.200	执行或不执行	−0.02
6.180	执行	0
6.000	执行	0.18

二、外汇期权组合交易策略

通常在外汇期权交易时,可以通过同时购入相同货币的多个外汇期权来构建一个投资组合进行交易。当持有同类型的外汇期权时(也即同为外汇看涨期权或外汇看跌期权),常称为差价期权;当持有不同类型的外汇期权时(也即同时存在外汇看涨期权和外汇看跌期权),则称为组合期权。这里我们分开介绍这两种外汇期权投资组合的交易策略。

(一)差价期权交易策略

差价外汇期权交易策略,可以分为牛市差价交易期权、熊市差价交易策略和蝶式差价交易策略。

1. 牛市差价外汇期权

牛市差价外汇期权策略是在购买一个确定执行价格的外汇看涨期权的同时,出售一个更高执行价格的同种外汇看涨期权。如图 9-2 所示,两条虚线分别表示两个外汇期权的收益,实线表示该投资组合的收益。可以看出,随着执行价格上升,看涨期权的价格将下跌,售出的看涨期权的价格总是小于买入的看涨期权价格。因此,用看涨期权组成的牛市差价期权,需要初始资本才能构建该投资组合。

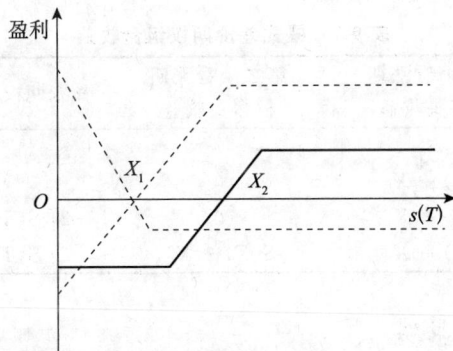

图 9-2　牛市差价期权

设购入看涨外汇期权的执行价格为 X_1,售出的看涨外汇期权的执行价格为 X_2,其中

$X_1 < X_2$，期权到期日的即期汇率为 $S(T)$。我们可以计算出该组合的收益，如表9-5所示。

表9-5　牛市差价期权组合收益

汇率值	买入看涨期权收益	卖出看涨期权收益	总收益
$S(T) \geqslant X_2$	$S(T) - X_1$	$X_2 - S(T)$	$X_2 - X_1$
$X_2 > S(T) > X_1$	$S(T) - X_1$	0	$S(T) - X_1$
$X_1 \geqslant S(T)$	0	0	0

2. 熊市差价交易策略

与牛市差价交易策略类似，如果投资者预期未来汇率将会下跌，那么可以采用熊市差价交易策略。熊市差价交易策略是指投资者在购买一个较高执行价格的看涨期权的同时，出售一个较低执行价格的看涨期权。

设购入的看涨外汇期权的执行价格为 X_1，售出的看涨外汇期权的价格为 X_2，其中 $X_1 < X_2$，期权到期日的即期汇率为 $S(T)$。我们可以计算出该组合的收益，如表9-6所示。

表9-6　熊市差价期权组合收益

汇率值	买入外汇看涨期权收益	卖出外汇看涨期权收益	总收益
$S(T) \geqslant X_2$	$S(T) - X_2$	$X_1 - S(T)$	$-[X_2 - X_1]$
$X_2 > S(T) > X_1$	0	0	$-[S(T) - X_1]$
$X_1 \geqslant S(T)$	0	0	0

3. 蝶式差价期权组合

蝶式差价期权是由三个不同执行价格的外汇期权组成。该投资组合构造策略是，买入一个执行价格（X_1）较低的看涨期权和一个执行价格（X_3）较高的看涨期权，同时出售两个执行价格 $[X_2 = (X_1 + X_2)/2]$ 位于中间的看涨期权。这样，我们可以得到该外汇期权投资组合的收益状况，如表9-7所示。

表9-7　蝶式差价期权组合收益

汇率值范围	第一个看涨期权多头收益	第二个看涨期权多头收益	看涨期权空头收益	总收益
$X_1 \geqslant S(T)$	0	0	0	0
$X_2 > S(T) > X_1$	$S(T) - X_1$	0	0	$S(T) - X_1$
$X_3 > S(T) \geqslant X_2$	$S(T) - X_1$	0	$-2[S(T) - X_2]$	$X_3 - S(T)$
$S(T) \geqslant X_3$	$S(T) - X_1$	$S(T) - X_3$	$-2[S(T) - X_2]$	0

（二）组合期权交易策略

1. 跨式外汇期权组合

跨式期权组合是同时购买执行价格相同、到期日相同的同种货币的看涨期权和看跌期权。我们同样给出该组合的收益情况，如表9-8所示。

表 9-8　跨式期权组合收益状况

汇率值范围	看涨期权收益	看跌期权收益	组合收益
$X \geqslant S(T)$	0	$X - S(T)$	$X - S(T)$
$X < S(T)$	$S(T) - X$	0	$S(T) - X$

2. 宽跨式外汇期权组合

宽跨式外汇期权组合是购买到期日相同、执行价格不同的一个看涨期权和一个看跌期权。假设看涨期权执行价格为 X_2，看跌期权执行价格为 X_1，且 $X_2 > X_1$。计算出宽跨式外汇期权组合的收益状况如表 9-9 所示。

表 9-9　宽跨式外汇期权组合收益

汇率值范围	看涨期权收益	看跌期权收益	组合收益
$X_1 \geqslant S(T)$	0	$X_1 - S(T)$	$X_1 - S(T)$
$X_2 > S(T) > X_1$	0	0	0
$S(T) > X_2$	$S(T) - X_2$	0	$S(T) - X_2$

同步测练

1. 名词解释

外汇期权　外汇期权交易　美式期权　欧式期权　期权内在价值　期权时间价值

2. 计算题

(1) 设外汇期权执行价格为 USD 1＝CNY 6.10，即期汇率为 USD 1＝CNY 6.20，美元利率为 5.75%，人民币利率为 4.5%，到期期限为 90 天，年波动率(标准差)为 0.25。利用欧式外汇买入期权定价公式计算人民币外汇买入期权的价值。

(2) 如果某投资者预期美元对人民币有可能升值，于是购买一项美元看涨期权，金额为 1 亿美元，执行价格为 USD 1＝CNY 6.80，有效期为一个月，期权价格为 1.5%，试计算：

a. 盈亏平衡点；b. 期权最大亏损；c. 期权最大收益；d. 到期盈亏状况。

(3) 若投资者预期欧元在 3 个月内将贬值，则该投资者按协定汇率 EUR/USD＝1.2500 买入 3 个月期 100 万欧元欧式 EUR Put /USD Call，期权费为 USD 0.03/EUR。问投资者应如何操作？

(4) 若投资者预期欧元在 3 个月内将升值，则该投资者按协定汇率 EUR/USD＝1.1500 买入 3 个月期 100 万欧元欧式 EUR Call/USD Put，期权费为 USD 0.02/EUR。问投资者应如何操作？

(5) 一家美国进口商要在 90 天后向英国出口商支付 100 万英镑的货款，市场上的即期汇率1英镑＝1.5200美元,为了避免英镑汇率上涨的风险,该进口商买入100万英镑的看涨期权。假设购买英镑的期权费为每英镑0.0200美元,允许他在今后3个月内,随时以协定汇率1英镑＝1.5200美元购买100万英镑。试问:

　　a. 美国进口商买进的是欧式期权还是美式期权?

　　b. 该期权的盈亏平衡点是多少?

　　c. 分析该进口商的操作策略。

3. 简答题

(1) 影响期权费的因素有哪些?

(2) 简述期权价格的构成。

(3) 简述如何利用期权交易策略。

(4) 请简述外汇期权交易特点。

4. 论述题

(1) 试分析买入看涨期权的策略及其盈亏状况。

(2) 试分析买入看跌期权的策略及其盈亏状况。

(3) 试分析卖出看涨期权的策略及其盈亏状况。

(4) 试分析卖出看跌期权的策略及其盈亏状况。

(5) 试分析外汇期权在国际贸易中的应用。

(6) 试分析进口商利用外汇期权交易来规避汇率风险的利弊。

C 第十章
HAPTER TEN

外汇管理

学 习 目 标

通过本章学习,加深对我国外汇管理目标的理解,了解我国外汇管理体制历史变迁和我国现行的外汇管理框架。

重 难 点 提 示

- 国际收支平衡与外汇管理关系
- 外汇管理的作用
- 我国外汇管理体制的发展历程
- 我国现行的外汇管理框架

第一节　外汇管理概述

在社会经济发展中,任何一国都存在广泛的国际经济交往。而在国际经济交往中要用外汇来作为支付清算手段,有必要对外汇的获得、使用等方面进行管理。本节主要介绍外汇管理的定义以及我国实施外汇管理的目标。

一、外汇管理

外汇管理,是指一国政府授权货币当局或其他机构,通过立法和设立市场规则,对外汇的收支、买卖、借贷、转移以及国际间结算、外汇汇率和外汇市场等实行的管制行为。外汇管理既包括从政府角度对外汇运作的宏观调控,又包括从企业、个人、银行等市场主体角度进行的外汇经营的微观管理。

二、我国外汇管理的目标

外汇管理作为一种公共选择,是世界各国调节外汇和国际收支的一种常用的强制性手段。通过国家制定的法律、法规和政策对主体的行为、外汇市场交易、外汇归属权和汇率制度而进行管理。应该说,外汇管理本身不是目的,国家实施外汇管理的目的最终是为了维护社会经济运行秩序,促进本国经济发展。我国现行的外汇管理的主要目标以下几个主要方面。

(一)促进国际收支平衡

1. 国际收支平衡的概念

国际收支平衡也称外部平衡,是指一国国际收支净额也就是净出口与净资本流出的差额为零。用公式来表示,即国际收支净额＝净出口－净资本流出。从跨境资金流动的角度来理解,国际收支平衡则是指在特定的时间段内一国的国际收入等于国际支出。如果在特定的时间段内,一国的国际收入大于支出,国际收支为正值,呈现顺差状态;反之,如果国际支出大于收入,则国际收支为负值,呈现逆差状态。一般来说,一国的国际收支状况不论是从一个时期来看还是从某一时刻来看,总是处于不平衡状态。不平衡是经常的、绝对的,平衡则是偶然的、相对的。

2. 国际收支持续失衡的负面影响

国际收支持续失衡也就是国际收支不平衡,会对一国经济会产生不利影响。如果一国的国际收支发生持续的、大规模的逆差,则会产生两方面的不良后果:一方面,会导致外汇储备大量流失,本币汇率下跌,国际资本大量外逃,引发货币危机;另一方面,持续逆差还会导致获取外汇的能力减弱,影响经济发展所需生产资料的进口,抑制国民经济增长,影响充分就业。如果一国发生持续的、大规模的顺差,也会产生几个方面的负面影响:首先,持续的大规模顺差给本国实施的货币供给量带来压力,管理不善可能会导致产生通货膨胀和资产泡沫。其次,持续的、大规模的顺差可能引发跨境资金的集中流入或流出,加剧国际收支失衡。因为较大顺差是汇率升值预期的重要原因之一,套利资金可能大量流入,使国际收支顺差进一步扩大。而资金的大量流入往往孕育着大规模流出的可能,将来形势稍有波动,可能出现资金的集中流出。最后,顺差也意味着没有充分合理地利用经济资源,大量资金没有用于国内投资和消费,而用于出口部门,不利于产业结构优化和动态调整。

3. 外汇管理是调节国际收支平衡的重要措施

面对国际收支较大规模的不平衡,外汇管理可以通过制定相关政策,严格审核国际收支交易真实性来防范虚假外汇资金流动,可以通过调整直接投资、外债、证券投资等资本项目收结汇、购付汇等政策以及建立健全跨境资金流动监测监管体系,防控异常资金跨境流动,从而促进国际收支平衡。因此,现任国家外汇管理局局长易纲曾指出,维护和促进国际收支平衡,既是外汇管理的核心职责之一,也是长期以来外汇管理改革所要实现的战略目标。应当说明的是,国际收支平衡状况是国民经济特别是对外经济整体运行的结果,要保持国际收支相对平衡,最根本的是要优化经济结构,最关键的是要理顺体制机制。因此我国长期坚持按"扩内需,调结构,减顺差,促平衡"方针,促进我国国际收支平衡。

(二)维护国家金融安全

从理论上说,一国的开放程度越高,其维护金融安全的责任和压力就越大。跨境资本异常流动会对一国金融安全产生冲击,因此而成为影响国家经济金融安全的重大隐患。外汇管理可以通过以下三种方式防范跨境资金异常流动,从而实现对国家金融安全的有效维护。

1. 外汇管理发挥"筛子"作用

国家实施外汇管理政策,通过各种制度安排,筛出跨境资本流动中没有真实交易背景以及尚未放开的资本项目外汇资金异常部分。这样,外汇管理就如同"筛子"一样,通过相关制度和政策把异常资金剔除出来或者过滤掉。例如,我国1999年开始实施的进口报关单联网核查制度,要求所有进口项下对外付汇均必须有真实交易背景。这一政策对货到付款项下假报关单进口骗汇的行为起到有效抑制作用。再比如,2010年面对"热钱"大规模流入境内的形势,我国加强了外汇业务管理,通过明确外商直接投资出资的实际缴款人与境外投资者不一致情况下的审核要求、加强境外上市募集资金调回结汇的真实性审核等组合政策,精准打击各种违法违规资金流入和结汇,有效防范"热钱"跨境流入带来的金融风险,促进我国经济金融健康有序发展。

2. 外汇管理发挥"防火墙"作用

通过实施外汇管理,对跨境资金流动和汇兑进行限制,可在境内和境外资本之间筑起流出入和汇兑转换的"防火墙",有助于为国内经济结构调整及各项改革顺利推进创造条件。例如,2007年在外资热衷流入房地产行业、国内房价高企背景下,我国对外资投资房地产所涉及的外汇政策进行调整,规定对2007年6月1日以后(含)取得商务主管部门批准证书且通过商务部备案的外商投资房地产企业不予办理外债签约登记手续;对未全部缴付注册资本或未取得《国有土地使用证》的或开发项目资本金未达到项目投资总额35%的外商投资企业不得借用外债。这项针对外商投资房地产企业借用外债的限制性外汇管理政策,对国家实施抑制房地产价格上涨过快的宏观调控政策发挥了重要作用。从国际实践经验来看,小型新兴市场经济国家频频发生的金融危机,在一定程度上都与其本国资本项目的无序开放是息息相关的。因此,防范和化解全球化风险,需适应经济发展阶段和金融监管水平,适当发挥外汇管理隔离风险的"防火墙"作用。

3. 外汇管理发挥"蓄水池"作用

国家可以根据国内外经济金融情况,通过实施外汇管理政策,收紧或放宽对境内机构和居民个人保留或自由支配外汇的比例或额度,间接调控外汇资源在国家和民间的持有比例。例如,当外资流入压力过大、国际收支顺差规模过大时,可以通过外汇管理政策限制外资过快流入,促进境内外汇资金流向境外,就相当于卸闸放水,适度降低外汇储备资金规模。比如2011年,在境内外利差、人民币汇率升值等套利因素的影响下,我国结售汇顺差规模增长迅速,外汇收支形势严峻,外汇管理局果断实施"限流入、促流出"的外汇管理政策,合理引导跨境资金有序流动。当面临资本外逃或大规模资本流出时,外汇管理可以要求境内机构和居民个人及时调回境外外汇,抑制资本外流,做大国家外汇储备资金池,威慑或防卫投机性资本攻击。

(三) 服务实体经济发展

促进贸易投资便利化,支持实体经济健康发展,是外汇管理的出发点,也是其归宿点。因此,改进服务始终是外汇管理工作的基础。为适应对外经济发展的需要,外汇管理在满足监管需求的前提下,通过实施便利化措施,改进服务,最大可能地便利企业经营,支持企业提升国际竞争力。2012年以来,外汇管理局深入开展货物贸易和服务贸易外汇管理改革,使绝大多数市场主体受益,有效促进了贸易便利化。例如,货物贸易改革后,企业单笔平均收、付汇时间分别缩短70%和85%,业务办理效率大幅提高;企业往返外汇管理局、银行之间的"脚底成本"大为减少,投入的人力资源减少了1/3。服务贸易外汇改革后,绝大部分服务贸易收、付汇业务银行可不提交审核单证,银行业务办理时间由原先20分钟以上缩短为5分钟,企业仅单笔业务交通费即可节约30~50元人民币。在资本项目外汇管理方面,不断简化利用外资和对外投资外汇管理手续,推动国内企业充分地利用两种资源、两个市场,提高生产要素的配置效率。例如,2012年年底以来实施简政放权改革,改进直接投资、外债和跨境担保管理,使得资本项下行政许可项目减少60%以上,大力推进贸易投资便利化,支持实体经济健康发展。另外2014年进一步推进跨国公司外汇资金集中运营管理试点,以公司治理结构相对良好的跨国公司为载体,通过国内、国际外汇资金主账户管理方式,分别集中管理境内、境外成员单位外汇资金,降低整体结算及汇兑成本,赋予企业更大的资金运作空间,充分体现了外汇管理服务实体经济的特点。

第二节 我国外汇管理体制历史回顾

外汇管理体制是一国外汇管理的运行机制。从1949年至今,我国对外汇管理体制进行了多次改革,每个历史阶段的外汇管理的特点和内容均有所不同。

一、外汇管理体制的概念

外汇管理体制,其含义是指一国政府对外汇的收支、买卖、结算、价格、市场化等行为所采取的管理制度,是外汇管理的运行机制。这种运行机制是由外汇管理的主体,运用有关的管理方式(经济的、法律的或者行政的管理手段)对外汇管理的客体实施具体的管理而形成的运作过程或规范程序。其中,外汇管理的主体是实施外汇管理行为的决策者与组织者,一般是国家政府指定的专门机构负责。在我国,经国务院授权,由国家外汇管理局及其分支局负责实施外汇管理。外汇管理的客体就是外汇管理的对象,包括对人和对物两个方面。

二、我国改革开放前的外汇管理

从1949年至今,根据不同时期的经济发展需要,我国对外汇管理体制进行了多次改革,大体可以以1978年改革开放为分界线,分为改革开放前和改革开放后两个历史阶段。改革开放前的外汇管理又以1953年实施计划经济体制为分界线,分为新中国成立初期的外汇管理和计划经济时期的外汇管理两个历史阶段。

(一)新中国成立初期的外汇管理

这一阶段的时间划分是1949—1952年,是我国的国民经济恢复时期。这一时期外汇管理的主要特点是实行严格的外汇管理,建立独立自主的外汇管理制度与维持正常的金融秩序。外汇管理的主要内容包括:建立外汇供给和结汇制度,由国家统一集中外汇收入和合理使用外汇;取缔外国在华银行的经济和金融特权,禁止外币在市场上流通;初步探索建立人民币汇率的形成机制,按物价对比法来指定和调整人民币汇率;扶植出口,鼓励侨汇;建立外汇指定银行管理制度,全国共核准53家银行经营外汇业务(其中华商55家、侨商3家和外商15家);严格禁止私自携带或邮寄人民币、外币和金银出境;加强对非贸易外汇的管理,规定非贸易外汇必须卖给或存入国家银行,不得私自保留。这一时期的外汇管理,对恢复和发展国民经济、稳定金融和物价发挥了积极作用。

(二)计划经济时期的外汇管理

这一阶段的时间划分是1953—1978年,是我国社会主义改造和建设时期,国家实行全面的高度集中的计划经济体制。与这一阶段高度集中的计划经济体制相适应,在外汇管理体制上实行"集中管理、统一经营",对国家的外汇收支进行高度集中的全面计划管理和控制。国家对外贸和外汇实行统一经营,外汇收支实行高度集中的指令性计划管理;所有外汇收入必须售给国家,用汇实行计划分配;基本上对借用外债和利用外资采取排斥做法,对外基本不举借外债,不接受外国来华投资;人民币汇率对进出口贸易不再起调节作用,仅作为计划核算工具,主要用于非贸易外汇兑换结算。

三、我国改革开放后的外汇管理

改革开放后,我国对外经济迅猛发展,外汇管理体制也随之经历多次改革,大致分为如下四个阶段。

(一)启动改革阶段

这一阶段时间是从 1978 年年底到 1993 年。1978 年 12 月我国正式宣布开始实行经济改革和对外开放的总方针,而国务院决定从 1994 年 1 月 1 日起我国进一步改革外汇管理体制,因此这一阶段主要是反映我国在改革开放后到 1994 年期间的外汇管理状况。在这一阶段,我国逐步改变外汇的统收统支,允许出口企业有一定的外汇自主权。从 1979 年开始实行企业外汇留成制度,并允许企业间调剂外汇余缺。人民币外汇调剂市场汇率与官方汇率并行。1980 年 12 月国务院发布的《外汇管理暂行条例》是这一阶段基本的外汇管理法规。这一阶段,配置外汇资源的市场机制不断发育,对于促进吸引外资、鼓励出口创汇、支持国民经济建设发挥了积极作用。

(二)转折性改革阶段

这一阶段时间是从 1994 年到 1996 年。1994 年,国家对外汇管理体制进行重大改革,人民币官方汇率与市场汇率并轨,实行以市场供求为基础的、单一的、有管理的浮动汇率制度;改进了汇率形成机制,取消外汇留成制度;实行银行结售汇制度,建立全国统一规范的外汇市场;取消外汇收支的指令性计划,采用经济的和法律的手段调控国际收支;取消境内外币计价阶段,禁止外币在境内流通,停止发行并逐步回收外汇券。1996 年 1 月《中华人民共和国外汇管理条例》颁布实施,外汇管理改革成果以法规形式得以进一步确立。同年 12 月,我国宣布接受《国际货币基金组织协定》第八条款,实现人民币经常项目可兑换。但这一时期对资本项目外汇收支仍继续实行计划管理和审批。这一阶段,我国外汇管理逐步走向规范化、法制化和市场化,基本实行了人民币经常项目有条件可兑换过渡到完全可兑换,使得这一阶段外汇供求的市场基础不断扩大,市场机制配置外汇资源的基础性地位进一步增强。但总体来看,我国外汇资源仍然短缺,因此,国家建立了事后核对进出口物流和资金流是否对应的进出口核销制度,通过出口收汇核销管理,可以加快收汇速度,提高出口收汇率,防止出口少收汇和进口多付汇。

(三)适应性调整阶段

这一阶段的时间划分是从 1997 年到 2000 年。1997 下半年起,亚洲金融危机爆发并逐步加深,东南亚各国货币大幅贬值,人民币贬值压力加大。为应对亚洲金融危机,我国在外汇管理方面相机实施了"宽进严出"的政策,采取了一些临时性的应对措施,强化了资本流出管制。在经常项目方面,逐步完善进出口收付汇核销制度。1999年1月1日,我国正式启用进出口报关单联网核查系统,与海关实现联网,使进出口付汇核销监管制度进一步得到完善。进口报关单联网核查制度的实施,有力打击了利用报关单逃骗汇现象,有效抵御了外部冲击。在个人外汇管理方面,在真实性需求的基础上逐步放宽,1997年9月,居民个人因私兑换外汇标准由1996年的1 000美元提高到2 000美元。由于经常项目刚刚实现完全可兑换,加上应对亚洲金融危机的需要,资本项目外汇管理主要采用了审慎性的监管措施,比如严格控制提前偿还外债、禁止使用人民币购汇用于偿还贷款和境外投资等。直到危机结束后,我国才逐渐放松资本项目管制,比如对部分境外投资免交汇回利润保证金、允许购汇境外投资。

（四）深化改革阶段

这一阶段时间是从2001年到2009年年中。2001年年底我国加入世界贸易组织,对外经济迅猛发展,外贸顺差急剧扩大,外商来华投资踊跃,国际收支持续大额顺差。在此背景下,外汇管理体制进入自我完善和深化时期,这一时期外汇管理的主要特点是由直接管理转向间接管理,由"宽进严出"管理转向均衡管理,进一步放松人民币汇兑限制,外汇体制的市场化改革和取向得到进一步确定。探索改变逐笔核销监管模式,完善进出口收付汇核销制度;取消了经常项目外汇账户开户审批和账户限额管理,允许企业自主保留外汇;取消对外直接投资的外汇风险审查、外汇资金来源审查等行政审批项目;先后引入合格境外机构投资者、合格境内机构投资者等。2005年7月人民币汇率形成机制改革,改变了亚洲金融危机以来实际上的固定汇率机制,建立起以市场供求为基础的、参考一篮子货币进行调整的、有管理的浮动汇率制度。人民币汇率弹性和灵活性显著增强,外汇市场加快发展。同时,还加强了外汇资金流入管理,如2008年实施出口收结汇联网核查,通过核对出口报关单数据,核查出口收汇是否有真实贸易背景,防止出口多收汇。这一时期,对外汇资金实行流入流出均衡管理的原则和制度逐步确立,资本项目可兑换进程稳步推进,贸易投资外汇管理不断便利化。2008年8月修订实施的《外汇管理条例》突出了均衡管理原则和国际收支应急保障制度。

（五）全面深化改革阶段

这一阶段的时间是从2009年下半年至今。2009年,外汇局在全面开放的经济框架下,重新审视外汇管理工作,明确提出了新时期深化外汇管理改革的"五个转变":从重审批转变为重监测分析,逐步从较为依赖审批和核准的管理方式转变为重点加强跨境资金流动的监测分析和预警;从重事前监管转变为强调事后管理,逐步从事前逐笔审核转为事后核查和重点查处;从重行为管理转变为更加强调主体管理,逐步从按交易行为和业务性质监管转为以经济主体为单位进行管理;从"有罪假设"转变到"无罪假设",逐步从事前排查经济主体外汇收支的真实性转为事后举证查处违法违规经济主体;从"正面清单"转变到"负面清单",逐步从"法无明文授权不可为"转为"法无明文禁止即可为"。按照"五个转变"的外汇管理理念和方式,着力推动经常项目、资本项目、国际收支统计等各项外汇管理改革,并不断完善跨境统计监测监管体系,全面深化外汇管理体制改革。在这一阶段,在"五个转变"的促进下,我国外汇管理方式发生明显变化,贸易和投资便利化程度明显提升,外汇管理体制机制建设在这一阶段步入了改革的"快车道"。在这一阶段,在经常项目外汇管理方面,先后推出货物贸易改革和服务贸易改革。这两项改革通过整合法规、简化单证、取消事前审批等方式有效促进了贸易便利化,同时通过建立系统、强化事后监测和风险监管、加强跨部门信息共享和联合监管等方式,加强了风险防范,从而有效地实现了防风险、促便利的有效结合。在资本项目外汇管理方面,2012 年年底对直接投资外汇管理进行调整,2013 年简化了外债登记管理环节,2014 年相继改革外债转贷款、跨境担保外汇管理方式等,将多项权限下放至银行,极大促进投资便利化。国际收支统计方面,按照国际统计新标准,2013 年年底修订了《国际收支统计申报办法》,并采用最新国际统计标准发布实施《对外金融资产负债及交易统计制度》,2014 年还修订并发布涉外收支交易分类与代码,同时根据新国家标准启用新的国民经济行业分类与代码。此外,还打破了经常项目和资本项目划分管理的模式,进一步创新和深化跨国公司外汇资金集中运营管理改革试点。目前,全面深化外汇管理改革仍在进行中,个人外汇管理等多个领域也将进一步改革。

第三节　我国现行外汇管理框架

目前,我国以功能监管为主线,建立了一个涵盖居民、非居民、自然人和法人等各类主体的外汇管理制度体系。现行的外汇管理框架主要由经常项目外汇管理、资本项目外汇管理、国际收支统计与监测、金融机构外汇业务管理、外汇储备管理、人民币汇率和外汇市场管理以及外汇管理的检查与处罚七个部分组成一个相互联系的有机整体。

一、经常项目外汇管理

1996 年年底,我国宣布接受《国际货币基金组织协定》第八条款,实现了人民币经常项目可兑换,只要交易真实、合法,对外支付就不予限制。由于目前我国仍实行资本项目部分管制,为确保资本项目管制的有效性,防止无贸易背景或违法资金等非法流出入,经常项目外汇管理的核心目标和原则是真实性审核。通过真实性审核防范异常资金流动风险,同时兼顾促进贸易便利化。实现手段主要是通过核对资金流与物流对应情况、规范银行审核外汇收支单证、实施事后核查等。

(一)货物贸易外汇管理

货物贸易项下的外汇收支在经常项目中占主导地位,在管理上包括对出口少收汇(逃汇、截留外汇)、进口多付汇(套汇、骗汇)、出口多收汇(投机资金流入)和进口少付汇(投机资金流入)四个方面的监管。在 2012 年货物贸易外汇管理改革之前,通过建立完善进出口收付汇核销制度来实现对出口少收汇和进口多付汇的监管;通过贸易信贷登记管理制度、出口收结汇联网核查制度等来实现对进口少付汇和出口多收汇的监管。货物贸易改革之后,对上述四个方面的监管均统一为"总量核查、动态监测、分类管理"。依托业务系统全面采集数据,通过非现场总量比对企业的货物流和资金流,并动态监测重点企业,实施必要的现场核查可疑情况对企业进行分类监管。

(二)服务贸易外汇管理

我国对服务贸易项下国际支付不予限制。服务贸易外汇收支应当具有真实、合法的交易基础,服务贸易外汇收入可按规定的条件、期限等调回境内或者存放境外,可以自行保留或办理结汇;服务贸易外汇支出,可以使用自有外汇支付或者以人民币购汇支付。服务贸易与货物贸易在管理手段上大有不同,由于其没有所谓的货物流信息可供核对,因此通过在法规中明确银行审核外汇收支所涉单证,并与税务部门等合作形成监管合力,同时建立由宏观分析、中观监测、微观核查紧密结合的非现场监管体系,并辅以必要的现场核查、检查,加强跨境资金流动风险防控。

(三)个人外汇管理

对于个人结汇和境内个人购汇实行年度总额管理,外汇局根据国际收支状况对年度总额进行调整,目前的年度总额分别为每人每年等值 5 万美元。额度内的,凭身份证件在银行直接办理;超过额度的,持规定材料在银行办理。随着个人用汇需求的变化,为便利个人外汇收支,简化业务手续,个人外汇管理也将进一步改革。

(四)经常项目外汇账户管理

经常项目外汇账户是涉外主体开展日常对外经营活动,办理外汇收支的重要载体,也是外汇局实施非现场监测的重要途径之一。与资本项目外汇账户实施专户管理不同,对于经常项目外汇账户主要通过开户资格进行管理,并且不断调整放松并最终取消总量限额要求。目前经常项目外汇账户可在银行自由开立,首次开立只需向外汇局办理基本信息登记;对账户内资金可自主保留和使用。

二、资本项目外汇管理

根据我国经济发展的客观需要以及金融监管体系的逐步健全,在风险可控的前提下,依照统筹规划、循序渐进、先易后难、分步推进的原则,积极稳妥地推进人民币资本项目可兑换进程。目前,资本项目外汇管理以外汇登记为主要手段,依托业务系统全面采集数据,构建事后监督机制,实现资本项目跨境资金流动统计监测和预警。同时对部分资本项目交易特别是证券投资项下交易仍保留了事前审批。另外,与经常项目外汇管理所不同,资本项目外汇管理管理原则上不完全是真实性,对部分交易项目即使具有真实性需求,也不允许,比如境内个人境外购买房地产等。

(一)直接投资外汇管理

目前,我国对直接投资外汇管理的重点是通过登记等手段实现跨境资金流动统计监测,并根据外汇收支形势特点,实施相应汇兑管理。具体是通过相关业务系统,利用外汇登记手段和银行数据报送实现统计目的;通过资本金账户、年度外汇经营状况申报等管理手段,落实外商投资登记管理等要求;对境外直接投资外汇管理主要实行登记备案制度。

(二)外债管理

对外债实施管理主要是通过以规模管理和登记管理,辅以账户管理、汇兑管理和用途管理等方式和手段,实现对外举债的规模和投向控制以及提高外债资金的使用效益等目标。凡是借用外债的境内机构均需办理外债登记,外汇局建立全口径外债统计监测机制,并定期向社会公布外债统计数据。

(三)跨境担保管理

跨境担保可能转化为实际负债,分为内保外贷、外保内贷和其他跨境担保形式。外汇局对内保外贷和外保内贷实行登记管理,担保履约后形成对外债权的,应按相关要求办理对外债权登记。境内机构提供或接收其他形式跨境担保应符合相关外汇管理规定。

(四)资本市场外汇管理

目前,在我国,在居民境外证券发行方面,目前经中国证监会批准可境外上市,经国家发展和改革委员会、国家外汇管理局审批可境外发行债券,但尚未允许境外发行基金产品和衍生产品。居民境外买卖方面,主要实行 QDII,允许银行买卖境外债券,并采用沪港股票市场交易互联互通机制试点允许两地投资者通过当地证券公司买卖规定范围的对方交易所上市的股票。非居民境内发行方面,仅允许国际开发机构境内发行人民币债券,即熊猫债。非居民境内买卖方面,主要实行 QFII、RQFII 制度,允许从事 B 股交易等。

三、国际收支统计与监测

我国对跨境交易资金流动进行统计,实行国际收支统计申报制度。境内机构或个人向境外汇款或者从境外收款,都要履行申报义务。由机构或个人直接向外汇局申报收付汇信息的,称为直接申报。由机构或个人委托银行代申报的,称为间接申报。目前非银行机构和个人的申报基本上通过银行代申报完成。直接申报方面主要实行对外金融资产负债及交易统计制度,申报主体为金融机构。此外,对于较难通过交易主体申报采集的数据,我国还建立了贸易信贷调查制度等国际收支统计专项调查制度。通过国际收支统计间接申报和直接申报等制度,采集我国国际收支统计数据,并以此为基础定期编制和公布中国国际收支平衡表和中国国际投资头寸表。

四、金融机构外汇业务管理

我国对金融机构外汇业务的监管由外汇管理、银行业监督管理等部门分别负责。商业银行外汇与外汇间的买卖等外汇业务由银行业监督管理部门负责。外汇局对金融机构外汇业务的管理包括以下几个方面内容。

（1）负责履行银行结售汇业务的市场准入管理。

（2）保险经营机构、证券公司、财务公司等非银行金融机构外汇业务资格审批。非银行金融机构外汇业务的范围包括外汇保险、发行或代理发行外币有价证券、买卖或代理买卖外币有价证券、即期结售汇业务等。

（3）考核金融机构办理外汇收支业务的合规性。外汇局通过设定考核指标、考核方法等考核金融机构办理外汇收支业务的合规性，同时通过对其违法行为进行检查和处罚，加强对金融机构办理外汇业务的监管。

五、外汇储备管理

外汇储备管理是外汇局的重要职责。在中国人民银行的授权下，国家外汇管理局依法经营管理国家外汇储备，遵循安全、流动、增值的原则。对外汇储备的管理主要是以投资基准为核心的管理模式。投资基准确定了货币、资产、期限和产品分布的结构和比例，是投资管理过程中衡量某项资产或投资组合构成和收益的重要参照指标。在按照投资基准经营的同时，允许经营人员对基准进行适度偏离，以便发挥经营人员的主观能动性，这样可以在既定风险之下创造超出基准的收益。这一模式既借鉴了国际经验，也具有自身特色。

六、人民币汇率和外汇市场管理

（一）人民币汇率管理

1994 年外汇体制改革之后，人民币官方汇率与市场汇率并轨，实行以市场供求为基础的、单一的、有管理的浮动汇率制度。2005 年 7 月 21 日，我国开始实行以市场供求为基础、参考一篮子货币进行调节、有管理的浮动汇率制度；中国人民银行授权中国外汇交易中心于每个工作日上午 9 时 15 分对外公布当日人民币兑美元、欧元、日元、港币和英镑汇率中间价，作为当日银行间即期外汇市场以及银行柜台交易汇率的中间价。自 2014 年 3 月 17 日起，银行间即期外汇市场人民币兑美元交易价浮动幅度由 1％扩大至 2％，银行为客户提供当日美元最高现汇卖出价与最低现汇买入价之差不得超过当日汇率中间价的幅度由 2％扩大至 3％。

（二）外汇市场管理

目前我国的外汇市场由外汇零售市场与外汇批发市场组成。外汇零售市场是指银行与企业、个人等客户之间进行柜台式外汇买卖所形成的市场。在外汇零售市场，银行经营即期结售汇业务或人民币与外汇衍生产品业务须事先经外汇局批准，取得市场准入资格；银行根据经营需要自行决定挂牌货币并执行银行汇价管理规定；遵守结售汇综合头寸管理规定，在规定时限内将结售汇综合头寸保持在核定限额以内。银行建立结售汇会计科目，区分即期结售汇和人民币与外汇衍生产品分别核算对客结售汇、自身结售汇和银行间市场交易业务，履行结售汇、综合头寸等数据统计义务。银行办理结售汇业务时，应当按照"了解业务、了解客户、尽职审查"的原则对相关凭证或商业单据进行审核；办理人民币与外汇衍生产品业务时，应当与有真实需求背景的客户进行与其风险能力相适应的衍生产品交易，并遵守外汇局关于客户、产品、交易头寸等方面的规定。

在外汇零售市场，银行在与客户之间进行外汇交易必然导致外汇头寸的盈缺。由于外汇市场存在汇率波动，银行保留外汇头寸敞口面临汇率风险较大，因此，银行要对多余头寸进行抛出，对短缺头寸进行补进，于是形成了银行间外汇市场。这个市场就是我们通常所说的外汇批发市场。它是指银行同业之间的外汇买卖行为及其场所，市场交易的币种、形式等由外汇局规定。

七、外汇管理的检查与处罚

外汇检查是我国外汇管理的重要环节，是外汇局依据外汇管理法规、政策，依法对境内机构、个人的外汇收支或者外汇经营活动，以及境外机构、境外个人在境内的外汇收支或者外汇经营活动进行检查，并对违反外汇管理规定须依法追究行政法律责任的当事人进行调查、处理的具体行政行为。依据《外汇管理条例》的规定，外汇查处的违规行为主要包括逃汇、非法套汇、非法汇入外汇和非法结汇、违反携带外汇出入境管理规定、违反外债管理规定、非法使用外汇、非法买卖外汇、非法经营外汇业务、金融机构违反收付汇、结售汇、外汇市场管理等规定；境内外机构、个人违反国际收支统计申报、报送报表、提交单证、外汇登记等规定。

对违反外汇管理行为的定性和处罚，应当依据外汇管理法律、法规、规章和其他规范性文件规定的处罚条款，主要包括《行政处罚法》《外汇管理条例》和《国际收支统计申报办法》等。外汇处罚的种类主要有罚款、没收违法所得、强制收兑、警告、通报批判、责令整顿、撤销外汇账户、停办结售汇业务等。

外汇局在检查处理违反外汇管理行为的过程中，严格依据有关法律法规及办案程序进行，并且在实施监督检查时，可以采取的手段和措施有：对金融机构进行现场检查，进入涉嫌违法行为发生场所调查取证，询问有关机构和个人，查阅、复制有关交易单证等资料，查阅、复制有关财务会计资料及相关文件，封存可能被转移或藏匿的文件和资料，查询账户，申请人民法院冻结或者查封涉案财产或重要证据。监督检查人员不得少于2人，并应当出示证件。少于2人或者未出示证件的，有关单位和个人有权拒绝。

 **同步测练**

1. 名词解释

外汇 外汇管理 国际收支平衡 外汇管理体制

2. 多选题

(1) 关于我国目前的外汇管理,以下哪些说法是正确的:( )。

A. 只要交易真实、合法,我国对经常项目对外支付不予限制

B. 我国对服务贸易项下国际支付不予限制

C. 我国对资本项目项下国际支付不予限制

D. 我国对个人结汇和购汇实行年度总额管理

(2) 在检查处理违反外汇管理行为的过程中,外汇管理局可以采取的手段和措施有:
( )。

A. 可以对金融机构进行现场检查

B. 进入涉嫌违法行为发生场所调查取证

C. 询问有关机构和个人

D. 查阅、复制有关交易单证和财务会计资料及相关文件,封存可能被转移或藏匿的文
件和资料

E. 查询账户,申请人民法院冻结或者查封涉案财产或重要证据

3. 简答题

(1) 我国的外汇管理目标包括哪几个方面?

(2) 改革开放后,我国外汇管理体制改革经历了哪几个重要的阶段?

(3) 我国现行的外汇管理框架主要由哪些部分组成?

4. 论述题

(1) 如何理解国际收支失衡的影响?

(2) 外汇管理如何实现维护国家金融安全?

C 第十一章

国际收支统计

学 习 目 标

通过本章学习,系统了解国际收支及其统计的相关概念,掌握和了解国际收支报表内容,熟悉我国的国际收支交易数据统计体系。

重 难 点 提 示

- 国际收支统计的基本原则和方法
- 《国际收支和国际投资头寸手册(第六版)》对经常项目、资本与金融项目的调整
- 我国国际收支统计间接申报的概念和范围
- 我国现行对外金融资产负债及交易统计制度的统计内容

第一节 国际收支统计概述

一个国家或经济体与世界其他国家或经济体之间的进出口贸易、投融资往来等各项国际经济金融交易及对外资产负债等情况,通过国际收支统计数据得以反映出来。本节首先对国际收支统计进行概述,然后分别对我国的国际收支平衡表和国际投资头寸表进行解析。

一、国际收支统计

(一)国际收支的定义

国际收支是指一个国家或经济体与世界其他国家或经济体之间的进出口贸易、投融资往来等各项国际经济金融交易及对外资产负债(或对外债权债务)情况。按照IMF对国际收支的定义,国际收支是一种统计报表,它系统地记载了在特定时期内一个经济体与世界其他地方的各项经济交易。国际收支是一国(或经济体)对外经济交往的综合反映,其变化是一国(或经济体)发展变化的结果,同时又对该国(或经济体)经济运行产生重大影响。比如,国际收支状况直接影响一国(或经济体)的货币汇率波动,如果国际收支有顺差,则货币汇率可能将上升,如果有逆差,则将可能下降。再比如,国际收支状况是一国制定货币政策的重要依据,国际收支逆差时宜采用紧缩性货币政策,顺差时宜实施扩张性货币政策。

一个国家或经济体的国际收支应反映以下内容:①国际收支反映出一国(或经济体)居民与该国(或经济体)非居民之间的跨境资金收支情况;②国际收支记录的是过去一定时期内已经发生的跨境资金收支,包括在指定时期内已经全部结清的部分或者已经到期必须结清的部分以及在这一时期内虽未结清但已经发生所有权变更的部分;③跨境收支不论有偿与否,不论以何种货币计价,不论是货币形态还是实物形态,都应纳入国际收支。例如,境外投资者以实物、无形资产等形式出资,都是需要纳入国际收支统计的。

(二)国际收支统计

1. 国际收支统计的定义

国际收支统计是指对一个国家或经济体与世界其他国家或经济体之间在一定时期内发生的各项国际经济金融交易及对外资产负债情况进行的统计,包括流量统计和存量统计。国际收支流量统计是对特定时期内一国或经济体货物进出口、服务进出口、收益和转移、直接投资、证券投资、金融衍生产品、存款、贷款等国际收支交易的统计,并具体反映在一国或经济体的国际收支平衡表中;存量统计是对特定时点一国或经济体对外金融资产负债情况的统计,包括直接投资、证券投资、金融衍生产品等,并具体反映在一国或经济体的国际投资头寸表中,其变动是由特定时期内交易、价格变化、汇率变化和其他调整引起的。一国或经济体完整的国际账户体系由国际收支平衡表和国际投资头寸表共同构成。国际收支统计是一国或经济体对其自身国际收支状况作出正确评价和判断的基础,是国家制定宏观经济政策的重要依据。

2. 国际收支统计依据

IMF1948 年出版了《国际收支手册》第一版,奠定了各国国际收支统计监测的基础。为便于各成员国编制国际收支平衡表,IMF 分别于 1950 年、1961 年、1977 年、1993 年、2008 年对《国际收支手册》先后进行了 5 次修订,分别编制《国际收支手册》第二、三、四、五、六版。《国际收支手册》界定了国际收支的概念和定义,制定了国际收支的分类标准,帮助各国收集、组织国际收支统计数据。2008 年 IMF 发布了《国际收支和国际投资头寸手册(第六版)》,作为各国编制国际收支统计报表通用标准,在统计原则、范围和分类以及框架结构等多方面进行了全面修订和细化,同时强化了国际收支头寸存量统计,对各国国际收支统计数据和方法提出了更高要求。

各国按照 IMF 的原则要求结合自身具体情况编制自己的国际收支平衡表,在具体内容上不尽一致,但基本都包含以下主要账户(项目)。

(1) 经常账户(即经常项目)。这是编制国际收支平衡表最基本也是最重要的项目,反映的是一国货物贸易收支、服务贸易收支、收益及单方面转移收支的流量状况,其内容具体包含四个子项目:

① 货物贸易收支,又叫有形贸易,包括商品进口和商品出口两个小项目;

② 服务贸易收支,又叫无形贸易,具体包括运费、银行保险服务、旅游、广告费、专利费、使领馆费用、民间团体和企业长驻机构费用等;

③ 收益,包括职工报酬和投资收益两部分,其中职工报酬主要为工资、薪金和其他福利,投资收益主要是直接投资收益、证券投资收益和其他投资收益;

④ 单方面转移,又叫经常转移,即不涉及归还或偿还的资金转移。具体包括个人转移和政府转移,前者指个人之间的无偿赠与或赔偿等,后者是指政府之间的军事、经济援助、赔款、赠与等。

(2) 资本和金融账户。资本账户包括资本转移和非生产、非金融资产的收买或放弃两部分。在这里,资本转移包括涉及固定资产所有权转移,同固定资产买卖有关或以其为条件的资金转移以及债权人不索取任何回报而取消的债务。非生产、非金融资产的收买或放弃包括同有形资产和无形资产相关的各种交易。其中有形资产比如土地和地面资产等,具有非生产性;各种无形资产包括注册名、租赁合同或者其他可转让的合同以及商誉等。金融账户包括一国(或经济体)的国外资产,例如持有的货币化黄金、持有的特别提款权以及对非居民的债权。一国(或经济体)的国外负债包括对非居民的债务。

(3) 平衡项目。为了保持国际收支平衡表在账面上的平衡,应设置平衡项目使得平衡表在会计上取得平衡。平衡项目一般包括官方储备资产和错误与遗漏两个项目。前者是一国(或经济体)的国际储备,即一国(或经济体)货币当局持有的用于弥补国际收支逆差、维持其汇率稳定和作为对外偿债保证的各种形式的资产的总称。后者是用于抵补前述项目借方与贷方之间差额使得平衡表最终达到平衡的项目。因为平衡表采用复式记账法，由于统计资料来源和时点不同等原因，造成借贷不相等。如果借方总额大于贷方总额，其差额记入此项目的贷方；反之，记入借方。

　　3. 国际收支统计的基本原则和方法

　　(1) 国际收支统计基本原则

　　① 居民原则。一国国际收支所记载的经济交易必须是该国居民与非居民之间进行的。也就是说国际收支是以居民为基础进行的统计，与国籍没有必然的联系。居民指的是在一个国家的经济领土内具有一定经济利益中心的机构单位（包括个人）。即居民与非居民是按照经济领土和经济利益中心来划分的，一国将在该国经济领土内的且在该国具有经济利益中心的机构单位和个人确定为居民，其他则为非居民。在这里，经济领土包括地理领土和本国政府拥有的"飞地"，前者是按国界划分的领土，后者是一国政府拥有或租用的，经所在国政府同意由本国政府拥有或租用用于外交、军事、科学考察等目的的领土，如大使馆、领事馆、援助机构、移民办、科学信息站、军事基地等。而机构单位（包括个人）在一国经济领土内从事经济活动或交易1年或1年以上，或拥有土地和建筑，一般即被认为在该国具有经济利益中心。具体地说，一国的居民，可以是各级政府，也可以是企业、个人以及为个人服务的非营利机构。

　　按照居民与非居民的划分原则，根据《国际收支统计申报办法》，中国居民是指：一是在中国境内居留1年以上的自然人，外国及我国香港、澳门、台湾地区在境内的留学生、就医人员、驻华使馆领馆外籍工作人员及其家属除外；二是中国短期出国人员（在境外居留时间不满1年）、在境外留学人员、就医人员及中国驻外使领馆工作人员及其家属；三是在中国境内依法成立的企业事业法人（含外商投资企业及外资金融机构）及境外法人的驻华机构（不含国际组织驻华机构、外国驻华使馆领馆）；四是中国国家机关（含中国驻外使馆领馆）、团体、部队。中国居民以外即为非中国居民，包括非居民机构和非居民个人。其中非居民机构是指境外注册登记的机构，包括外国驻华使领馆和国际组织驻华机构；非居民个人是指持外国护照的个人（包括无国籍人）、港澳台个人、外国驻华外交人员和国际组织驻华代表。实践中，可按照有效证件中的国籍来认定是否为中国居民。

　　此外，在居民原则基础上，随着世界经济的发展，将非居民作为国际收支统计申报主体已逐渐成为世界各国较为普遍的做法。随着我国涉外经济交往扩大，非居民通过境内金融机构办理涉外交易的规模增长较快，参照目前国际上将非居民作为国际收支统计申报主体的做法，我国2013年年底新修订的《国际收支统计申报办法》将申报主体由中国居民扩大到在中国境内发生经济交易的非中国居民。也就是说，目前中国居民和在中国境内发生经济交易的非中国居民均有义务申报国际收支信息。当然，这里强调是，只有"在中国境内发生经济交易的非中国居民"才需要履行国际收支申报义务，如果非中国居民在中国境内没有发生经济交易，或者在境外发生的经济交易，都是不需要申报的。而对于中国居民与非中国居民之间发生的经济交易,则主要由中国居民进行申报,对不能满足国际收支统计需要或者确实无法通过中国居民申报采集的数据,才由非中国居民申报。

②交易原则。交易原则是指只要是一国居民与非居民之间的经济交易,就是国际收支统计的内容,即使未实现价值支付的经济交易也要纳入国际收支统计。交易定义为经济流量,所反映的是经济价值的产生、转化、交换、转移或者消失并涉及货物和(或)金融资产所有权的变更、服务的提供或劳务及资本的提供。因此经济交易的种类有交换、转移、移居及其他根据推论而存在的交易四种。具体地说,一方提供一宗经济价值并从对方得到价值相等的回报即为交换;一方向另一方提供了经济价值但未得到任何补偿即为转移;移居则是居民所属经济体发生变化带来经济体间债权债务的变动以及伴随移居所发生的经济价值转移;其他根据推论而存在的交易则是在一些情况下,可以根据推论确定交易的存在,当实际流动并没有发生时,也可以在国际收支中记录。

(2)国际收支统计的方法

①复式记账法。根据复式记账法,任何一笔交易的发生都有两个方面,一个方面是商品(或劳务或资产)的转移,另一个方面是为这种转移发生的支付。因此要反映每一项交易活动时,都要按内容以相等的金额同时在两个或两个以上相互联系的账户中进行登记,才能全面反映交易的真实情况。国际收支平衡表以借贷为记账符号,遵循"有借必有贷、借贷必相等"的会计记账原则,每笔交易由两个金额相等、方向相反的会计分录组成,贷方项目用正号("＋")表示,借方用负号("－")表示。从理论上讲,贷方之和应等于借方之和。一般而言,国际收支统计将出口的实际资源和反映对外资产减少或对外负债增加的项目记入贷方,反之则记入借方。

在这里,举例说明国际收支的记账方法。

例 11-1 我国的某外商投资企业收到外方股东汇入的资本金 1 000 万美元。

借:银行存款　1 000 万美元

　　贷:直接投资　1 000 万美元

例 11-2 我国境内某企业收到出口产品的货款 450 万美元,记入经常项目账户。

借:银行存款　450 万美元

　　贷:出口　　　450 万美元

上述例子中,银行存款系对外资产项目,例 11-1 将 1 000 万美元记入借方,表示对外资产增加 1 000 万美元,同样,例 11-2 中借记 450 万美元也是表示对外资产增加 450 万美元。而直接投资是对外负债项目,因此,例 11-1 将 1 000 万美元记入贷方表示对外负债增加 1 000 万美元。出口是属于向国外提供商品,是出口实际资源,因此,例 11-2 将 450 万美元记入贷方,表示出口增加 450 万美元。

②记录时间。IMF《国际收支手册(第五版)》认为,经济价值一旦产生、转变、交换或者消失,交易应记载。记载时应根据权责发生制确定流量的记录时间,即交易的记载时间以所

有权的变更为标准。一般以所有权变更确定记录时间,如在货物已出口但未收回货款的情况下,应借记其他投资项下的贸易信贷和贷记货物出口。但也有例外,有些货物的交易实际上没有发生法律上的所有权变更,也应计入国际收支统计,比如融资租赁协议下的货物交易和货物运往国外加工、修理但所有权未发生变化的交易。值得注意的是,IMF 新发布的《国际收支和国际投资头寸手册(第六版)》则使用"经济所有权的变更"代替了第五版中"所有权变更"来确定国际收支交易记录时间,因此以后将以经济所有权的变更确定记录时间。

③ 计价方法。IMF 规定,任何国家在进行国际收支统计时都必须遵循统一的计价原则,一般使用市场价格作为交易和存量的计价基础。因此国际收支交易主要采用市场价格也就是交易者之间商定的实际价格计价,而资产和负债的存量则按照资产负债表对应时间的市场价格计价。

④ 记账单位和汇率折算。在国际收支交易中,交易的价值用各种不同的货币表示,甚至包括黄金和特别提款权。只有将这些用不同货币表示的价值折算成一个单一的记账单位,才能进行统一汇编,折算时一般采用交易期最短时期内的平均汇率。我国目前编制国际收支平衡表时使用的货币单位是美元,汇率折算使用国家外汇管理局制定的各种货币对美元内部统一折算率进行折算。

二、我国的国际收支统计发展历程

1978 年以前,我国实行高度集中的计划经济体制,外汇收支也按国家制定的计划执行,外汇储备很少,也未参加国际金融组织,因此在 1980 年以前我国未曾编制国际收支统计。1979 年起,我国开始实行对外开放政策,大量引进西方国家的机器设备与技术,外汇收支由顺差转为逆差,国际收支平衡问题引起国家关注。同时,1980 年我国恢复了在 IMF 和世界银行的合法地位,按其要求,我国有义务向其提供包括国际收支状况在内的有关资料,因此,当年以国家统计局为主草拟了建立我国国际收支统计制度的报告,国家外汇管理局会同中国银行试编了我国国际收支平衡表。1984 年我国制定了第一个国际收支统计制度,并于1985 年经国务院批准由国家外汇管理局对外公布了我国 1982—1984 年的国际收支概览。

1984—1996 年,我国国际收支统计采用超级汇总方式汇编完成国际收支平衡表。这一时期国际收支统计数据的收集主要依赖于国家各个行政主管部门从行业统计角度搜集有关数据,再由国家外汇管理局进行超级汇总,最终完成并公布我国的国际收支状况。

1996 年起,遵循国际惯例,正式实施国际收支统计申报制度。随后,国家外汇管理局相继发布了国际收支间接申报制度和直接投资统计申报制度、汇兑业务统计申报制度、证券投资统计申报制度和金融机构对境外资产负债及损益申报制度四项国际收支直接申报制度,2004 年建立贸易信贷调查制度。

2008 年以来,随着对外开放程度不断加深,外部经济对我国经济金融运行的影响进一步加大,需要对国际收支和跨境资金交易实行更广和更深范围的统计监测。我国按照国际收支统计新标准,及时修改完善我国的国际收支统计制度,逐步建立一套较为完整的、系统的、与《国际收支和国际投资头寸手册(第六版)》接轨的国际收支统计数据采集制度体系。2010 年停止报送汇兑业务统计申报表。2012 年梳理了 1996—2008 年发布的金融机构对外资产负债及损益统计、境内金融机构涉外直接投资统计、境内银行非居民人民币账户统计等规定,整合为《金融机构对外资产负债及损益申报表》。2013 年年底修订了《国际收支统计申报办法》,并采用最新国际统计标准,整合了金融机构对境外资产负债及损益申报、中资金融机构外汇资产负债数据报送,统一实行对外金融资产负债及交易统计制度。2014 年还修订并发布涉外收支交易分类与代码,同时根据新国家标准启用新的国民经济行业分类与代码。我国将使用这些按新制度所采集的国际收支数据用于编制符合《国际收支和国际投资头寸手册(第六版)》统计标准的国际收支平衡表和国际投资头寸表数据。

三、我国国际收支统计报表的编制和公布

在我国,由国家外汇管理局负责编制和公布国际收支平衡表和国际投资头寸表。1982—1995 年,国家外汇管理局根据《国际收支手册(第四版)》按年编制和公布国际收支平衡表。从 1996 年起,根据《国际收支手册(第五版)》继续按年编制和公布国际收支平衡表。从 1998 年起按季编制国际收支平衡表。从 2001 年起按半年度公布国际收支平衡表。2006 年首次公布中国国际投资头寸表,之后按半年度公布,从 2011 年起按季度发布。目前我国正在按照《国际收支和国际投资头寸手册(第六版)》新标准要求完善国际收支统计数据采集制度体系,以后将编制和发布符合第六版统计标准的国际收支平衡表和国际投资头寸表数据。

四、我国的国际收支平衡表和国际投资头寸表

(一)我国的国际收支平衡表

1. 我国国际收支平衡表的内容

我国目前的国际收支平衡表是按照 IMF《国际收支手册(第五版)》制定的标准和原则编制的,采用复式记账法原理记录我国居民与非居民之间发生的所有交易。值得一提的是,由于 IMF 已经编制发布《国际收支和国际投资头寸手册(第六版)》,第六版与第五版在统计原则、经常项目、资本与金融项目等多个地方进行修订和明确,因此,为与之接轨,我国正在调整国际收支数据采集制度,以后将按新修订的标准调整国际收支平衡表相应的项目和数据源。由于目前国家外汇管理局尚未正式发布按第六版编制的国际收支平衡表,因此,在这里,我们按照第五版的标准和原则介绍我国现行的国际收支平衡表。

在我国现行的国际收支平衡表中,贷方项目为货物和服务的出口、收益收入、接受的货物和资金的无偿援助、金融负债的增加和金融资产的减少;借方项目为货物和服务的进口、收益支出、对外提供的货物和资金的无偿援助、金融资产的增加和金融负债的减少。目前我国的国际收支平衡表主要项目分为四大类,包括经常账户、资本与金融账户、储备资产及净

误差与遗漏。

（1）经常账户

① 经常账户及其子项目的内容。经常账户包括货物和服务、收益及经常转移。经常账户项下各子项目的含义具体如下。

A. 货物。也就是商品所有权变化的货物进出口。贷方表示货物出口，借方表示货物进口。

B. 服务。包括运输、旅游、通信、建筑、保险、金融服务、计算机和信息服务、专有权使用费和特许费、各种商业服务、个人文化娱乐服务以及别处未提及的政府服务。贷方表示服务出口也就是服务收入，借方表示服务进口也就是服务支出。

a. 运输指与运输有关的服务收支，包括海、陆、空运输，太空和管道运输等。

b. 旅游指对在我国境内停留不足 1 年的外国旅游者和港澳台同胞（包括因公、因私）提供货物和服务获得的收入以及我国居民出国旅行（因公、因私）的支出。

c. 通信服务包括电信，指电话、电传、电报、电缆、广播、卫星、电子邮件等，邮政和邮递服务。

d. 建筑服务指我国企业在经济领土之外完成的建筑、安装项目，以及非居民企业在我国经济领土之内完成的建筑、安装项目。

e. 保险服务包括各种保险服务的收支，以及同保险交易有关的代理商的佣金。

f. 金融服务包括金融中介和辅助服务收支。

g. 计算机和信息服务包括计算机数据和与信息、新闻有关的服务交易收支。

h. 专有权利使用费和特许费包括使用无形资产的专有权、特许权等发生的收支。

i. 咨询包括法律、会计、管理、技术等方面的咨询服务收支。

j. 广告、宣传包括广告设计、创作和推销，媒介版面推销，在国外推销产品，市场调研等的收支。

k. 电影、音像包括电影、电视节目和音乐录制品的服务以及有关租用费用收支。

l. 其他商业服务指以上未提及的各类服务交易的收支，驻华机构办公经费（不含使领馆）也在此项下。

m. 别处未提及的政府服务指在前面分类没有包括的各种政府服务交易，包括大使馆等国家政府机构的所有涉外交易。

C. 收益。包括职工报酬和投资收益两部分。贷方表示获取收益，借方表示支付收益。

a. 职工报酬指我国个人在国外工作（1 年以下）而得到并汇回的收入以及我国支付在华外籍员工（1 年以下）的工资福利。

b. 投资收益包括直接投资项下的利润利息收支和再投资收益、证券投资收益（股息、利息等）和其他投资收益（利息）。

D. 经常转移。经常转移项下包括侨汇、无偿捐赠和赔偿等项目，包括货物和资金形式。贷方表示外国对我国提供的无偿转移，借方表示我国对外国提供的无偿转移。

② 经常账户各子项目的数据源。经常账户项下各子项目的数据来源具体是这样的：货物收支数据以海关总署编制的贸易统计数据为基础。此外，"货物修理"和"在港口购买的货物"等项目的数据使用国际收支统计申报数据。服务贸易项下的运输收入来自国际收支统计申报数据，支出来自海关编制的进口统计数据（按进口货物的4％计算运输支出）和国际收支统计申报数据；旅游收入来自国家旅游局的抽样调查数据，支出根据公安部出入境管理局以及我国主要出境旅游目的地国家或地区相关数据测算得出；保险收入来自国际收支统计申报数据，支出来自海关编制的进口统计数据（按进口货物的1％计算运输支出）和国际收支申报数据。服务贸易项下的通信服务、建筑服务、计算机和信息服务、专有权利使用费和特许费、咨询、广告、宣传、电影、音像、其他商业服务以及别处未提及的政府服务的收入和支出均来自国际收支统计申报数据。此外，收支数据来源于国际收支统计申报数据的还有收益项下的职工报酬收支和经常转移收支。而收益项下的直接投资收益收入来自国际收支统计申报数据和商务部编制的相关数据估算，直接投资收益汇出主要来自国际收支统计申报数据，其他投资收益收入和支出的数据来自银行和外汇局的外债统计。

（2）资本与金融账户

① 资本与金融账户的内容。资本与金融账户包括资本账户和金融账户。

A. 资本项目包括资本转移如债务减免、移民转移等内容。贷方表示外方对我国提供的资本转移等，借方表示我国对外提供的资本转移等。

B. 金融项目包括我国对外资产和负债的所有权变动的所有交易。按投资方式分为直接投资、证券投资和其他投资；按资金流向构成的债权债务分为资产、负债，其中直接投资分为外国在华直接投资（视同于负债）和我国在外直接投资（视同于资产）。贷方表示金融资产减少或者负债增加，借方表示金融资产增加或者负债减少。值得注意的是，《国际收支和国际投资头寸手册（第六版）》调整了国际收支平衡表中金融账户的列示结构及编制方法，列示栏目由原来的"贷方"和"借方"调整为"金融资产的净获得"和"金融负债的净产生"。统计数据相应地由流量累计变化为主、净额增减为辅的编制方法调整为仅记录净额增减。

a. 直接投资。即以投资者寻求在本国以外运行企业获取有效发言权为目的的投资。包括外国在华直接投资和我国在外直接投资两部分。

ⅰ我国在外直接投资：借方表示我国对外直接投资汇出的资本金、母子公司资金往来的国内资金流出；贷方表示我国撤资和清算以及母子公司资金往来的外部资金流入。

ⅱ外国在华直接投资：贷方表示外国投资者在我国设立外商投资企业的投资，包括股本金、收益再投资和其他资本；借方表示外商企业的撤资和清算资金汇出我国。

b. 证券投资。证券投资包括股本证券和债务证券两类证券投资形式。

ⅰ资产：借方表示我国持有的非居民证券资产增加；贷方表示我国持有的非居民证券资产减少。其中，股本证券包括以股票为主要形式的证券；债务证券包括中长期债券和1年期（含1年）以下的短期债券和货币市场有价证券，如短期国库券、商业票据、短期可转让大额存单等。

ⅱ负债:贷方表示当期我国发行的股票和债券筹资额,借方表示当期股票的收回和债券的还本。其中,股本证券包括我国发行、非居民购买的境内外上市外资股;债务证券包括我国发行的中长期债券和短期商业票据等。

c. 其他投资。除直接投资和证券投资外的所有金融交易即为其他投资。其他投资分为贸易信贷、贷款、货币和存款及其他资产负债四类形式。其中长期指合同期为 1 年以上的金融交易,短期为 1 年及以下的金融交易。

ⅰ资产:借方表示资产增加,贷方表示资产减少。其中,"贸易信贷"形式的资产的借方表示我国出口商对国外进口商提供的延期收款额以及我国进口商支付的预付货款,贷方表示我国出口延期收款的收回。"贷款"形式的资产借方表示我国金融机构以贷款和拆放等形式的对外资产增加,贷方表示减少。"货币和存款"形式的资产包括我国金融机构存放境外资金和库存外汇现金的变化,借方表示增加,贷方表示减少。其他形式资产包括除贸易信贷、贷款、货币和存款以外的其他资产。

ⅱ负债:贷方表示负债增加,借方表示负债减少。其中,"贸易信贷"形式的负债贷方表示我国进口商接受国外出口商提供的延期付款贸易信贷以及我国出口商预收的货款,借方表示归还延期付款。"贷款"形式的负债是指我国机构借入的各类贷款,如外国政府贷款、国际组织贷款、国外银行贷款等,其贷方表示新增额,借方表示还本金额。"货币和存款"形式的负债包含海外私人存款、银行短期资金及向国外出口商和私人借款等短期资金,其贷方表示新增额,借方表示偿还额或流出额。其他负债是其他类型的外债。

② 资本与金融账户的数据源。资本与金融账户下的资本账户的收入和支出数据来源于国际收支统计申报数据。金融账户项下的直接投资子项目中的直接投资流入数据以商务部和外汇局收集的股权的 10% 或 10% 以上由非居民出资的外资企业信息为基础,而我国对外直接投资数据主要来自商务部和外汇局的相关统计;证券投资项下的有关股票余额数据来自中国证券监管委员会和外汇局,有关对外债券余额和合格境外机构投资者投资数据来自外汇局统计,有关对外证券投资的数据来自中国人民银行和外汇局。其他投资项下的数据来自中国人民银行和外汇局国际收支统计申报数据和外汇局的其他来源。

(3) 储备资产

① 储备资产的内容。储备资产指我国中央银行拥有的对外资产,包括外汇、货币黄金、特别提款权、在 IMF 的储备头寸。

A. 货币黄金。即我国中央银行作为储备持有的黄金。

B. 特别提款权。即 IMF 根据会员国认缴的份额分配的,可用偿还 IMF 债务、弥补会员国政府之间国际收支赤字的一种账面资产。

C. 在 IMF 的储备头寸。即在 IMF 普通账户中会员国可自由提取使用的资产。

D. 外汇。即我国中央银行持有的可用作国际清偿的流动性资产和债权。

E. 其他债权。

② 储备资产的数据源。我国有关储备资产变化的统计数据来自中国人民银行。

（4）净误差与遗漏

由于平衡表采用复式记账法，统计资料来源和时点不同等原因造成借贷不相等。如果借方总额大于贷方总额，其差额记入此项目的贷方；反之，则记入其借方。

2. 我国国际收支平衡表解析——以 2013 年数据为例

表 11-1　中国国际收支平衡表（2013 年）　　　　　亿美元

项　　目	差额	贷方	借方
一、经常账户差额	1 828	26 637	24 809
A. 货物和服务差额	2 354	24 250	21 896
a. 货物差额	3 599	22 190	18 591
b. 服务差额	−1 245	2 060	3 305
1. 运输差额	−567	376	943
2. 旅游差额	−769	517	1 286
3. 通信	0	17	16
4. 建筑服务差额	68	107	39
5. 保险服务差额	−181	40	221
6. 金融服务差额	−5	32	37
7. 计算机和信息服务差额	94	154	60
8. 专有权利使用费和特许费差额	−201	9	210
9. 咨询差额	169	405	236
10. 广告、宣传差额	18	49	31
11. 电影、音像差额	−6	1	8
12. 其他商业服务差额	135	341	206
13. 别处未提及的政府服务差额	0	12	12
B. 收益差额	−438	1 855	2 293
1. 职工报酬差额	161	178	17
2. 投资收益差额	−599	1 677	2 276
C. 经常转移差额	−87	532	619
1. 各级政府差额	−31	11	42
2. 其他部门差额	−56	520	577
二、资本和金融账户差额	3 262	17 271	14 009
A. 资本账户差额	31	45	14
B. 金融账户差额	3 232	17 226	13 995
a. 直接投资差额	1 850	3 478	1 629
1. 我国在外直接投资差额	−732	364	1 096
2. 外国在华直接投资差额	2 582	3 114	532
b. 证券投资差额	605	1 041	436

续表

项　目	差额	贷方	借方
1. 资产差额	−54	258	311
1.1 股本证券差额	−25	136	161
1.2 债务证券差额	−28	122	150
1.2.1(中)长期债券差额	−28	122	150
1.2.2 货币市场工具差额	0	0	0
2. 负债差额	659	784	125
2.1 股本证券差额	326	407	81
2.2 债务证券差额	333	377	44
2.2.1 (中)长期债券差额	160	204	44
2.2.2 货币市场工具差额	173	173	0
C. 其他投资差额	776	12 707	11 930
1. 资产差额	−1 365	1 439	2 804
1.1 贸易信贷差额	−603	65	667
长期差额	−12	1	13
短期差额	−591	64	654
1.2 贷款差额	−319	374	693
长期差额	−422	100	522
短期差额	102	274	172
1.3 货币和存款差额	−20	890	910
1.4 其他资产差额	−423	110	533
长期差额	100	100	0
短期差额	−523	10	533
2. 负债差额	2 142	11 268	9 126
2.1 贸易信贷差额	449	449	
长期差额	8	8	0
短期差额	442	442	0
2.2 贷款差额	934	9 493	8 558
长期差额	194	569	375
短期差额	740	8 923	8 183
2.3 货币和存款差额	758	1 208	450
2.4 其他负债差额	0	118	118
长期差额	8	21	13
短期差额	−8	97	104
三、储备资产变动额	−4 314	13	4 327
A. 货币黄金差额	0	0	0
B. 特别提款权差额	2	2	0
C. 在基金组织的储备头寸差额	11	11	0

续表

项　目	差额	贷方	借方
D. 外汇储备差额	−4 327	0	4 327
E. 其他债权差额	0	0	0
四、净误差与遗漏	−776	0	776

从表 11-1 所示的国际收支平衡表数据可以得出我国 2013 年对外经济往来的状况如下。

(1) 经常项目。2013 年,我国经常项目顺差为 1 828 亿美元,与 2012 年相比,下降幅度为 15%。按照国际收支统计口径计算,2013 年货物贸易出口 22 190 亿美元,较上年增长 8%,货物进口 18 591 亿美元,较上年增长 7%,进出口顺差 3 599 亿美元,较上年增长 12%;服务项目收入 2 060 亿美元,较上年增长 8%;支出 3 305 亿美元,增长 18%,服务逆差 1 245 亿美元;收益项目收入 1 855 亿美元,较上年增长 11%,支出 2 293 亿美元,增长 23%;收益逆差 438 亿美元,扩大 1.2 倍。经常转移收入 532 亿美元,支出 619 亿美元,逆差 87 亿美元,而上年为顺差 34 亿美元。

(2) 资本和金融项目。按照国际收支统计口径计算,2013 年资本和金融项目顺差 3 262 亿美元,而 2012 年该项目为逆差 318 亿美元。2013 年直接投资项下顺差 1 850 亿美元,较上年增长 5%。其中,外国来华直接投资净流入 2 582 亿美元,增长 7%;我国对外直接投资净流出 732 亿美元,增长 13%。证券投资项下净流入 605 亿美元,较上年增长 27%。其中,我国对外证券投资净流出 54 亿美元,下降 16%;境外对我国证券投资净流入 659 亿美元,增长 22%。其他投资项下净流入 776 亿美元,上年为净流出 2 601 亿美元。其中,我国对外的贷款、贸易信贷和资金存放等资产净增加 1 365 亿美元,较上年减少 41%;境外对我国的贷款、贸易信贷和资金存放等负债净增加 2 142 亿美元,上年为净减少 284 亿美元。

(3) 储备资产。我国外汇储备资产继续保持增长态势。2013 年我国新增储备资产 4 314 亿美元,较上年增长 3.47 倍。其中,外汇储备资产增加 4 327 亿美元,较上年多增 3 340 亿美元。截至 2013 年年末,我国外汇储备余额达 38 213 亿美元。

(4) 净误差与遗漏。2013 年的误差与遗漏为 −776 亿美元,占货物贸易总额的比重为 1.9%。

(二) 我国的国际投资头寸表

1. 我国国际投资头寸表的内容

国际投资头寸表是反映特定时点上一个国家或地区对世界其他国家或地区金融资产和负债存量的统计报表。国际投资头寸的变动是由特定时期内交易、价格变化、汇率变化和其他调整引起的。国际投资头寸表在计价、记账单位和折算等核算原则上均与国际收支平衡表保持一致,并与国际收支平衡表共同构成一个国家或地区完整的国际账户体系。2006 年起,我国根据 IMF《国际收支手册(第五版)》所制定的标准编制国际投资头寸表。同样,将来我国将按照 IMF 新发布的《国际收支和国际投资头寸手册(第六版)》标准调整国际投资头寸表。

根据 IMF 的标准,国际投资头寸表的项目按资产和负债设置。资产细分为我国对外直接投资、证券投资、其他投资和储备资产四部分;负债细分为外国来华直接投资、证券投资、其他投资三部分。净头寸是指对外资产减去对外负债。我国国际投资头寸表各项目的的数据来源与我国国际收支平衡表中资本和金融账户项下的对外直接投资、外国来华直接投资、证券投资以及其他投资项目的数据来源大致相同。

2. 我国国际投资头寸表解析

表 11-2　中国国际投资头寸表(2013 年年末)　　亿美元

项　　目	金额	项　　目	金额
净头寸	19 716		
A. 资产	59 368	B. 负债	39 652
1. 我国对外直接投资	6 091	1. 外国来华直接投资	23 475
2. 证券投资	2 585	2. 证券投资	3 868
2.1 股本证券	1 530	2.1 股本证券	2 980
2.2 债务证券	1 055	2.2 债务证券	889
3. 其他投资	11 888	3. 其他投资	12 309
3.1 贸易信贷	3 990	3.1 贸易信贷	3 365
3.2 贷款	3 089	3.2 贷款	5 642
3.3 货币和存款	3 772	3.3 货币和存款	3 051
3.4 其他资产	1 038	3.4 其他负债	252
4. 储备资产	38 804		
4.1 货币黄金	408		
4.2 特别提款权	112		
4.3 在基金组织中的储备头寸	71		
4.4 外汇	38 213		

从表 11-2 所列的数据可以看出,2013 年年末,我国对外金融资产 59 368 亿美元,对外负债 39 652 亿美元,对外金融净资产 19 716 亿美元。在对外金融资产中,我国对外直接投资 6 091 亿美元,证券投资 2 585 亿美元,其他投资 11 888 亿美元,储备资产 38 804 亿美元,分别占对外金融资产的 10%、4%、20% 和 65%;在对外负债中,外国来华直接投资 23 475 亿美元,证券投资 3 868 亿美元,其他投资 12 309 亿美元,分别占对外负债的 59%、10% 和 31%。

(三) 按照《国际收支和国际投资头寸手册(第六版)》对我国国际收支报表的调整

IMF《国际收支和国际投资头寸手册(第六版)》对经常项目、资本与金融项目都进行了调整。按照其要求,我国要对我国的国际收支报表相关项目和数据源进行调整。

1. 对经常账户的调整

第六版对经常账户的货物贸易项下、服务贸易项下以及初次分配和二次分配收入进行了调整。

在货物贸易项下,第六版将加工贸易由货物贸易调整至服务贸易,对此,我国将来料加工、出料加工由货物贸易调整至服务贸易,进料加工则仍记录在货物贸易项下,数据源来自跨境收付汇统计和不定期抽样调查数据。第六版将转手贸易从服务贸易调整到货物贸易中的一般贸易项下,且只记录差额增值部分,对此,我国在服务贸易贷方减去转手贸易收付汇差额,在货物贸易贷方增加转手贸易收付汇差额,数据源来自国际收支间接申报统计的转口贸易跨境收付汇数据。第六版将"在港口购买的货物"归入一般贸易中,我国同样作调整,其数据源现在是国际收支间接申报统计,未来可能来自海关统计。

在服务贸易项下,第六版把原"加工货物"记入服务,对此,我国将来料加工和出料加工由货物贸易调整至服务贸易。第六版将货物修理由货物贸易调整至服务贸易,并更名为"其他地方未包括的维修和保养",对此,我国将"其他地方未包括的维修和保养"数据记入服务贸易中,取消货物贸易中的"货物修理"子项目,其数据源来自修订的国际收支间接申报统计。第六版专列金融中介的贷款和存款产生的间接计算的金融中介服务,不再含在金融账户中,对此,我国将"间接计算的金融中介服务"记入服务贸易,对收益项下的相应数据进行调整。第六版使用"知识产权使用费"替代"特许费",将研发结果视为生产性资产并将其出售记入服务中,不再记入资本账户,对此,我国将"专有权利使用费和特许费"更名为"知识产权使用费",仍记入服务贸易项目中,其数据源来自修订的国际收支统计间接申报统计,同时在其他商业服务中增加"研发服务"子项目,而不再将其记入资本项目账户中,其数据源来自修订的国际收支间接申报统计。

在初次分配和二次分配收入方面,第六版使用"初次收入分配"和"二次收入分配"替代"收入"和"经常转移",对此,我国也进行调整;第六版将"直接投资收益"根据直接投资关系进一步细分,对此,我国也细化"直接投资收益"项目,直接投资收益数据以及证券投资收益中的贷方数据来自国际收支间接申报统计,证券投资收益中的借方数据来自外债统计。第六版在二次收入项目中引入了"个人转移"项目,其概念内涵大于"工人汇款",包括居民和非居民个人之间所有的现金和实物经常转移,而"工人汇款"列示为补充项目。对此,我国通过国际收支间接申报统计对居民和非居民个人之间通过银行办理的跨境现金转移,通过新的数据源获得其他携带现金和实物的转移数据。

2. 对资本和金融账户的调整

第六版对资本账户、金融账户和储备资产进行了调整。

在资本账户方面,第六版将专利权和版权从非生产资产调整到研发服务项下,对此,我国按新的交易分类通过国际收支间接申报统计数据获得该项数据。移民转移不再作为资本转移记录在国际收支平衡表中,而是统计到国际投资头寸表中,通过国际收支间接申报统计或者新的移民转移统计制度获得移民转移数据。

在金融账户方面,第六版有如下调整。一是按照资产和负债原则列示数据,而第五版是按照方向原则列示数据。二是增加了统计范围。第六版把直接投资关系分三类,第一类是直接投资者对直接投资企业（直接投资者对直接投资企业的表决权高于10％）；第二类是直接投资企业对直接投资者（直接投资企业对直接投资者的表决权低于10％，即逆向投资）；第三类是联属企业之间（联属关系是指企业相互间的表决权均低于10％，但直接或间接地受共同的母公司控制）。直接投资的股权和债务，比如如境外股东贷款、境内母公司对外放款、非股东贷款等，均需要按照上述三类关系分别进行统计和列示。而第五版直接投资的统计范围仅包括前两种情况，不含第三种情况。因此，因此第六版的统计范围较第五版增加了联属企业之间的股权和债务统计。另外还将符合直接投资关系的投资基金份额纳入统计范围。三是将金融衍生工具和雇员持股期权列为金融账户的一级子项目，而第五版是证券投资账户的子项目。四是研究和开发的结果被视为生产性资产，这些资产比如专利、版权和工业流程等，它们的直接出售记入其他商业项目下的"研发服务"中，而不再记入第五版资本项目账户中"非生产、非金融资产的收买和放弃"项目中。五是其他投资项目下的功能分类和部门分类进一步细化，具体包括：新增"其他股本"、"保险、年金和标准担保计划"和"其他应收应付款"项目。六是将金融工具明确分类为股权、债务工具和其他工具三大类；对债务证券、货币和存款、贷款、贸易信贷和其他应收应付账款均进一步区分长短期。

根据第六版对金融账户的调整，我国在国际收支平衡表的列示方式和相关项目结构上也进行相应调整，在数据源方面采取多数据源结合方式来实现。对于非金融部门，通过商务部直接投资登记和调查以及协调直接投资（CDIS）调查获得直接投资数据，借鉴联合证券投资统计（CPIS）新设证券投资统计制度获得其证券投资数据，通过国际收支间接申报或新的采集方式获得其衍生金融工具数据。对于金融机构，通过对外金融资产负债及交易统计制度获得其直接投资、证券投资数据和衍生金融工具数据。此外，通过新的国际收支交易分类与编码和将服务贸易交易主体纳入贸易信贷调查样本获得其他投资数据。

第六版在储备资产方面的调整较少，仅将货币黄金项下进一步细分为"金块"和"未分配黄金账户"，并详细说明与储备有关的负债（特别提款权）、标准化担保和未分配黄金账户等概念。按照第六版的要求，在储备资产方面，我国将稍作微调。

总的来说，国际收支的总体统计范围没有较大调整，我国国际收支平衡表中经常账户与资本和金融账户之间没有进行重大栏目的调整，两大账户的总量数据变化较小，储备资产和误差与遗漏项目的数据也不变，但是报表中的部分子项目结构调整较大，经常账户尤其是货物和服务贸易间的子栏目出现较大程度的调整，所对应的相关子项目数据也会有较大变化，经常项目的交易规模会有明显的下降。金融账户列示结构及其编制方法有一定的变化，导致对国际收支平衡表数据的解释及分析方法需要进行一定的调整。此外，我国国际投资头寸表主要项目的结构除将金融衍生工具项目调整为一级子栏目外，基本没有其他调整，数据也基本不变。

第二节　国际收支统计间接申报

国际收支统计间接申报制度,是我国国际收支交易数据采集的主要制度之一。国际收支统计间接申报与国际收支统计直接申报一起共同构成我国国际收支交易数据统计体系。

一、国际收支统计间接申报的概念

国际收支统计间接申报是指非银行机构和个人通过境内银行办理的涉外收付款,应通过境内银行向外汇局逐笔申报其交易情况。其中涉外收付款是指非银行机构和个人通过境内银行从境外收到的款项和对境外支付的款项(包括跨境人民币收付款),以及境内居民通过境内银行与境内非居民发生的收付款。国际收支统计间接申报的申报主体是通过境内银行办理涉外收付款的非银行机构和个人。

二、国际收支统计间接申报的范围

按照我国现行对通过金融机构进行国际收支统计申报业务的操作要求,通过境内银行发生涉外收入或涉外付款的非银行机构和个人,应及时、准确、完整地进行国际收支统计申报。非银行机构和个人通过境内银行从境外收到的款项和对境外支付的款项,以及境内居民通过境内银行与境内非居民发生的收付款,我们统一称为涉外收付款。在这里所提及的"居民"和"非居民"包括机构和个人。"境内非居民"是指通过境内银行办理收付款业务的非居民;"境外居民"是指在境外办理收付款业务的中国居民。涉外收付款包括外汇和人民币,具体内容包括:一是以信用证、托收、保函、汇款等结算方式办理的涉外收付款;二是通过境内银行对境外发出支付指令的涉外收付款,及从境外向境内银行发出支付指令的涉外收付款;三是通过记账方式办理对外援助的涉外收付款;四是与非货币黄金进出口相关的涉外收付款。

值得注意的是,涉外收付款不包括由于汇路原因引起的跨境收支、银行自身及银行之间发生的跨境收支以及非银行机构和个人的外币现钞存取(包括出国取现)。

因此,关于国际收支统计间接申报的范围的相关主要规定如下。

第一,境内居民通过境内银行与境内非居民发生的所有外汇及人民币收付款均属于国际收支间接申报范围,申报主体是境内居民机构和个人。其中,驻华使领馆、驻华国际组织和外交官个人与境内发生的收付款无须进行国际收支间接申报。

第二,境内非居民之间通过境内银行的境内收付款业务无须进行国际收支统计间接申报。

第三,境内非居民通过境内银行与境外(包括居民和非居民)发生的收付款,经办银行应办理国际收支统计间接申报,境内非居民无须进行国际收支申报。

第四,境内居民与境外居民之间发生的跨境收付款,境内居民应在收付款时进行国际收支间接申报。

第五，境内居民与境内银行之间的交易，例如，因支付境内银行费用或归还境内因银行贷款导致的境内机构和个人向境内银行的境外账户支付款项等属于国内交易，无须进行国际收支间接申报。

三、国际收支间接申报的具体制度

（一）具体数据要素

1. 基础信息和申报信息

国际收支间接申报数据是逐笔的业务信息，每一笔涉外收付款信息包括基础信息和申报信息两部分。其中基础信息是指包括收付款人、收付款币种和金额等可从银行自身计算机处理系统中采集的信息，一般是银行通过数据接口方式导入国际收支申报系统（银行版）后传送到外汇局；申报信息是指由申报主体填写的对方付（收）款人国家（地区）、国际收支交易编码、交易附言等信息。

2. 基础性的辅助信息

除有关涉外收付款的业务信息外，国际收支间接申报还采集一些基础性的辅助信息。

（1）申报主体的档案信息。凡在境内银行任何一家网点首次办理涉外收付款业务的机构申报主体，应当填写"单位基本情况表"并提供相关资料，以便在银行建立国际收支统计申报所需的申报主体档案。申报主体为个人的，应提供身份证复印件。

（2）金融机构的档案信息，如金融机构网点的名称、机构代码、级别等。这主要是为了便于后续的数据质量核查、错误反馈以及数据分析。

（二）间接申报的方式

目前，申报主体进行国际收支间接申报的途径有以下两种。

1. 纸质申报

机构和个人在规定的相应时限内填写"涉外收入申报单"、"境外汇款申请书"和"对外付款/承兑通知书"中的申报信息后交给银行，完成申报义务。其中"涉外收入申报单"是通过银行收到涉外收入款项的机构和个人办理国际收支统计申报的必要凭证；"境外汇款申请书"和"对外付款/承兑通知书"分别是办理对境外付款业务的机构和个人通过银行办理对境外汇款、信用证、托收、保函等项下对境外付款业务的必要凭证，也是银行对境外付款业务会计核算的必要凭证，同时还是汇款人/付款人办理国际收支统计申报的必要凭证。汇款人/付款人以汇款方式通过银行办理对外付款业务时必须填写"境外汇款申请书"；以信用证、托收、保函等方式通过银行办理对外付款业务时必须填报"对外付款/承兑通知书"。

2. 网上申报

目前仅有涉外收入款项能通过网上申报，对外汇（付）款/承兑申报不能通过网上办理。对通过境内银行收到涉外收入款项的机构和个人，可以通过国际收支网上申报系统（企业版)在网上填报"涉外收入申报单"办理国际收支统计申报手续,并且可以不填写纸质的"涉外收入申报单"。目前该途径仅提供给机构,暂不支持个人办理收入网上申报。当然,选择网上申报方式的申报主体仍然是可以通过纸质申报方式完成涉外收入申报的。

（三）间接申报的时效

1. 基础信息的申报时效

涉外收入款和对外付款(含境外汇款、对外付款/承兑)的基础信息原则上通过银行接口的方式报送外汇局,其中涉外收入款基础信息的报送时间为收付款的第二个工作日中午12:00前导入国际收支申报系统(银行版);对外付款的基础信息的报送时间是涉外付款之日(T)后的第一个工作日($T+1$)中午 12:00 前导入国际收支网上申报系统(银行版)。

2. 申报信息的报送时效

申报信息的报送时效视业务而不同,目前涉外收入业务的申报时效为收入的 5 个工作日内($T+5$);境外汇款的申报时效为办理对外付款的同时(T);对外付款承兑业务中,如果申报主体在境内银行规定的时间内进行付款承兑,则时效为付款的同时(T),如果申报主体未在银行规定的时间内付款承兑,则在银行按惯例对外付款后 5 个工作日内($T+5$)申报。

（四）申报主体和银行的义务

1. 涉外收付款人的报告义务

通过境内银行收到境外款项或向境外支付款项的非银行机构和个人,以及向境内非居民收付款的非银行机构和个人,应及时、准确、完整地进行国际收支统计申报。

2. 银行的义务

办理申报业务可能涉及的银行包括解付银行、结汇中转行和不结汇中转行,其中解付银行、结汇中转行履行申报义务,不结汇中转行无须申报。解付银行是指从境外收到款项后将收入款项贷记收款人账户的银行。结汇中转行是指从境外收到款项并将收入款项结汇后直接划转到收款人在其他银行账户的银行。不结汇中转行是指收到境外款项后不贷记收款人账户,以原币形式划转到收款人在其他银行账户的银行。境内银行应确保基础信息的及时性、准确性、完整性,督促和指导申报主体办理申报,并履行审核及传送国际收支统计申报相关信息等职责。

（五）间接申报的流程

1. 涉外收入业务的申报流程

(1) 解付银行应于涉外收入款项解付之日(T)后的第一个工作日($T+1$)中午 12:00 前,将相应的涉外收入基础信息报送外汇局,并通知申报主体在 5 个工作日内办理涉外收入申报。

(2) 申报主体在解付银行为其解付之日后或结汇中转行为其结汇之日后 5 个工作日($T+5$)内,逐笔填写"涉外收入申报单",并交解付银行/结汇中转行审核;也可以在解付银行为其解付之日后或结汇中转行为其结汇之日后 5 个工作日内($T+5$),通过国际收支网上申报系统(企业版)在网上填报"涉外收入申报单"进行申报。

(3) 解付银行/结汇中转行收到申报主体提交的"涉外收入申报单"后对其进行审核,审核的主要内容为:①申报主体是否错用了其他种类的凭证;②申报主体是否按填报说明填写了所有内容;③申报主体申报的内容是否与该笔涉外收入业务的相关内容一致。对申报主体通过网上申报系统申报的,解付银行/结汇中转行也需要对网上涉外收入申报信息进行审核,审核的主要内容为:①申报主体是否按填报说明填写了所有内容;②申报主体申报的内容是否与该笔涉外收入业务的相关内容一致。经审核如果发现申报单有误,应退回申报主体进行修改后再次进行审核,确认无误后报送至外汇管理局。

2. 境外汇款业务的申报流程

(1) 申报主体以汇款方式通过境内银行办理涉外付款业务时,填报"境外汇款申请书"。

(2) 境内银行收到"境外汇款申请书"后对其进行审核,审核的主要内容为:①申报主体是否错用了其他种类的凭证;②申报主体是否按填报说明填写了所有内容;③申报主体申报的内容是否与该笔涉外汇款业务的相关内容一致。经审核发现有误的,银行要求申报主体修改或重新填写再次进行审核。

(3) 银行经审核确认"境外汇款申请书"无误后,才可以为申报主体办理涉外付款手续,在款项汇出之日(T)后的第一个工作日($T+1$)中午 12:00 之前将相应的涉外汇款基础信息报送外汇局,并于该日($T+1$)内将申报信息报送外汇局。

3. 对外付款承兑业务申报

对外付款承兑业务的申报区分两种情况处理。境内银行接到境外来单索汇后,通知申报主体在规定时间内办理付款承兑,如果申报主体在境内银行规定的时间内进行付款承兑,则申报主体填写"对外付款/承兑通知书",由银行按要求进行审核确认无误后办理对外付款,并在涉外付款之日(T)后的第一个工作日($T+1$)中午 12:00 之前将相应的涉外付款基础信息报送外汇管理局,并于该日($T+1$)内将申报信息报送外汇管理局。如果申报主体未在银行规定的时间内付款承兑,则申报主体应在银行按惯例对外付款后 5 个工作日内($T+5$)进行申报。

(六) 间接申报数据质量控制

外汇管理局通过国际收支统计间接申报数据核查制度确保申报数据的及时性、准确性和全面性。核查分为国际收支统计间接申报非现场核查和现场核查。

1. 非现场核查

国际收支统计间接申报非现场核查是指通过运用与间接申报统计相关的辅助核查软件及其他核查手段,对申报情况进行的核查。外汇管理局无须前往银行调用原始交易凭证,仅根据银行上报的有关信息的关联关系、逻辑关系进行核查。外汇管理局应当对辖内银行报送的涉外收付款基础信息和申报信息进行非现场核查,并将错误与疑问信息通知有关银行。

基础信息错误与疑问由银行进行确认或修改;申报信息错误与疑问由银行反馈给申报主体进行确认或修改。

2. 现场核查

国际收支统计间接申报现场核查是指外汇管理局国际收支工作人员前往银行和申报主体工作场所,现场调阅与涉外收付款相关的原始凭证及其他凭证,对申报情况进行的核查。现场核查的内容包括了涉外收支申报数据的全面性和及时性、准确性,且具有频率性。目前,外汇管理局分支机构每年至少对辖内 4 家银行进行现场核查,三年内完成对辖内所有银行的现场核查。

第三节　国际收支统计直接申报

国际收支统计直接申报是我国国际收支统计申报体系的一个重要组成部分。本节主要介绍我国国际收支统计直接申报中的对外金融资产负债及交易统计制度与贸易信贷调查制度。

一、国际收支统计直接申报的概念

国际收支统计直接申报是指申报主体直接向外汇管理局申报其与非居民发生的经济交易,是我国国际收支统计申报体系的重要组成部分。从 2014 年 9 月 1 日起,我国整合了之前实行的金融机构对境外资产负债及损益申报、中资金融机构外汇资产负债数据报送制度,开始统一实行对外金融资产负债及交易统计制度。对外金融资产负债及交易统计制度与贸易信贷等抽样调查制度共同构成了我国目前国际收支统计直接申报体系。

二、对外金融资产负债及交易统计制度

(一) 制度沿革

我国金融机构对外资产负债统计制度的构建始于 1996 年,当年国家外汇管理局发布了《金融机构对境外资产负债及损益申报业务操作规程》,要求凡是在中国境内的金融机构都必须按照规定填报"金融机构对外资产负债及损益申报表",向国家外汇管理局申报其自身的资产、负债及损益情况。2005 年将金融机构对外损益数据的报送要求从年度报送提升至季度报送;2008 年先后补充了境内金融机构涉外直接投资流量统计和存量统计以及境内银行非居民人民币存款统计内容;2012 年国家外汇管理局梳理了 1996—2008 年发布的金融机构对外资产负债及损益统计、境内金融机构涉外直接投资统计、境内银行非居民人民币账户统计等规定,并升级报送路径,申报内容包括申报主体涉外(与非居民间)直接投资的交易与余额情况、证券投资与其他投资的余额情况,以及损益的交易情况。2013 年 12 月,为按照IMF《国际收支和国际投资头寸手册(第六版)》原则,及时、准确地编制和发布中国国际收支平衡表、国际投资头寸表及相关数据,更好地满足宏观监测分析需要,同时顺应外汇管理方式转变,督促市场主体对外风险控制,我国全面修订 1996 年发布的《金融机构对境外资产负

债及损益申报业务操作规程》,颁布对外金融资产负债及交易统计制度。该制度于 2014 年 9 月 1 日正式实施,采集中国居民(包括境内机构和个人)与非中国居民之间各项国际收支交易的流量以及对外金融资产和负债的存量状况。

(二)统计内容

我国通过实施对外金融资产负债及交易统计制度采集中国居民(包括境内机构和个人)与非中国居民之间各项国际收支交易的流量以及对外金融资产和负债的存量状况。因此,对外金融资产负债及交易统计的内容主要有:一是国际收支交易,即中国居民与非中国居民之间的各项交易,包括货物买卖、服务贸易、股息利息收支、无偿捐赠以及赔偿,直接投资、证券投资、金融衍生产品以及存贷款等其他投资交易;二是对外金融资产,即中国居民对非中国居民拥有的金融资产,包括对外直接投资、证券投资、金融衍生产品投资、存款、发放贷款及各类应收款等;三是对外负债,即中国居民对非中国居民承担的负债,包括吸收直接投资、发行有价证券、金融衍生产品投资、吸收存款、接受贷款及各类应付款等。

(三)申报主体

对外金融资产负债及交易统计制度的申报主体为中国境内金融机构法人、境外金融机构在中国境内的主报告分支机构、全国社会保障基金理事会、中国投资有限责任公司、中央国债登记结算有限责任公司、中国证券登记结算有限公司、银行间市场清算所股份有限公司、银行卡组织以及其他指定申报主体。

在这里,我们需要重点理解金融机构具体包括哪些机构。一般来说,在境内从事货币信用活动的中介组织,我们称为金融机构。按照行业领域,我们可以将金融机构进一步分为银行类金融机构、证券类金融机构、保险类金融机构和其他类金融机构。其中银行类金融机构包括银行、城市或农村信用合作社(含联社)、农村资金互助社;其他类金融机构包括财务公司、信托公司、金融资产管理公司、金融租赁公司、汽车金融公司、贷款公司、货币经纪公司、小额贷款公司等。

(四)报表要求

对外金融资产负债及交易统计制度需报送的报表包括申报主体信息表、基本报表和补充报表三部分。其中申报主体信息表,填报的是申报主体基本档案信息,需填报单位基本情况以及向上(投资者方向)和向下(被投资机构方向)、上级机构持有直接下级机构 10% 及以上表决权的情况;基本报表,是基于完整的国际收支统计需求的报表,涵盖所有国际收支交易流量以及对外金融资产负债存量,其每张报表均有特定统计范围,相互不重合。补充报表,是为特定统计分析目的而采集的专题报表,其在统计范围上与前述基本报表可能重合但角度不同。目前的补充报表填报的是银行进出口贸易融资余额。

(五)报送制度

对外金融资产负债及交易统计为月度统计,采用零报送制度。自 2014 年 9 月 1 日起,各申报主体应于每月月后 10 日内通过国家外汇管理局指定数据平台报送各项数据。在报送顺序上,为避免数据重复或遗漏,各申报主体在报送以自身名义、代理客户、作为资产管理人或托管人发生或掌握的国际收支交易流量和对外金融资产负债存量时,应按照以下顺序确定申报范围:

一是有境内托管人的,由境内托管人负责代为报送相关数据,委托人不重复申报;

二是无境内托管人,但相关对外业务由境内代理人以本机构名义投资或由管理人以相关产品名义投资的,由其境内代理人或管理人代为报送,被代理人或委托人不重复申报;

三是既无境内托管人,也无境内代理人或管理人的,相关境内机构应报送以自身名义投资的部分,包括以自身名义持有,但使用客户资金对外投资的部分。

(六)申报数据质量控制

为确保对外金融资产负债及交易统计申报数据的及时性、准确性和全面性,外汇管理局可对数据进行现场和非现场核查。国家外汇管理局负责对在京全国性银行、全国社会保障基金理事会、中国投资有限责任公司、中央国债登记结算有限责任公司、中国证券登记结算有限公司、银行间市场清算所股份有限公司和银行卡组织报送的数据进行核查,外汇管理局分支机构负责对辖内其他申报主体报送的数据进行核查。

三、贸易信贷抽样调查制度

为了全面准确了解我国伴随进出口发生的贸易信贷情况,满足编制我国国际收支平衡表和国际投资头寸表的需要,我国从 2004 年 6 月起实施贸易信贷调查制度。

(一)贸易信贷的定义

在货物贸易中,贸易的货物交割(即货物所有权发生转移)与货款收付在发生时间上往往会有早晚差异,货物交割有时会早于货款收付,有时又会晚于货款收付。货物交割时间早于或晚于货款的收付时间,会形成企业间的预收(付)货款或延期收(付)款,这些都是短期融资行为,当然在实践中这种行为也可能持续较长时间。我们所说的贸易信贷就是指这种因贸易中货物交割与货款收付的时间差而产生的融资行为。

贸易信贷调查制度中定义的贸易信贷,是指发生在中国大陆居民与境外(含港、澳、台地区)的非居民间,由货物交易的卖方和买方之间直接提供信贷而产生的资产和负债,即由于涉及货物的资金支付时间与货物所有权发生转移的时间不同而形成的债权和债务,其中不包括买(卖)方已得到金融机构提供的贸易融资。贸易信贷包括贸易信贷资产和贸易信贷负债两部分。其中,企业出口预收货款和进口应付款属于贸易信贷资产部分,出口应收款和进口预付款属于贸易信贷负债部分。

(二)贸易信贷调查制度内容

贸易信贷调查制度的调查对象是以中国大陆境内直接与境外从事货物进出口的企业,

调查总体包括出口总体和进口总体。出口总体是调查期限内发生过出口贸易的企业,进口总体是调查期内发生过进口贸易的企业。调查方法是根据贸易进出口规模偏斜分布的特点,采用分层不等概率抽样方法,以选定的调查地区为大层,大层内再设全面调查的普查层以及抽样调查的抽样层的方法进行调查,也就是对大型进出口企业普查和对中小企业抽样调查相结合的调查方式开展调查。贸易信贷调查制度采用调查对象定期申报方式,目前是每季度进行一次。

（三）贸易信贷调查的申报表

我国贸易信贷调查主要采集调查期末贸易信贷的存量数据,包括资产和负债数据,调查还采集样本企业属性等信息。其申报表分为出口信贷申报表和进口贸易信贷申报表两种。申报表调查指标包括:当期及上年同期进出口额、一般贸易额、进料加工贸易额、来料加工贸易额、其他贸易额;期初和期末出口应收未收款和进口应付未付款;期初和期末出口应收未收款坏账额和进口应付未付款坏账额;期初和期末出口贸易预收货款、进口预付货款等。另外还采集以上相关指标的一年以上的数据。

同步测练

1. 名词解释

国际收支　国际收支统计　涉外收付款　贸易信贷

2. 多选题

（1）一国的国际收支平衡表一般主要包含以下哪些账户或项目:（　　）。

A. 经常项目　　　　　　　　　　B. 资本和金融账户

C. 官方储备资产　　　　　　　　D. 错误与遗漏

（2）根据《国际收支统计申报办法》,中国居民包括（　　）。

A. 在中国境内居留1年以上的自然人,外国及香港、澳门、台湾地区在境内的留学生、就医人员、驻华使馆领馆外籍工作人员及其家属除外

B. 中国短期出国人员（在境外居留时间不满1年）、在境外留学人员、就医人员及中国驻外使领馆工作人员及其家属

C. 在中国境内依法成立的企业事业法人（含外商投资企业及外资金融机构）及境外法人的驻华机构（不含国际组织驻华机构、外国驻华使馆领馆）

D. 中国国家机关（含中国驻外使馆领馆）、团体、部队

（3）我国国际收支间接申报中,需履行申报义务的银行是（　　）。

A. 解付银行　　　B. 结汇中转行　　　C. 不结汇中转行

3. 简答题

(1) 国际收支统计的基本原则有哪些?

(2) 我国现行对外金融资产负债及交易统计的内容是什么?

4. 论述题

(1) 如何理解我国国际收支统计间接申报的范围?

(2) 国际收支统计中,中国居民和非中国居民如何界定?

C
第十二章
HAPTER TWELVE

经常项目外汇管理

学 习 目 标

通过本章学习，了解我国经常项目外汇管理的历史、原则等内容，掌握我国现行经常项目下的货物贸易、服务贸易、个人以及账户等业务条线的外汇管理政策。

重 难 点 提 示

- 经常项目的主要特征以及经常项目可兑换的衡量标准
- 人民币经常项目可兑换条件下实行经常项目外汇管理的必要性
- 我国现行货物贸易外汇管理流程
- 我国个人外汇管理的现状

第一节　经常项目外汇管理概述

经常项目是一个国家或地区对外交往中经常发生的交易项目,包括贸易及服务、收益、经常转移,其中贸易及服务是最主要的内容。本节对经常项目相关概念进行概述,并回顾我国经常项目外汇管理历史,探讨实施经常项目外汇管理的必要性和原则。

一、基本概念

(一)经常项目

1. 经常项目的概念

经常项目,通常是指一个国家或地区对外交往中经常发生的交易项目,包括贸易及服务、收益、经常转移。贸易及服务是最主要的内容。其中贸易收支又称货物贸易收支,是一国出口货物所得外汇收入和进口货物的外汇支出的总称。服务收支又称服务贸易收支,是一国对外提供各类服务所得外汇收入和接受服务发生的外汇支出的总称,包括国际运输、旅游等项下外汇收支。收益包括职工报酬和投资收益两部分,其中职工报酬主要为工资、薪金和其他福利,投资收益主要是利息、红利等。经常转移也称单方面转移,是资金或货物在国际间的单向转移,不产生归还或偿还问题。具体包括个人转移和政府转移,前者指个人之间的无偿赠与或赔偿等,后者是指政府之间的军事、经济援助、赔款、赠与等。

2. 经常项目的主要特征

经常项目一般具有以下主要特征:一是交易行为通常发生在居民与非居民之间。居民主要是指在一个国家或地区连续居住一年以上者,否则为非居民。居民与非居民均包括个人和机构。二是交易行为在历史上经常、频繁发生,比如国际贸易。随着国际经济交往日益密切,国际投资、借贷等以往不常发生的交易行为频繁发生,但不被称作经常项目。三是所有权通常发生转移。经常项目交易一般伴随有形或无形商品的流动,交易中商品的所有权通常发生转移。而资本项目交易中资本的所有权不变,发生转移的往往是资本的使用权,产生债权债务关系。

(二)经常项目可兑换

经常项目可兑换,通常是指对国际收支中经常性的交易项目对外支付和转移不予限制。我国于1996年年底宣布接受《国际货币基金组织协定》第八条款规定,实现了人民币经常项目可兑换。根据该条款,经常项目可兑换一般应符合以下几个主要衡量标准。

(1)未经基金组织同意,不得对国际经常往来的支付和资金转移施加限制;

(2)避免施行歧视性货币措施或多种汇率制;

(3)如其他会员国提出申请,有义务购回其他会员国所持有的本国货币。

二、我国经常项目外汇管理历史沿革

从外汇管理的历史来看,我国经常项目外汇管理经历了严格管制、逐步放松和实现人民币经常项目可兑换的过程,大致可分为以下五个阶段。

(一) 1949—1978 年

这一时期,国家对外贸和外汇实行统一经营,用汇分口管理,对外汇收支实行指令性计划管理,逐步形成了高度集中、计划控制的外汇管理体制。经常项目外汇管理方面,规定企业出口货物所得外汇、个人劳务所得外汇和华侨汇款等一切外汇,必须卖给或存入国家银行;企业贸易和服务贸易用汇须向国家申请或者由国家按计划分配,个人用汇受到严格限制。

(二) 1978—1994 年

这一时期,我国经常项目外汇管理体制进行了一系列重大改革,包括实行贸易和非贸易外汇留成制度,国家、地方和企业按一定比例以外汇额度形式分别掌握外汇使用权;建立和发展外汇调剂市场,通过市场调剂外汇余缺;实行出口收汇核销制度,避免国家外汇流失;放宽境内居民外汇管理,发行外汇兑换券,便利游客使用,防止外币在国内流通和套汇、套购物资。

(三) 1994—1996 年

1994 年外汇体制改革,实现了人民币经常项目有条件可兑换。具体措施包括取消各类外汇留成、外汇额度管理制度,对境内机构经常项目外汇收支实行银行结售汇制度;规定境内机构经常项目外汇收入须及时调回境内,按照市场汇率卖给外汇指定银行;取消外汇券,禁止外币计价、结算和流通;建立进口付汇核销管理制度,打击逃、套汇现象。

(四) 1996—2009 年

1996 年 12 月 1 日,我国接受《国际货币基金组织协定》第八条款,宣布实现人民币经常项目可兑换。1997 年亚洲金融危机期间,加强进出口收付汇核销管理,重点打击利用假报关单骗购外汇资金的行为。2001 年加入世界贸易组织后,逐步完善进出口收付汇核销制度,并不断简化核销手续,提高核销监管效率;完善服务贸易外汇管理,大幅度简化服务贸易购付汇手续和凭证,下放审核权限;逐步调整经常项目外汇账户管理政策,不断提高企业经常项目外汇账户限额,并最终取消开户事前审批,允许企业全额保留外汇资金;不断改进个人外汇管理,简化手续和凭证,对个人实行结售汇年度总额管理。

(五) 2010 年至今

这一阶段,我国对外贸易规模迅猛增长,传统的管理方式难以适用贸易方式和主体多样化的需求,外汇管理局按照"五个转变"工作思路要求,大力推进经常项目外汇管理体制改革。在货物贸易外汇管理方面,在 2010 年推出进口付汇核销改革的基础上于 2012 年 8 月 1 日起在全国范围实施了货物贸易外汇管理制度改革。经过改革,贸易管理方式由企业逐笔核销转变为外汇管理局总量核查,由企业现场核销转变为外汇管理局非现场监测,由行为监管转变为主体监管、重点监管。2013 年 9 月,服务贸易外汇管理改革正式全面启动,改革之后,服务贸易项下主要的单证审核下放给银行,单证审核要素得以大幅简化,同时外汇管理局实施均衡管理强化事后核查。

三、我国实行经常项目外汇管理的必要性

(一)保障资本项目管制有效性

推行可兑换进程,按照国际经验,一般是先实行经常项目可兑换再放宽资本项目管制。目前,人民币可兑换的现状是"经常项目可兑换、资本项目部分管制"。在这种特殊背景下,经常项目外汇管理肩负着甄别经常项目、资本项目外汇资金性质的重要任务。在此期间内,为绕开资本项目管制,各类投资、外债等资本项目资金可能借道经常项目渠道跨境流动。此时取消经常项目外汇管理,在一定程度上意味着放开了资本项目管制,将直接削弱资本项目管制的有效性。因此,即使是经常项目可兑换的情况下仍须实行经常项目外汇管理。

(二)促进国际收支平衡

促进和维护国际收支平衡是外汇管理的重要任务。作为外汇管理的一部分,经常项目外汇管理在促进国际收支平衡方面均发挥着重要作用。自 2001 年加入 WTO 以来,我国经常项目外汇收支规模迅速增长,年均增幅为 56%,2013 年达 5.14 万亿美元。国际收支持续大额顺差是现阶段我国经济运行的突出问题和深层次矛盾之一,需要通过调整国内经济结构、扩大出口、鼓励企业"走出去"、完善人民币汇率形成机制、逐步扩大人民币资本项目可兑换等措施最终解决,而加强经常项目的管理,防范无交易背景的资金借道经常项目渠道流入,将对缓解国际收支大额顺差局面、促进国际收支平衡起到积极作用。数据显示,2012 年我国经常项目顺差占国内生产总值的比重为 2.3%,较 2007 年下降了 7.8 个百分点,已经处于国际公认的合理水平区间。

(三)维护涉外经济安全

我国 1996 年实现经常项目可兑换以来,国内外经济、金融环境发生巨大变化:一方面,新技术条件下不断涌现的金融创新产品使国际资本流动不论是数量还是速度都发生深刻变化,金融危机、债务危机不断爆发;另一方面,我国外汇收支形势波动加剧,外汇管理多次面临严峻考验。在当前国内经济环境向好以及境内外利差、汇差等因素影响下,国际游资可能对我国进行冲击,并利用开放的经常项目渠道流入流出。因此,加强经常项目外汇管理,防范异常外汇资金流入流出,是维护我国涉外经济安全的迫切需要。

四、我国经常项目外汇管理的原则

根据经常项目可兑换要求,同时顺应外汇收支形势和国家涉外经济安全需要,经常项目外汇管理主要坚持以下原则。

(一) 真实性审核原则

真实性审核是经常项目外汇管理的一个基本原则。遵循这一原则开展经常项目外汇管理的目的是在当前"经常项目可兑换、资本项目部分管制"这一特定阶段,防范无经常项目真实交易背景的资金借道经常项目流入、流出,保障外汇管理的整体有效性。人民币经常项目可兑换后,经常项目外汇管理主要通过两种方式对经常项目外汇收支及汇兑环节进行真实性管理:一是由金融机构按规定进行单证审核;二是由外汇管理局进行现场和非现场监管。由于经常项目可兑换的前提是经常项目外汇收支具有真实、合法的交易基础,并有相应的商业单据和凭证予以证明,因此真实性审核并不构成对经常项目可兑换的限制。如果交易本身是资本项目或是虚假、违法的交易,不属经常项目范围,那么交易涉及的外汇收支应受到管制甚至处罚。

(二) 便利化原则

促进贸易投资便利化是可兑换原则的必然要求,也是外汇管理遵循的重要原则。2010年以来,我国经常项目围绕便利化原则,践行"五个转变"理念,对货物贸易和服务贸易等领域进行改革,通过改进手段和技术、简化环节、规范流程等措施不断降低企业、银行经营成本,提高经营效率,为企业、银行和个人等市场主体提供高效优质的外汇服务。以简化凭证和流程这一项改革措施为例,货物贸易和服务贸易改革后,每家涉外企业可节省工资费用7万多元,银行办理贸易收付汇业务时间由平均每单26分钟缩短到9分钟。同时,积极清理和整合法规,构建简明清晰的经常项目外汇管理法规体系,加强社会对经常项目外汇管理行政权利运用的监督,极大促进了贸易投资便利化。

(三) 均衡监管原则

针对国际收支持续顺差的形势,我国经常项目外汇管理改变"宽进严出"的管理理念,对资金流出、流入实施均衡监管,构筑资金流出入管理两道"防火墙"。如在货物贸易方面建立"总量核查、动态监测和分类管理"的监管方式,在服务贸易方面进行宏观监测分析和微观核实,在个人外汇管理方面,规定个人结汇、购汇适用同样的年度总额等。

第二节 货物贸易外汇管理业务

货物贸易外汇收支在我国经常项目中占主导地位,是我国国际收支的主要部分。我国自2012年8月1日起实施货物贸易外汇管理制度改革,外汇管理局对企业的贸易外汇管理

方式主要是"总量核查、动态监测、分类管理"。

一、货物贸易的概念

货物贸易又称为有形(商品)贸易,它用于交换的商品主要是以实物形态表现的各种实物性商品。货物贸易收支是一国出口和进口货物所发生外汇收支的总称,是我国外汇收支的最重要组成部分。

按现行货物贸易外汇管理政策,我国货物贸易外汇收支具体包括:从境外、境内保税监管区域收回的出口货款,向境外、境内保税监管区域支付的进口货款;从离岸账户、境外机构境内账户收回的出口货款,向离岸账户、境外机构境内账户支付的进口货款;深加工结转项下境内收付款;转口贸易项下收付款;其他贸易相关的收付款。

二、货物贸易外汇管理

(一)货物贸易外汇管理改革

根据《国家外汇管理局、海关总署、国家税务总局关于货物贸易外汇管理制度改革的公告》(国家外汇管理局公告 2012 年第 1 号),外汇管理局自 2012 年 8 月 1 日起在全国实施货物贸易外汇管理制度改革。此次改革,全面取消了进出口收付汇核销制度,外汇管理局对企业的贸易外汇管理方式由现场逐笔核销转变为"总量核查、动态监测、分类管理"。经过改革,外汇管理局根据企业贸易外汇收支的合规性及其与货物进出口的一致性,将企业分为 A、B、C 三类;企业应当按照分类管理要求办理货物贸易项下外汇收支业务,并向外汇管理局报送贸易外汇收支信息。外汇管理局通过"货物贸易外汇监测系统"(以下简称"监测系统")对企业开展非现场监测分析和对金融机构进行合规性监管。

(二)货物贸易外汇管理主要内容

我们通过下面的企业货物贸易外汇业务流程图(图 12-1)来理解我国现行的货物贸易外汇管理主要内容。

从图 12-1 中,我们可以看到,货物贸易改革后,企业办理贸易项下外汇业务主要涉及以下几个步骤。

1. 企业名录登记、变更与注销

(1)企业名录登记。企业依法取得对外贸易经营权后,需持规定材料到所在地外汇局办理"贸易外汇收支企业名录"(以下简称"名录")登记手续,不在名录的企业不能直接办理贸易外汇收支业务。外汇局对新列入名录企业实施辅导期管理。外汇管理局通过监测系统向金融机构发布全国企业名录。

(2)名录变更。名录内企业的企业名称、注册地址、法定代表人、注册资本、公司类型、经营范围或联系方式发生变更的,应当在变更事项发生之日起 30 天内到所在地外汇管理局办理名录变更手续。

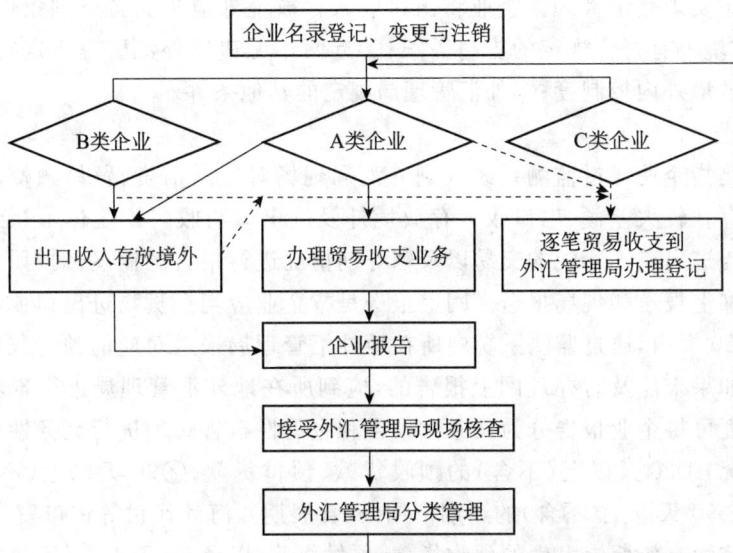

图 12-1　企业货物贸易外汇业务流程图

（3）名录注销。名录内企业终止经营或不再从事贸易，或者被工商管理部门注销或吊销营业执照，或者被商务主管部门取消对外经营权的，应在 30 天内主动到所在地外汇管理局办理名录注销手续。注销名录后，经申请再次被列入名录的企业，视为新列入名录企业纳入辅导期管理。

2. 贸易外汇收支业务办理及信息申报

名录内企业按照"谁出口谁收汇、谁进口谁付汇"原则，根据自身对应分类状态的监管要求、贸易方式、结算方式以及资金来源或流向，向金融机构提交相关单证，办理贸易外汇收支业务，并按规定进行贸易外汇收支信息申报，但捐赠项下进出口业务等外汇管理局另有规定的情况除外，代理进口、出口业务应当由代理方付汇、收汇。

金融机构对企业提交的材料进行审查后，为企业办理收汇资金入账、结汇、划转手续，或者付汇资金的购汇及支付手续。其中，企业出口收入应先进入出口收入待核查账户。企业可以根据其真实合法的进口付汇需求提前购汇存入其经常项目外汇账户。因合同变更等原因导致企业提前购汇后未能对外支付的进口货款，企业可自主决定结汇或保留在其经常项目外汇账户中。

3. 出口收入存放境外

对于具有真实合法交易背景的货物贸易出口收入，企业可按规定将其存放于境外金融机构境外账户。外汇管理局对出口收入存放境外业务实行登记管理。也就是要求企业开立境外账户要到外汇管理局办理登记，并定期向外汇管理局报告境外账户收支情况。外汇管理局通过资格管理与首次开户登记管理，审核企业开办出口收入存放境外业务资质，并按规定进行开户登记实现登记管理。企业将出口收入存放境外应当具备下列条件：①具有出口收入来源，且在境外有符合规定的支付需求；②近两年无违反外汇管理规定行为；③有完善的出口收入存放境外内控制度；④外汇管理局规定的其他条件。

4. 企业报告

企业报告是指企业通过监测系统或到外汇局现场对贸易信贷、贸易融资、转口贸易、进出口与收付汇存在较大差额、出口收入存放境外及进出口与收付汇主体不一致等可能导致贸易外汇收支与进出口不匹配的交易以及辅导期情况进行报告的制度。按照报送方式可将企业报告分为网上报送和现场报送。网上报送是指企业应当在货物进出口或收付汇业务实际发生之日起30天内，通过监测系统向所在地外汇管理局报送对应的预计收付汇或进出口日期等信息。如果未能及时办理网上报告的，应到所在地外汇管理局进行现场报告。按照报送的约束程度可将企业报告分为义务性报告和主动性报告。须进行义务性报告的业务包括以下几种情况：①30天以上（不含）的预收货款、预付货款；②90天以上（不含）的延期收款、延期付款；③90天以上（不含）的远期信用证（含展期）、海外代付等进口贸易融资；④B、C类企业在分类监管有效期内发生的预收货款、预付货款，以及30天以上（不含）的延期收款、延期付款；⑤同一合同项下转口贸易收支日期间隔超过90天（不含）且先收后支项下收汇金额或先支后收项下付汇金额超过等值50万美元（不含）的业务；⑥其他应当报告的事项。企业可进行主动性报告的情况包括：①对于符合规定的收付汇单位与进出口单位不一致的情况，收汇或进口企业可向所在地外汇管理局报告；②对于须进行义务性报告的情况之外的其他影响贸易外汇收支与进出口一致性匹配的情况，企业可根据实际业务情况自主决定是否向所在地外汇管理局报送相关信息。

5. 登记管理

对于部分贸易外汇收支，要求企业先到外汇管理局办理登记手续，金融机构凭外汇管理局签发的《货物贸易外汇业务登记表》（以下简称"登记表"）办理。这部分货物贸易收支情况包括：①C类企业贸易外汇收支；②B类企业超可收、付汇额度的贸易外汇收支；③B类企业同一合同项下转口贸易收入金额超过相应支出金额20%（不含）的贸易外汇收支；④退汇日期与原收、付款日期间隔在180天（不含）以上或由于特殊情况无法按规定办理的退汇；⑤外汇管理局认定其他需要登记的业务。

6. 接受外汇管理局现场核查

外汇管理局建立进出口货物流与收付资金流匹配的核查机制，对企业货物外汇收支进行非现场总量核查和监测，对存在异常或可疑情况的企业按照法定的程序和规范进行现场核查。企业应接受外汇管理局现场核查，认真配合外汇管理局现场核查工作，按外汇管理局要求的内容和方式及时、准确、全面地提交相关信息资料和解释说明。

7. 外汇管理局分类管理

外汇管理局根据非现场或现场核查结果，结合企业遵守外汇管理规定等情况，将企业分成

A、B、C 三类。在分类监管有效期内,A 类企业的贸易外汇收支适用便利化的管理措施;B、C 类企业的贸易外汇收支则在单证审核、业务类型、办理程序、结算方式等方面实施审慎管理。其中对 B、C 类企业的分类监管有效期为一年,分类监管有效期届满时,外汇管理局对其在监管有效期内遵守相关外汇管理规定情况进行综合评估,根据其资金流与货物流偏离的程度、变化以及是否发生违规行为等调整分类结果。外汇管理局在日常管理中发现企业存在相应违规行为的,可随时降低其分类等级,将 A 类企业列入 B 类或 C 类,或将 B 类企业列入 C 类。

(1) A 类企业

核查期内企业遵守外汇管理相关规定,且贸易外汇收支经外汇管理局非现场或现场核查情况正常的,可被列为 A 类企业。在分类监管有效期内,A 类企业的贸易外汇收支适用便利化的管理措施。

(2) B 类企业

存在下列情况之一的企业,外汇管理局可将其列为 B 类企业:①存在外汇管理局可实施现场核查的情况且经现场核查企业无合理解释;②未按规定履行报告义务;③未按规定办理贸易外汇业务登记;④外汇管理局实施现场核查时,未按规定的时间和方式向外汇管理局报告或提供资料;⑤应国家相关主管部门要求实施联合监管的;⑥外汇管理局认定的其他情况。

B 类企业在分类监管有效期内的贸易外汇收支业务应当按照以下规定办理:

① 对于以汇款方式结算的(预付货款、预收货款除外),金融机构应当审核相应的进、出口货物报关单和进、出口合同;对于以信用证、托收方式结算的,除按国际结算惯例审核有关商业单据外,还应当审核相应的进、出口合同;对于以预付货款、预收货款结算的,应当审核进、出口合同和发票。

② 金融机构应当对其贸易外汇收支进行电子数据核查;超过可收、付汇额度的贸易外汇收支业务,金融机构应当凭《登记表》办理。

③ 对于转口贸易外汇收支,金融机构应当审核买卖合同、支出申报凭证及相关货权凭证;同一合同项下转口贸易收入金额超过相应支出金额 20%(不含)的贸易外汇收支业务,金融机构应当凭《登记表》办理;B 类企业转口贸易项下外汇收入,应在其进行相应转口贸易对外支付后方可结汇或划转;同一笔转口贸易业务的收支应当在同一家银行办理;同一转口贸易项下合同,其收入和支出的结算货币应当同为外汇或人民币。

④ 对于预收货款、预付货款以及 30 天以上(不含)的延期收款、延期付款,企业须按规定向所在地外汇管理局报送信息。

⑤ 企业不得办理 90 天以上(不含)的延期付款业务、不得签订包含 90 天以上(不含)收汇条款的出口合同。

⑥ 企业不得办理收支日期间隔超过 90 天(不含)的转口贸易外汇收支业务。

⑦ 已开办出口收入存放境外业务的企业被列为 B 类的,在分类监管有效期内,企业出口收入不得存放境外账户,不得使用境外账户对外支付。外汇管理局可要求其调回境外账

户余额。

⑧ 其他贸易外汇收支业务,按照有关规定办理。

⑨ 外汇管理局规定的其他管理措施。在分类监管有效期内指标情况好转且没有发生违规行为的 B 类企业,自列入 B 类之日起 6 个月后,可经外汇管理局登记办理上述⑤、⑥项所限制的业务。

(3)C 类企业

存在下列情况之一的企业,外汇管理局可将其列为 C 类企业:①最近 12 个月内因严重违反外汇管理规定受到外汇管理局处罚或被司法机关立案调查;②阻挠或拒不接受外汇管理局现场核查,或向外汇管理局提供虚假资料;③B 类企业在分类监管有效期届满经外汇管理局综合评估,相关情况仍符合列入 B 类企业标准;④因存在与外汇管理相关的严重违规行为被国家相关主管部门处罚;⑤外汇管理局认定的其他情况。

C 类企业在分类监管有效期内的贸易外汇收支业务应当按照以下规定办理:

① 逐笔到所在地外汇管理局办理登记手续。

② 对于预收货款、预付货款以及 30 天以上(不含)的延期收款、延期付款,企业须按规定向所在地外汇管理局报送信息。

③ 企业不得办理 90 天以上(不含)的远期信用证(含展期)、海外代付等进口贸易融资业务;不得办理 90 天以上(不含)的延期付款、托收业务;不得签订包含 90 天以上(不含)收汇条款的出口合同。

④ 企业不得办理转口贸易外汇收支。

⑤ 企业为跨国集团集中收付汇成员公司的,该企业不得继续办理集中收付汇业务;企业为跨国集团集中收付汇主办企业的,停止整个集团的集中收付汇业务。

⑥ 已开办收入存放境外业务的企业被列为 C 类的,企业应当于列入之日起 30 日内关闭境外账户并调回境外账户余额。

⑦ 外汇管理局规定的其他管理措施。

第三节　服务贸易外汇管理业务

1978 年以来,我国服务贸易外汇收支发展迅速,服务贸易的年增长均高于国民经济国内服务业的增长速度。因此,我国服务贸易外汇管理也逐渐完善。本节主要介绍服务贸易的概念及现行服务贸易外汇管理主要内容。

一、服务贸易概念

服务贸易是一种跨越国界进行服务交易的商业活动,具体包括旅游、运输、通信服务、建筑安装及劳务承包、保险、金融服务、计算机和信息服务、专有权利使用费和特许费、体育文化和娱乐服务、政府服务以及其他商业服务等项目。在我国,收益和经常转移项下外汇管理按照服务贸易管理办法执行。

二、服务贸易外汇管理主要内容

(一)跨境收支

目前我国对服务贸易项下国际支付不予限制。服务贸易外汇收支应当具有真实、合法的交易基础,服务贸易外汇收入可按规定的条件、期限等调回境内或者存放境外,可以自行保留或办理结汇;服务贸易外汇支出,可以使用自有外汇支付或者以人民币购汇支付。境内机构和境内个人从事服务贸易活动应当符合国家规定,需经国家相关主管部门审批、核准、登记、备案等的,在办理服务贸易外汇收支前需先办妥有关手续;在向金融机构申请办理服务贸易外汇收支时,需填写服务贸易外汇收支管理信息申报凭证,并提交能证明交易真实合法的交易单证。金融机构按照"了解客户"、"了解业务"的原则,对交易单证的真实性及其与外汇收支的一致性进行合理审查。其中对单笔等值5万美元以上的服务贸易外汇收支业务单证审核,应该按外汇管理局要求进行审核(具体参考表12-1);对单笔等值5万美元(含)以下的服务贸易外汇收支业务原则上可不审核交易单证,但对于资金性质不明确的外汇收支业务,应要求境内机构和境内个人提交交易单证进行合理审查。

表 12-1　单笔等值 5 万美元以上的服务贸易外汇收支业务单证审核

序号	交 易 项 目	审 查 单 证
1	国际运输	运输发票或运输单据或运输清单
2	对外劳务合作或对外承包工程	合同(协议)和劳务预算表或工程预算表(工程结算单)
3	对外承包工程前期费用	申请书(未使用完,调回境内)
4	专利使用费和特许费	合同(协议)和发票(支付通知)
5	利润、股息和红利支付	审计报告、董事会决议、验资报告
6	外国合伙人利润支付	出资确认登记证明、利润分配决议
7	利润、股息、红利收汇	利润处置决议和境外机构相关年度财务报表
8	代表处办公经费	经费预算表
9	技术进出口	合同(协议)和发票(支付通知)限制类:《技术进出口许可证》
10	国际赔偿	原始交易合同、赔款合同和证明原始交易材料,或司法机构证明
11	境内外机构代垫和分摊	原始交易合同、代垫或分摊合同、发票(支付通知)代垫期限不得超过12个月
12	退汇	原资金交易性质审单,原路退回,退回期限不超过12个月
13	其他外汇收支	合同(协议)、发票(支付通知)或其他单证

根据我国税法有关规定,非居民从境内获得的服务收入,应在境内纳税。外汇管理局和税务部门联合出台政策,规定境内机构和个人向境外支付等值5万美元以上(不含)服务贸易外汇资金,均需向所在地国税部门进行税务备案。因此,金融机构办理单笔等值5万美元

以上的服务贸易外汇收支业务除了审核单证外,还需审核境内机构或个人提交的《服务贸易等项目对外支付税务备案表》。但对以下对外支付项目是无须办理税务备案的:

(1)境内机构在境外发生的差旅、会议、商品展销等各项费用;

(2)境内机构在境外代表机构的办公经费,以及境内机构在境外承包工程的工程款;

(3)境内机构发生在境外的进出口贸易佣金、保险费、赔偿款;

(4)进口贸易项下境外机构获得的国际运输费用;

(5)保险项下保费、保险金等相关费用;

(6)从事运输或远洋渔业的境内机构在境外发生的修理、油料、港杂等各项费用;

(7)境内旅行社从事出境旅游业务的团费以及代订、代办的住宿、交通等相关费用;

(8)亚洲开发银行和世界银行集团下属的国际金融公司从我国取得的所得或收入,包括投资合营企业分得的利润和转让股份所得、在华财产(含房产)出租或转让收入以及贷款给我国境内机构取得的利息;

(9)外国政府和国际金融组织向我国提供的外国政府(转)贷款[含外国政府混合(转)贷款]和国际金融组织贷款项下的利息。本项所称国际金融组织是指 IMF、世界银行集团、国际开发协会、国际农业发展基金组织、欧洲投资银行等;

(10)外汇指定银行或财务公司自身对外融资如境外借款、境外同业拆借、海外代付以及其他债务等项下的利息;

(11)我国省级以上国家机关对外无偿捐赠援助资金;

(12)境内证券公司或登记结算公司向境外机构或境外个人支付其依法获得的股息、红利、利息收入及有价证券卖出所得收益;

(13)境内个人境外留学、旅游、探亲等因私用汇;

(14)境内机构和个人办理服务贸易、收益和经常转移项下退汇;

(15)国家规定的其他情形。

(二)境内划转

外汇资金境内划转是指境内机构或个人通过办理外汇业务的金融机构之间办理外汇汇款、转账等行为。办理服务贸易境内外汇划转业务,由划付方金融机构按以下规定审查并留存交易单证,具体单证审核如表 12-2 所示。

表 12-2 服务贸易境内划转业务单证审核

序号	交 易 项 目	审 查 单 证
1	境内机构向国际运输或国际运输代理企业划转运费及相关费用	发票

序号	交 易 项 目	审 查 单 证
2	对外承包工程总承包方向分包方划转工程款	分包合同(支付通知)
3	对外承包工程联合体已指定涉外收付款主体,收付款主体与其他成员划款	相关合同和发票(支付通知)
4	服务外包总包方向分包方划款	分包合同和发票(支付通知)
5	境内机构向个人归还垫付公务出国费用	费用单证或清单
6	外汇保险项下相关费用的境内划转	按保险外汇管理
7	其他境内外汇划转	按《境内外汇划转管理暂行规定》([1997]汇管函字第 250 号)办理

(三)外币现钞提取

办理服务贸易外币现钞提取业务,金融机构应按规定审查并留存交易单证,具体要求如表 12-3 所示。

表 12-3　外币现钞提取业务单证审核

序号	交 易 项 目	审 查 单 证
1	国际海运船长借支	收账通知付款指令
2	赴战乱、外汇管理严格、金融条件差国家,对外劳务合作或对外承包工程	合同(协议)和预算表
3	赴战乱、外汇管理严格、金融条件差国家,境外代表处(办事处)办公经费	预算表
4	境内机构公务出国团组每个团组平均每人提钞等值 1 万美元以下	预算表
5	其他外币现钞业务	按《境内机构外币现钞收付管理暂行办法》([1996]管函字第 211 号)办理

(四)外汇收入存放境外

目前,政策允许境内机构将服务贸易外汇收入存放境外,但应当具备下列条件:

(1) 具有服务贸易外汇收入且在境外有持续的支付结算需求;

(2) 近两年无违反外汇管理规定行为;

(3) 具有完备的存放境外内部管理制度;

(4) 从事与货物贸易有关的服务贸易;

(5) 境内企业集团存放境外且实行集中收付的,其境内外汇资金应已实行集中运营管理;

(6) 外汇管理局规定的其他条件。

境内企业集团实行集中收付的,可指定一家境内成员企业(包括财务公司)作为主办企业,负责对所有参与存放境外业务的境内成员企业的境外服务贸易外汇收入实行集中收付。

境内机构存放境外,应开立存放境外外汇账户。该账户的收入范围包括服务贸易收入以及经外汇管理局批准的其他收入;支出范围包括经常项目支出、调回境内,以及符合外汇管理局规定的其他支出。境内机构存放境外资金规模即境外存放账户的账户余额,不得高于其上年度服务贸易外汇收入总规模的50%;境内企业集团存放境外资金规模即主办企业境外存放账户的账户余额,不得高于其所有境内成员企业上年度服务贸易外汇收入总规模的50%。

第四节　个人外汇管理业务

对个人外汇业务的管理,我们称为个人外汇管理。个人外汇业务按照交易主体区分为境内与境外个人外汇业务,按照交易性质区分为经常项目个人外汇业务和资本项目个人外汇业务。本节主要介绍经常项目个人外汇管理。

一、个人外汇管理现状

目前,对于个人结汇和境内个人购汇实行年度总额管理,年度总额分别为每人每年等值5万美元,外汇管理局根据国际收支状况对年度总额进行调整。对于个人开展对外贸易产生的经营性外汇收支,视同机构按照货物贸易的有关原则进行管理。对境内个人在境外买房、投资、境外个人在境内买房、购买股权等资本项目项下个人外汇业务按照资本项目的管理原则和相关政策办理。

二、个人外汇管理主要内容

（一）个人汇款

个人从境外收入的外汇可直接在银行办理入账手续;境内个人从外汇储蓄账户向境外汇出外汇用于经常项目支出的,当日累计等值5万美元以下（含）的,直接在银行办理;超过等值5万美元的,凭规定的证明材料在银行办理;境外个人从外汇储蓄账户向境外汇出外汇用于经常项目支出的,直接在银行办理。

（二）个人购汇

对于境内个人购汇实行年度总额管理,年度总额以内的,直接在银行办理;超过年度总额的,经常项目项下非经营性购汇凭本人有效身份证件和有交易额的相关证明材料在银行办理。境外个人购汇主要是审核其人民币来源的真实性和合法性,境外个人购汇无论金额大小都需凭规定的证明材料在银行办理,如境外个人在境内取得经常项目人民币收入合法,凭本人有效身份证件和有交易额的相关证明材料（含税务凭证）办理购汇。

（三）个人结汇

对于境内个人和境外个人结汇均实行年度总额管理,年度总额以内的,直接在银行办理;超过年度总额的,经常项目项下凭规定的证明材料在银行办理。

(四)个人账户

个人账户不再区分现钞账户和现汇账户,统称为个人外汇储蓄账户,统一管理。个人外汇储蓄账户的开立、使用、关闭等业务均在银行直接办理。本人及其直系亲属(父母、子女和配偶)账户中的资金可在银行办理境内划转。个人从事对外贸易可开立个人外汇结算账户,视同机构外汇账户进行管理。

(五)个人外币现钞

个人外币现钞业务主要包括存入、提取、汇出和携带。个人向外汇储蓄账户存入外币现钞当日累计金额在等值5 000美元以下(含)的,直接在银行办理;超过等值5 000美元的,凭规定的证明材料在银行办理。个人提取外币现钞当日累计金额在等值1万美元以下(含)的,在银行直接办理;超过等值1万美元的,需经外汇管理局审核。个人手持外币现钞汇出境外用于经常项目支出,当日累计金额在等值1万美元以下(含)的,直接在银行办理;超过等值1万美元的,凭规定的证明材料在银行办理。对于个人携带外币现钞入境实行限额申报制管理,携入金额在等值5 000美元以下(含)的,无须向海关办理申报;超过等值5 000美元的,需向海关办理申报手续。携带外币现钞出境实行指导性限额管理,携出金额在等值5 000美元以下(含)的,可直接携出;携出超过等值5 000美元的,应申领《携带外汇出境许可证》;超过等值1万美元的,原则上不允许携带出境。

第五节　经常项目外汇账户管理

经常项目外汇账户是涉外主体开展日常对外经营活动,办理外汇收支的重要载体,也是外汇管理局实施非现场监测的重要途径之一。本节主要介绍我国经常项目外汇账户管理的变迁和现行经常项目外汇管理规定。

一、经常项目外汇账户管理的变迁

经常项目外汇账户,是指为本国与其他国家或地区进行经济交易而经常发生的项目而开设的外汇账户。它是涉外主体开展日常对外经营活动,办理外汇收支的重要载体,也是外汇管理局实施非现场监测的重要途径之一。

1994年年初,我国建立银行结售汇制度,要求企业的经常项目外汇收入,除国家允许开立外汇账户予以保留的外,均应全部卖给外汇指定银行。此后外汇管理局不断放宽企业经常项目外汇账户开户条件并不断提高账户限额。2002年,经常项目外汇账户开户条件限制取消,凡有外贸经营权或有外汇收入的企业,均可经外汇管理局批准后开立经常项目外汇账户。2006年,企业开立经常项目外汇账户无须事前审批,转为备案制。2007年,企业可根据自身经营需要自行保留经常项目外汇收入。2008 年,修订后的《外汇管理条例》明确规定,经常项目外汇收入可以自行保留或者卖给银行。2011 年 1 月 1 日起,企业出口收入可以存放境外,无须调回境内。

二、现行经常项目外汇账户管理的主要内容

(一)账户开立

境内机构需开立经常项目外汇账户的,只需凭营业执照和组织机构代码证到外汇管理局办理一次性基本信息登记后即可到银行办理开户手续,其开户数量、币种和账户资金规模不受限制。但是司法和行政执法机构等因特殊业务需求,需要开立外币现钞账户的,须经外汇管理局核准后,开户银行方可为其办理外币现钞账户的开户手续。

(二)账户变更

境内机构的机构名称、机构性质、组织机构代码等基本情况发生变更时,应及时到外汇管理局办理境内机构基本信息变更手续。

(三)账户使用

1. 跨境收付

境内机构通过外汇账户办理跨境收付时,须办理国际收支申报,并遵守货物贸易和服务贸易相关法规。境内机构收入的外汇,可以保留在账户中,也可以办理结汇;对外付汇时,可以使用自有外汇,也可以使用人民币购汇支付。

2. 境内划转

同一个境内机构在多家银行开立有多个经常项目外汇账户的,其账户内资金可以直接在银行办理划转;不同的境内机构,在符合货物贸易和服务贸易有关规定的条件下,也允许办理境内划转,如境内机构向运输公司支付运费、向保险公司支付保费等。

3. 购汇和结汇

为促进贸易便利化,境内机构在有真实贸易背景且有对外支付需要的情况下,可在开户银行提前办理购汇,并存入其经常项目外汇账户;除此之外,其他情况下购汇后即须对外支付。外汇账户内的资金结汇,需遵守货物贸易的有关规定。

4. 存取外币现钞

境内机构因支付境外差旅费等情况,需提取外币现钞的,无论金额大小,均由金融机构按照现行的服务贸易外汇管理相关规定办理。原则上,境内机构不得将外币现钞存入账户。

同步测练

1. 名词解释

经常项目   货物贸易   服务贸易   收益   经常转移   经常项目外汇账户

2. 多选题

(1) 根据《国际货币基金组织协定》第八条款,经常项目可兑换一般应符合以下几个主要衡量标准:( )。

A. 未经基金组织同意,不得对国际经常往来的支付和资金转移施加限制

B. 避免施行歧视性货币措施或多种汇率制

C. 如其他会员国提出申请,有义务购回其他会员国所持有的本国货币

D. 本国可以对国际经常项目往来的支付和资金转移施加限制

(2) 2012 年货物贸易改革后,外汇管理局对企业的贸易外汇管理方式主要为( )。

A. 总量核查　B. 动态监测　C. 分类管理　D. 逐笔核销

(3) 存在下列情况之一的企业,外汇管理局可将其列为 C 类企业:( )。

A. 最近 12 个月内因严重违反外汇管理规定受到外汇管理局处罚或被司法机关立案调查

B. 阻挠或拒不接受外汇局现场核查,或向外汇管理局提供虚假资料

C. B 类企业在分类监管有效期届满经外汇管理局综合评估,相关情况仍符合列入 B 类企业标准

D. 因存在与外汇管理相关的严重违规行为被国家相关主管部门处罚

3. 简答题

(1) 经常项目的主要特征是什么?

(2) 我国个人外汇管理的现状如何?

4. 论述题

(1) 我国实行经常项目外汇管理的必要性何在?

(2) 我国经常项目外汇管理主要遵循哪些原则?

C 第十三章

CHAPTER THIRTEEN

资本项目外汇管理

学 习 目 标

通过本章学习,掌握资本项目外汇管理的相关概念,了解我国资本项目外汇管理的历史、原则等内容,并熟悉我国现行资本项目下的直接投资、外债和跨境担保、资本市场和资本项目个人外汇业务管理业务以及跨国公司外汇资金集中运营管理新政策。

重 难 点 提 示

- 资本项目外汇管理的相关概念及我国实行资本项目外汇管理的必要性
- 外商投资企业资本金支付结汇制和意愿结汇制的差别
- 我国实施外债管理的方式和手段
- 跨国公司外汇资金集中运营政策的内容和意义
- 我国实施 QFII、RQFII 和 QDII 制度的目的

第一节　资本项目外汇管理概述

资本项目外汇管理是外汇管理的重要组成部分。本节对资本项目相关概念进行介绍，回顾我国资本项目外汇管理制度沿革，探讨实施资本项目外汇管理的必要性和原则等问题。

一、资本项目相关概念

（一）资本项目

按照国际收支的内容分类，资本项目（或称资本账户）是一国或经济体对资本输出和资本输入交易的统计记录，主要反映在国际收支平衡表的资本和金融账户中。在国际收支平衡表中，金融账户按照投资类型或功能，划分为直接投资、证券投资、其他投资三个部分。在实际外汇管理实践中，可划分为直接投资、外债和跨境担保、资本市场以及资本项下个人外汇业务等部分。

（二）资本项目管制与资本项目可兑换

1. 资本项目管制

资本项目管制，也可以叫作资本管制，它是与资本项目可兑换相对的一个概念。资本项目管制指对跨境资本交易（包括转移支付）和汇兑活动的限制。具体地说，是指国家通过法规和有关政策及相应的方法、手段，对国际收支中的资本项目项下外汇资金的流出入、兑付及资本交易等行为和主体实行的管制。在我国称为资本项目管理。

2. 资本项目可兑换

按照国际收支口径，一国货币可兑换程度一般分为经常项目可兑换、资本项目可兑换和完全可兑换。资本项目可兑换是指一种货币在国际收支经常性往来中，不仅可以将本国货币自由兑换成其他货币，而且也可以在资本项目上进行自由兑换。这意味着取消对一切外汇收支的管制，包括对跨境资本交易（包括转移支付）和汇兑活动的限制都取消。

在我国，在外汇管理中涉及的汇兑环节，依据管制放松程度的不同，可将资本项目可兑换程度进一步分为可兑换、基本可兑换、部分可兑换和不可兑换四类。其中，可兑换是指对汇兑基本没有管制，经过主管部门或银行真实性审核后就可以开展的项目；基本可兑换是指整个项目限制不多，经过核准或登记后才能开展的项目；部分可兑换是指经审批后部分交易才能开展的项目；不可兑换是指明文禁止的项目。

目前，我国资本项目外汇管理中，境外直接投资、外商来华直接投资、跨境担保基本实现了可兑换；外债实现了部分可兑换；资本市场方面，随着合格境内机构投资者制度、合格境外机构投资者制度以及人民币合格境外机构投资者制度的推出，可兑换进程明显提升；个人资本项目交易在可兑换方面也迈出了积极的步伐。根据IMF《汇兑安排与汇兑限制年报》中资本项目交易的分类标准（共7大类40项）对我国资本项目可兑换进行的评估，截至2014年3

月人民币资本项目实现部分可兑换以上的项目占 34 项,只有 6 项为不可兑换项目,人民币资本项目可兑换程度已经达到 85%,较 2009 年的资本项目可兑换程度提高了 10 个百分点。

二、我国资本项目外汇管理的历史沿革

改革开放以前,我国对资本项目实行严格管制,对外基本不举借外债,不接受外国来华投资。但自 1978 年以来,中国开始启动了渐进的、审慎的资本账户开放进程,我们可以将其划分为以下几个阶段。

(一) 资本项目开放启动阶段

这个阶段时间划分是从 1978 年到 2000 年。1978 年开始,根据改革与发展的需要,我国着重在吸引和利用外资方面放松管制,事实上启动了人民币资本项目可兑换进程。这一阶段的资本项目管理具有三大特点:

(1) 在管理领域上,以直接投资为主,其次为外债,证券投资被严格限制。

(2) 在管理思路上,以鼓励流入、限制流出为导向。从开放的实践看,在直接投资、债权债务等各个特定的业务种类上,流入方向的业务都是最先开放的。

(3) 在管理实践中,曾经历放开—管制—再放开的反复过程。1996 年,我国宣布实现经常项目可兑换,开始着手资本项目的开放;而 1997 年亚洲金融危机爆发后,中国政府加强了资本管制,尤其是资本流出的管制,如禁止购汇提前还贷等,直至危机结束后才逐步取消。

(二) 资本项目加快开放阶段

这一阶段的时间划分从 2001 年到 2009 年。2001 年以来,顺应加入世界贸易组织和融入经济全球化的挑战,根据经济发展和改革开放的客观需要,资本项目开放的步伐逐步加快,并逐步深入。在这一阶段,资本项目外汇管理的特点有以下两方面。

(1)资本项目开放的重点发生变化。在直接投资领域,管理已经相对成熟,实现了基本开放,证券投资领域成为新的开放重点。2002 年推出了合格境外机构投资者制度,允许境外投资者投资于我国资本市场;随后,又相继推出了放宽银行、证券、保险等金融机构以自有资本或代客从事境外证券投资的政策。

(2)资本项目管理思路从宽进严出向均衡管理转变。2002 年开始,我国开始出现经常、资本项目持续大额双顺差,外汇储备迅速增长。为适应经济金融形势发展需要,资本项目管理从宽进严出开始向鼓励资金有序流出和防止投机性资金流入、促进国际收支基本平衡转变。例如,在直接投资领域,改革境外投资外汇管理,大力支持企业"走出去";在外债领域,统一中外资银行外债管理,严格外资企业外债结汇;在证券投资领域,允许境外证券投资;在资本转移领域,允许个人资本转移;等等。

(三) 深化资本项目外汇管理改革阶段

这一阶段时间划分是从 2010 年至今。全球金融危机之后,外汇管理局重新审视外汇管

理工作,明确提出了新时期深化外汇管理改革的"五个转变"要求。在这个阶段,资本项目外汇管理围绕"五个转变"实施一系列简政放权、促进贸易投资便利化的改革政策措施,逐步推动资本项目可兑换改革进程。2012年年底对直接投资外汇管理进行调整,初步建立起以登记为核心,以"银行联动、统计监测"为主要内容的直接投资外汇管理框架。2013年5月简化了外债登记管理环节,取消了部分外债管理审批事项,除外债签约登记外,外债账户开立、资金结汇和还本付息等均由银行直接审核办理。2014年相继改革外债转贷款、跨境担保、境内居民通过特殊目的公司境外投融资及返程等外汇管理,还进一步简化融资租赁类公司对外债权、境外投资者受让境内不良资产、个人财产转移售付汇等外汇管理,进一步放宽境外投资前期费用和境外放款管理。

三、我国实行资本项目外汇管理的必要性

(一)有利于避免短期资本流动加剧可能引发的国际收支危机和汇率波动

一般来说,短期资本流动大多是投资者不顾经济的基本情况,根据传闻进行交易或出于投机性动机引起的。因此,对短期资本流动需要进行一定程度的限制,有利于维护国家金融安全,有利于促进本国国民经济健康有序发展。按照资本流动的方向来说,对资本流出进行管理可以避免本币汇率急剧贬值,抑制资本外逃;对流入进行管理可以避免本币汇率过度升值,防止通货膨胀。

从实践上来说,IMF允许其成员保留对跨境资本流动的必要限制,可见对资本流动进行管制具有一定的合理性。发达国家实际上保留了一些限制措施。比如日本对资本性交易通常无须经事前批准,但在资本性交易影响国际收支平衡、引起汇率剧烈波动及引起国际资金大规模流动等特殊紧急情况下,仍须经过批准。对发展中国家而言,其宏观调控体系不健全,经济金融体系脆弱,货币处于弱势,容易遭受投机性攻击,进而引发金融、经济危机。比如1997年亚洲金融危机就是一个很好的例证。

(二)有利于稳步推进国内各项改革措施实施

在资金短缺时期,资本管制可确保将稀缺的国内储蓄用于融通国内投资而不是购置国外资产;在资金较为充裕的时期,资本管制的主要目的在于为相对脆弱的国内产业、金融市场等提供一定的缓冲期,以确保国内各项改革措施的顺利推进。此外,限制境外居民拥有国内生产要素,还可以防止本国资源的不当耗费或某一行业出现垄断,有利于国内产业结构调整。

四、我国资本项目外汇管理原则

(一)均衡管理原则

资本项目的均衡管理指在推进资本项目可兑换的过程中,要将跨境资金流动的"引进来"和"走出去"相结合,从管理政策上鼓励跨境资金双向有序流动,加速开放对外直接投资、

对外证券投资等原来限制较多的领域,限制投机性资金流入。

(二)稳步开放原则

资本项目管理以有序稳步放松资本项目交易限制、引入和培育资本市场工具为主线,在风险可控的前提下,依照统筹规划、循序渐进、先易后难、分步推进的原则,积极稳妥地推进人民币资本项目可兑换进程,促进国民经济全面、协调、可持续发展。

(三)便利化原则

在资本项目外汇管理体制改革方面,顺应市场需求,从经济主体的实际需要出发,进一步消除影响主体经营的贸易投资便利化的体制障碍,增强市场主体的竞争活力和自主能力,帮助企业提高国际竞争力,发挥市场机制在更大的范围内合理配置资源的基础性作用。2010年以来,资本项目外汇管理以"五个转变"为统领,实施简政放权,取消或整合行政审核,简化管理环节和流程,降低行政管理和市场主体的经营成本,促进贸易和投资便利化。

(四)国民待遇原则

我国在以往引进外资的过程中,对外资给予许多超国民待遇;同时,在部分行业对外资的市场准入又壁垒森严。超国民待遇的存在,导致企业为了追逐经济利益而产生"假外资"等扭曲行为。而对外资低于国民待遇,又不符合对世界贸易组织的承诺。因此资本项目管理需要遵循国民待遇原则,调整管理思路,采取切实措施,提高利用外资综合优势和总体效益,推动引资、引技、引智有机结合。

第二节　直接投资外汇管理业务

直接投资业务是资本项目下的主要业务。本节主要介绍外商直接投资、境外直接投资及其项下的境外放款以及境内居民通过特殊目的公司境外投融资及返程投资外汇管理政策。

一、直接投资的概念和分类

按照《国际收支和国际投资头寸手册(第六版)》的定义,直接投资是由一个经济体的常住单位,以在其常住的经济体以外的另一经济体的一个常住企业中建立持久利益为目标,所进行的一种跨境投资。也就是说当常住在一个经济体内的某单位的投资对常住在另一经济体内的某企业的管理产生重大影响时,这种投资便称为直接投资。这一概念的有效定义是指直接投资人所拥有的股本使其有权在直接投资企业中拥有10%或以上的表决权,这种表决权通常相当于其所拥有的普通股份。

跨境直接投资从方向来看,可以分成外商直接投资(foreign direct investment,FDI)和境外直接投资(oversea direct investment,ODI)。FDI是现代资本国际化的主要形式之一,是指一国的投资者将资本用于他国的生产或经营,并掌握一定经营控制权的投资行为。对我国而言,FDI 就是外国投资者来我国境内进行的直接投资。ODI 是与 FDI 方向相反的投资活动,对我国而言,就是境内机构到境外从事直接投资。

二、外商直接投资外汇管理

(一)外商直接投资的内涵

根据现行法规的规定,外商直接投资即外国投资者境内直接投资,是指外国投资者(包括境外机构和个人)通过新设、并购等方式在我国境内设立外商投资企业或项目,并取得所有权、控制权、经营管理权等权益的行为。从投资的形式来看,外国投资者境内直接投资又可分为新设投资和并购投资。新设投资,也称绿地投资,是指境外投资者从无到有设立外商投资企业的活动。并购投资,是指境外投资者并购已经存在的内资企业。

(二)外商直接投资的外汇管理流程

根据现行外汇管理政策,外国投资者在设立外商投资企业前,到外汇管理局进行主体信息或者相应信息的登记后,即可在银行开立前期费用账户,在登记的可流入额度范围内汇入外汇资金,开展直接投资相关的前期活动。在外商投资企业设立、运营及结束阶段,外商投资企业在获得主管部门批准后,及时到外汇管理局办理了相应外汇登记(如新设登记、变更登记、注销登记等)手续,即可直接在银行办理资本金账户及资产变现专用外汇账户的开立、资金划转、资金购付汇等相关手续。银行凭外汇管理局相关业务系统中的外汇登记信息为企业办理相关外汇业务,并在办理完毕后及时、准确地在系统中备案。此外,外商投资企业的外方所得利润可以在纳税后,直接向银行申请汇出。

(三)外商投资企业资本金结汇管理

1. 以外汇账户为核心

现行的外汇管理主要以外汇账户为核心进行相应的外商投资企业外汇资本金结汇管理。企业在其所在地外汇管理局办理外汇登记后,到银行开立资本金账户,资本金账户贷方累计发生额不得超过登记的可流入金额。外国投资者外汇资金入账后,外商投资企业聘请的会计师事务所在验资过程中需要向企业所在地外汇管理局办理出资权益确认手续。经验资后,外商投资企业可向银行申请外汇资本金结汇。

2. 资本金结汇制度

我国现行的资本金结汇制度主要是支付结汇制度,同时在部分地区试点意愿结汇制度,为将来实施资本金结汇改革打下基础。

(1)支付结汇制度。支付结汇制是指企业申请办理资本金结汇应基于真实的交易需求,遵循实需原则。这里所说的实需原则也就是有实际的支出需求,如企业需要资金购买原材料、设备和支付工资等。同时,为便利外商投资企业小额支付需要,允许外商投资企业直接将一定限额内的外汇资金(目前为5万美元)结汇使用,无须提交支付用途凭证等。支付结汇制度自2004年实施以来,积极引导企业合理引进和使用资金,有效防范套利性质境外热钱的流入,促进了利用外资工作的健康有序发展。但随着外汇管理目标便利化的实施、计算机技术的发展和支付方式的拓展,原有的支付结汇制度规定已不能完全满足银行、企业的需要,也不适应现实和形势发展的需要。

(2)意愿结汇制度。在人民币汇率升值波动背景下,企业意愿结汇需求越来越强烈,为进一步深化外汇管理体制改革,更好地满足和便利外商投资企业经营与资金运作需要,我国2014年起在部分地区①实施外商投资企业资本金意愿结汇制度试点。外商投资企业外汇资本金意愿结汇是指外商投资企业资本金账户中经所在地外汇管理局办理出资权益确认的外汇资本金可根据企业的实际经营需要在银行办理结汇。采用意愿结汇制结汇所得人民币资金纳入结汇待支付账户管理。

3. 资本金的使用

在现行的政策框架下,外商投资企业无论是采用支付结汇制度还是意愿结汇制度,其资本金及其结汇所得人民币的使用应在企业经营范围内遵循真实、自用原则,不得用于以下用途:

(1)不得直接或间接用于企业经营范围之外或国家法律法规禁止的支出;

(2)除法律法规另有规定外,不得直接或间接用于证券投资;

(3)不得直接或间接用于发放人民币委托贷款(经营范围许可的除外)、偿还企业间借贷(含第三方垫款)以及偿还已转贷予第三方的银行人民币贷款;

(4)除外商投资房地产企业外,不得用于支付购买非自用房地产的相关费用。

三、境外直接投资外汇管理

(一)境外直接投资的概念

境外直接投资,是指境内机构经主管部门核准,通过设立、并购、参股等方式在境外设立或取得既有企业或项目所有权、控制权或经营管理权等权益的行为。其中设立方式包括独资、合资和合作三种方式。境内机构可以使用自有外汇资金、国内外汇贷款、人民币购汇或实物、无形资产以及其他外汇资产来源进行境外直接投资。

(二)境外直接投资外汇管理

目前我国对境外直接投资外汇管理主要实行登记备案制度。境内企业的境外投资项目

---

① 试点地区包括天津滨海新区、沈阳经济区、苏州工业园区、东湖国家自主创新示范区、广州南沙新区、横琴新区、成都市高新技术产业开发区、中关村国家自主创新示范区、重庆两江新区、黑龙江沿边开发开放外汇管理改革试点地区、温州市金融综合改革试验区、平潭综合实验区、中国—马来西亚钦州产业园区、贵阳综合保税区、深圳前海深港现代服务业合作区和青岛市财富管理金融综合改革试验区。

符合国家的境外投资产业政策并获得商务主管部门的批准,只需到所在地外汇管理局进行相关外汇登记,并据此记录境外投资具体形式和金额,之后企业就可以凭登记凭证到银行办理资金汇出或划转手续。境外投资需要汇出前期费用的,可办理登记后到银行办理资金汇出,目前政策允许累计汇出前期费用最高限额为 300 万美元但不得超过中方投资总额的15%,对于超出 300 万美元或超过中方投资额 15% 的,可持相关真实性需求证明到外汇管理局办理登记。涉及境外直接投资的减资、转股、清算等资本变动收入可存放境外,也可调回存入资产变现专用外汇账户,结汇直接在银行按规定办理,无须外汇管理局核准。境外直接投资所得的利润汇回可保存在其经常项目外汇账户或办理结汇。

(三)境内企业境外放款政策

为解决境外投资企业境外融资难和流动资金不足的问题,进一步促进投资贸易便利化,支持实体经济发展,目前外汇管理政策允许境内企业在登记的额度内,以合同约定的金额、利率和期限,向境外与其具有股权关联关系的企业发放贷款。境内企业累计境外放款额度不得超过其所有者权益的 30%。

(四)境内居民通过特殊目的公司境外投融资及返程投资外汇管理

所谓"特殊目的公司",是指境内居民(含境内机构和境内居民个人)以投融资为目的,以其合法持有的境内企业资产或权益,或者以其合法持有的境外资产或权益,在境外直接设立或间接控制的境外企业。"返程投资",是指境内居民直接或间接通过特殊目的公司对境内开展的直接投资活动,即通过新设、并购等方式在境内设立外商投资企业或项目,并取得所有权、控制权、经营管理权等权益的行为。外汇管理局对境内居民设立特殊目的公司实行登记管理。在特殊目的公司设立阶段,境内居民以境内外合法资产或权益向特殊目的公司出资前,应办理境外投资外汇登记手续。非上市特殊目的公司实行员工权益激励的,相关境内居民个人在行权前到外汇管理局办理特殊目的公司外汇登记。在运营阶段,境外特殊目的公司发生境内居民个人股东、名称、经营期限等基本信息变更,或发生境内居民个人增资、减资、股权转让或置换、合并或分立等重要事项变更后,需办理境外投资外汇变更登记。因转股、破产、解散、清算、经营期满、身份变更等原因造成境内居民不再持有已登记的特殊目的公司权益的,或者不再属于需要办理特殊目的公司登记的,需到外汇管理局办理变更或注销登记。

境内居民设立特殊目的公司进行境外投融资涉及境外直接投资、境外放款,资金调回时涉及外商直接投资、外债及经常项目管理等多项外汇管理环节。对这些环节的规定有以下几点:①境内居民可以购汇汇出资金用于特殊目的公司设立、股份回购或退市等。但对境内居民个人特殊目的公司项下的购付汇由外汇管理局核准后才能到银行办理相关手续。②境内居民直接或间接控制的境内企业,可向其已登记的特殊目的公司放款。③特殊目的公司完成境外融资后,融资资金如调回境内使用的,应遵守我国外商投资和外债管理等相关规定。返程投资设立的外商投资企业应按照现行相关规定管理。④境内居民从特殊目的公司获得的利润、红利调回境内的,按照经常项目外汇管理规定管理;资本变动外汇收入调回境内的,按照资本项目外汇管理规定管理。

第三节　外债和跨境担保管理

外债和跨境担保在资本项目外汇管理业务条线上归在一起管理,本节主要就我国现行的外债管理、外债转贷款管理和跨境担保管理规定进行了介绍。

一、外债管理

(一)外债的概念和分类

外债是指我国境内机构对境外机构或个人承担的具有契约性偿还义务的全部债务。这里所指的境内机构包含我国境内的机关、团体、企业、事业单位、金融机构或其他机构。境外机构或个人包含中国境外(含中国港澳台地区)的机构、自然人及其在中国境内依法设立的非常设机构。

按照债务类型划分,外债可分为外国政府贷款、国际金融组织贷款和国际商业贷款。其中外国政府贷款是指中国政府向外国政府举借的官方贷款;国际金融组织贷款是指中国政府向世界银行等国际性、地区性金融机构举借的非商业性贷款;国际商业贷款是指境内机构向境外举借的商业性贷款,包括外国银行和金融机构贷款、买方信贷、外国企业贷款、发行外币债券、项目融资、贸易项目中的延期付款、补偿贸易中直接以现汇偿还的债务、国际金融租赁以及其他形式的国际商业贷款。按照债务偿还责任划分,外债可分为主权外债和非主权外债。其中主权外债是指由国务院授权机构代表国家举借的、以国家信用保证对外偿还的外债;非主权外债,是除了主权外债以外的其他外债。按照债务期限,外债可分为中长期外债和短期外债。其中中长期外债是指偿还期限在一年期以上的债务,而短期外债是指偿还期限在一年期(含一年)以下的债务。

(二)外债管理的概念

外债管理是指对举借外债的计划审批、登记及其规模、投向、使用效益和偿还等方面进行控制和管理。简单地说,就是从借、用、还三个环节对外债进行管理。

(三)我国外债管理的部门体系

目前,我国的外债管理实行不同部门分工负责的管理体系。具体地说,国家发展和改革委员会会同商务部、财政部、中国人民银行等有关部门根据国民经济和社会发展需要以及国际收支状况和外债承受能力,制定包括国际金融机构贷款、政府贷款、商业贷款和债券发行、项目融资等的中长期及年度利用国外贷款的总规模,报国务院批准。财政部负责主权债务的对外签约和债务资金的使用管理。国家外汇管理局在外债管理方面主要有以下三项职责:一是核定短期外债余额指标;二是负责外债的登记、账户使用、偿还以及相关结售汇等管理、监督和检查,并对外债进行统计监测;三是负责对跨境担保产生的各类国际收支交易进行规范。

（四）外债管理的方式和手段

1. 规模管理

我国对外债实施管理的核心手段之一是规模管理。这实际上就是一种数量管理,主要用于控制对外借款规模。在我国,外商投资企业可以在其投资总额与注册资本的差额范围内借用外债。除外商投资企业以外的其他境内机构(包括中、外资金融机构和中资企业等),借用中长期外债需要向国家发展和改革委员会申请中长期外债发生额指标,借用短期外债则需要向国家外汇管理局申请短期外债余额指标。这里所指的"短期外债余额指标"是指债务人可以借用的短期外债上限,这个上限是一个"余额"概念,也就是债务人累计借用的短期外债减去累计偿还的本金的差额。每年年初,国家外汇管理局根据国际收支形势对境内机构核定当年短期外债余额指标。短期外债余额指标包括境内金融机构指标和全国各地区的指标两部分。其中境内金融机构指标是全国性中资银行和法人制外资银行以及对短期外债指标实行集中管理的外资银行的指标;全国各地区指标,是国家外汇管理局核定给全国各地的指标,各地外汇管理分支局可据此核定辖内地方性法人制中外资银行、未对短期外债指标实行集中管理的外资银行以及中资企业的指标。在核定指标时,外汇局根据银行对外汇资金的实际、合理需求,并参考上年度指标使用情况、同规模银行一般水平和当年度短期外债余额调控目标等因素计算银行和企业的短期外债余额上限。指标一旦核定,借款人任何一个工作日末短期外债余额不得超过核定的指标。

2. 登记管理

凡是借用外债的境内机构(目前我国还不允许个人借用外债)均须履行外债登记义务。所谓外债登记是指外债人按规定借用外债后,应按照规定方式向所在地外汇管理局登记或报送外债签约、提款、偿还和结售汇等信息。外债登记也是我国外债管理的核心手段之一。目前,我国外汇管理政策对不同的债务人类型实行不同的外债登记方式。债务人为财政部门的,应在每月初10个工作日内逐笔向所在地外汇管理局报送外债的相关信息。债务人为境内银行的,应通过外汇管理局相关系统逐笔报送其借用外债信息。债务人为财政部门、银行以外的其他境内债务人,应在规定时间内到所在地外汇管理局办理外债签约逐笔登记或备案手续,而对其不通过境内银行办理资金收付的,在发生外债提款额、还本付息额和未偿余额变动后持相关材料到所在地外汇管理局办理备案手续。

3. 其他外债管理方式

除了规模管理和登记管理两个重要"抓手"外,目前我国外汇管理对外债管理方式和手段还包括账户管理、汇兑管理和用途管理等。在账户管理方面,主要是对外债账户的管理,包括外债专用账户和外债还本付息专用账户。在汇兑管理方面,外商投资企业借用的外债和国际金融组织或外国政府贷款可以结汇,其结汇遵循实需等原则,而境内金融机构和中资企业借用的外债资金不得结汇使用。在用途管理方面,外债资金用途应当符合外汇管理规定,短期外债原则上只能用于流动资金,不得用于固定资产投资等中长期用途。

(五) 境外发行外币债券管理

1. 境外发行外币债券的概念及分类

境外发行外币债券是指我国境内机构,包括国家机关、金融机构及境内其他企事业单位和外商投资企业,在境外金融市场上发行的以外币表示的构成债权债务关系的有价证券。在我国,境内机构发行境外外币可转换债券、大额可转让存单、商业票据视为外币债券进行管理。我国现行外汇管理办法将境内机构在境外发行外币债券归于外债管理框架之下,并按债券期限的不同,分属短期外债和中长期外债管辖口径。因此,外币债券可以分为两类:短期外币债券和中长期外币债券。其中短期外币债券是指期限在一年以内(含一年)的外币债券;中长期外币债券是指期限超过一年(不含一年)的外币债券。

2. 境外发行债券的管理机构

中国人民银行是境内机构发行外币债券的审批机关。中国人民银行授权国家外汇管理局及其分支局具体负责境内机构发行外币债券的审批、监督并对所筹资金的使用和偿还情况进行管理。

3. 债券发行主体资格

境外发行外币债券的境内机构应是在中国境内注册的法人,应有中长期商业借款指标,发行外币债券,要列入国家年度利用外资计划,并有偿还债券资金的外汇收入来源。按照规定,目前我国地方政府不得对外举债。

4. 境外发行债券的审批程序

境内机构(财政部除外)对外发行中长期债券由国家发展与改革委员会审核并会签国家外汇管理局后报国务院审批;境内机构发行境外短期债券由国家外汇管理局参照短期外债指标核定方法审批;发行前设定滚动连续发行的,由国家外汇管理局会签国家发展与改革委员会后审批。境内机构对外发行债券后,须到所在地外汇管理局办理外债登记。此外,与境外发行外币债券有关的账户开立、资金划转及结售汇等均须外汇局核准。

二、外债转贷款管理

(一) 外债转贷款的概念和分类

1. 外债转贷款的概念

外债转贷款,是指境内机构(以下简称转贷款债权人)从境外借用直接外债后,按照国家相关规定或者根据自身与境外债权人关于资金用途的约定,在对外承担第一性还款责任的前提下,向境内其他机构(以下简称转贷款债务人)继续发放的贷款资金。

2. 外债转贷款的分类

(1) 政策性外债转贷款。政策性外债转贷款包括财政外债转贷款和财政性外债转贷款两类,其中财政外债转贷款是指国家财政部门代表中央政府对外谈判和签约,并由国家财政部门作为转贷款债权人(或直接外债的债务人)向下级财政部门或境内其他机构继续发放的贷款;财政性外债转贷款是指国家财政部门代表中央政府参与对外谈判和签约,并在其委托下根据政府协议等规定,由开展转贷款业务的政策性银行、国有商业银行和股份制商业银行作为转贷款债权人(或直接外债的债务人)向境内其他机构继续发放的贷款。

(2)商业性外债转贷款。商业性外债转贷款是指境内金融机构按照规定直接借用商业性外债后,按照国家外债主管部门的政策要求,使用该笔资金向特定境内机构继续发放的贷款。

(二)现行外债转贷款外汇管理主要内容

按照《国家外汇管理局关于印发〈外债转贷款外汇管理规定〉的通知》(汇发[2014]5号)规定,我国现行外债转贷款外汇管理主要有以下内容。

1. 集中登记

外汇管理局对外债转贷款实行债权人集中登记管理,转贷款债权人(也就是直接外债的债务人,承担直接外债合同下第一性还款责任)应当到所在地外汇管理局办理转贷款集中登记手续,转贷款各级债务人不需到外汇局办理外债转贷款逐笔登记手续。财政部向省级(含副省级)财政部门或其他机构发放转贷款,由省级(含副省级)财政部门或其他机构代财政部办理转贷款债权人集中登记。

2. 账户开立

转贷款债务人可凭开户申请和转贷款协议直接在向注册地或境内异地银行办理开户手续,无须到外汇管理局办理转贷款账户开立核准。

3. 资金划转

允许转贷款债权人或转贷款债务人凭转贷款协议等直接到开户银行办理境内相关资金划转。

4. 资金结汇

政策性转贷款结汇无须经外汇管理局核准,转贷款债务人可凭转贷款协议直接到开户银行办理转贷款资金结汇手续。

5. 还本付息及购汇

转贷款项下还本付息及购汇,转贷款债务人可凭转贷款协议和还款通知书等直接到银行办理还款手续,无须经外汇管理局核准。

三、跨境担保管理

(一)跨境担保的概念和分类

1. 跨境担保的概念

跨境担保是指担保人向债权人书面作出的、具有法律约束力、承诺按照担保合同约定履行相关义务并可能产生资金跨境收付或资产所有权跨境转移等国际收支交易的担保行为。在这个概念中,可以看出纳入我国现行外汇管理范围的跨境担保主要具备以下三个特点:一是符合法律的形式要求;二是以付款为担保履约方式;三是对国际收支可能产生重要影响。

2. 跨境担保的分类

按照担保当事各方的注册地,跨境担保可分为三种类型:内保外贷、外保内贷和其他形式跨境担保。其中内保外贷是指担保人注册地在境内、债务人和债权人注册地均在境外的跨境担保。外保内贷是指担保人注册地在境外、债务人和债权人注册地均在境内的跨境担保。而除内保外贷和外保内贷以外的其他跨境担保情形则纳入其他形式跨境担保类型。

(二)现行跨境担保外汇管理主要内容

跨境担保产生的各类国际收支交易由外汇管理部门进行规范管理。外汇局对内保外贷和外保内贷实行登记管理。境内机构提供或接收其他形式跨境担保应符合相关外汇管理规定。

1. 内保外贷外汇管理

担保人在相关法律法规前提下可自行签订内保外贷合同,合同签订后应到外汇局办理内保外贷登记。其中担保人为银行的,由银行通过资本项目信息系统向外汇局报送内保外贷业务相关数据。担保人为非银行机构或者企业的,外汇局按照真实、合规原则对其登记申请进行程序性审核和办理登记手续,并利用资本项目信息系统内保外贷数据采集功能,对内保外贷业务进行统计。如果发生内保外贷履约,则担保人为银行的,可自行办理对外担保履约,担保人为非银行金融机构和企业凭担保登记凭证直接到银行办理履约。担保履约后形成对外债权的,应按相关要求办理对外债权登记。境内个人可作为担保人并参照非银行金融或企业办理内保外贷业务。

2. 外保内贷外汇管理

目前允许办理外保内贷业务的债权人须是境内金融机构,债务人须是非金融机构,被担保的债务只能是本外币普通贷款或信用额度。外汇局对保外内贷实行债权人集中登记管理,由债权人(即境内金融机构)通过资本项目信息系统向外汇局集中办理数据报备。境内金融机构可直接与境外担保人办理担保履约收款。担保履约后形成债务人对外负债的,应办理外债登记,但可不纳入普通外债额度限制。债务人因外保内贷履约形成的对外负债,其未偿本金余额不超过其净资产的1倍。

3. 其他形式跨境担保外汇管理

除内保外贷、外保内贷需要履行必要外汇管理登记手续并遵守部分资格条件限制以外,境内机构可自行签订其他形式的跨境的担保合同,无须到外汇局办理登记。对于其他形式跨境担保合同,可自行办理担保履约。担保项下对外债权债务需要事前审批或核准的,或因担保履约发生对外债债权债务变动的,应按规定办理相关审批或登记手续。行使抵押权导致资产所有权跨境转移,需要事前审批和登记的,应当获得审批和登记。

第四节　资本市场外汇管理业务

证券投资包括证券发行和买卖交易。从证券工具的角度,可分为股票和债券,其中债券可分为长期债券、中期债券、货币市场工具和衍生金融工具等。纳入外汇管理的证券投资业务,我们称为跨境证券投资,这是我国资本市场外汇管理的主要业务类型。本节重点介绍合格机构投资者制度、境外上市、B 股外汇管理情况。

一、合格机构投资者制度

(一)合格机构投资者制度的内涵

合格机构投资者制度,是在资本项目尚未完全开放情况下,有限度允许符合一定资格条件的机构投资者进行跨境证券投资的过渡性制度安排,其投资涉及的额度、产品、账户、资金、汇兑等受相关管理部门的监管。20 世纪 90 年代初,在新兴市场国家和地区如印度、韩国、中国台湾地区等有较广泛的运用,是渐进、有序、稳步开放资本市场的一条特殊通道。合格机构投资者制度包括合格境内机构投资者制度和合格境外机构投资者制度两个相对方向内容。目前,我国具体实施的合格境内投资制度简称为 QDII,合格境外投资者制度则按外汇和人民币对应 QFII 和 RQFII。

(二)合格境外机构投资者(QFII)制度

1. QFII 的概念

合格境外机构投资者(qualified foreign institutional investors,QFII)制度,是指允许符合资格要求的境外机构投资者在一定条件和限制下,汇入一定额度的外汇资金并转换为当地货币,通过严格监管的专门账户在额度范围内投资当地证券市场,其投资本金、资本利得、股息等经审核可转为外汇汇出的一种证券市场的开放模式。

从实质上说,QFII 就是一种资本管制措施,通过限制国外资本流入规模和流出速度,进而限制外国资本对一国或经济体的国际收支和金融市场的影响力,降低资本市场开放过程中的风险。

2. QFII 监管的部门体系

按照职责分工,我国对 QFII 的监管主要涉及市场准入审定和投资额度审批,分别由中国证监会和国家外汇管理局负责,具体监管分工如下:中国证监会负责 QFII 资格的审定、投资工具的确定、持股比例限制等。国家外汇管理局负责投资额度的审定、资金汇出入和汇兑管理等。

3. QFII 制度主要内容

我国目前的 QFII 制度主要内容可以概括为以下四个方面。

(1)资格条件的限制。符合条件的境外基金管理机构、保险公司、证券公司以及其他资产管理机构经中国证监会批准后才能取得合格投资者资格,准入门槛相对较高。

(2) 投资规模的限制。QFII 机构在经批准的投资额度范围内投资。该额度由国家外汇管理局根据经济金融形势、国际收支和证券市场状况,结合 QFII 机构的资产规模、资产配置状况、投资管理能力、既往投资表现等审批。截至 2014 年 6 月底,国家外汇管理局已批准 252 家 QFII 机构共计 565.48 亿美元投资额度。

(3) 投资通道的控制。QFII 机构经国家外汇管理局批准,应在托管人处开立外汇账户和人民币特殊账户。

(4) 资金汇出入限制。按资金性质不同对 QFII 机构汇入本金设置 3 个月或 1 年的锁定期,在锁定期内禁止合格投资者将投资资本金汇出境外。

4. 我国 QFII 管制的目的

我国实施 QFII 管制的目的如下。

(1) 防止资本市场开放对国际收支的影响。我国是发展中国家,国际收支比较脆弱,资本和金融账户变动比较敏感,且受外界影响较大,开放初期若不对证券项下的资金流出入进行有效管理和控制,将会成为资金大进大出的通道,从而对我国的国际收支平衡产生影响。

(2) 防止对国内资本市场的影响。我国资本市场相对不发达,市场的深度和广度都有待提高,投机氛围比较严重,若不对流入资本市场的资金进行适当控制,很容易造成价格的大起大落,进而影响到国内资本市场的健康发展。

(3) 防止资本市场开放对金融体系的影响。我国的金融体系仍存在一定的脆弱性,特别是利率市场化程度较低,汇率弹性不够,如果不对证券项下跨境资金流动进行有效管理,很容易引发外部资金对人民币的投机性冲击,进而危害到我国的金融安全。

(三) 人民币合格境外机构投资者(RQFII)制度

1. RQFII 的概念

人民币合格境外机构投资者(RMB qualified foreign institutional investors,RQFII)制度,是 QFII 制度在中国的一种创新。RQFII 具体是指符合条件的人民币合格境外机构投资者经相关部门批准后,在一定额度范围、封闭账户渠道及监管条件下,运用在境外募集的人民币资金开展境内证券投资的相关业务,其投资本金、资本利得、股息等经审核可直接汇出或购汇汇出。

2. RQFII 的监管框架

中国证监会负责对人民币合格投资者的境内证券投资实施监管,中国人民银行负责管理人民币合格投资在境内开立人民币银行账户,国家外汇管理局负责管理其投资额度,中国人民银行会同国家外汇管理局对其资金汇出入进行监测和管理。国家外汇管理局根据经济金融形势和证券市场状况、香港市场人民币存量等情况,鼓励中长期证券投资,合理审批 RQFII 额度。当然,RQFII 的资产规模、投资管理能力、既往投资表现以及其产品类型和运作特点等也是额度审批的重要评估依据。截至 2014 年 6 月底,国家外汇管理局已批准 71 家 RQFII 机构共计 2 503 亿元人民币投资额度。

3. RQFII 与 QFII 外汇管理的异同

RQFII 与 QFII 的主要区别在于币别,其操作模式与 QFII 大体相同,只是在具体的规定上存在一定差别。按照现行外汇管理政策,RQFII 和 QFII 在外汇管理上的差异具体如表 13-1 所列。

表 13-1　我国 RQFII 和 QFII 管理的比较

管理事项	QFII	RQFII
机构主体	不限	区域仅限中国香港;主类型要限于资产管理机构
额度申请时限	初次申请需在资格获批之日起 1 年内;获批额度 1 年后可申请追加额度	初次申请及追加额度原则上均无时限要求
额度管理原则及高低限额	开放式中国基金余额管理,其他发生额管理;额度申请高限 10 亿美元,低限 5 000 万美元	开放式基金余额管理,其他发生额管理;额度申请无高限和低限要求
本金汇入期	各类产品均为 6 个月,到期确认额度	非开放式基金产品 6 个月,到期确认额度;开放式基金产品无此要求
本金锁定期	按资金性质不同分别为 3 个月或 1 年	非开放式基金产品 1 年,开放式基金产品无此要求
汇入资金币种 汇出资金币种	可兑换外币,需开立外汇账户 可兑换外币	人民币,无须开立外汇账户 人民币或购汇汇出
最低汇入金额	2 000 万美元;不足需汇出清盘并收回额度	无此要求;汇入多少算多少
开放式基金申赎汇出入频率	一周以上,轧差净额	可按日;原则上轧差净额,特殊情况可每日每方向 1 次以上,但日末轧差净额不得超过额度控制要求
非开放式基金产品汇出频率	无次数限制,遵守 20% 的规模限制即可	按月汇出,每月不超过 1 次
汇出规模限制	每月汇出总额(或净额)不超过上年年末境内总资产 20%	无此限制
非开放式基金本金汇出	国家外汇管理局核准	无须外汇局核准,但应当相应条件额度并及时报国家外汇管理局

（四）合格境内机构投资者（QDII）制度

1. QDII 的概念

合格境内机构投资者（qualified domestic institutional investors，QDII）制度是指允许符合条件的境内机构，经监管部门批准，在一定额度内，通过专用账户投资境外证券市场的一种开放模式。从跨境的方向来说，QDII 制度可以说是 QFII 反向制度。QDII 制度实质上是一种资本输出管制措施，是在一国货币没有实现自由可兑换、资本与金融账户尚存在管制的情况下，有限度地允许境内投资者投资境外证券市场的一项过渡性的制度安排。

2. QDII 的监管框架

根据职责分工，目前我国 QDII 管理基本框架由两部分构成。一是由中国银监会、证监会、保监会分别负责银行、证券和保险等境外投资业务的市场准入，包括资格审批、境外投资范围和品种确定以及相关风险管理；二是国家外汇管理局负责 QDII 机构境外投资额度审批、账户管理及资金汇兑管理等。

3. QDII 制度的主要内容

我国目前的 QDII 制度主要内容可以概括为以下三个方面。

（1）资格条件的限制。目前允许符合一定条件的商业银行、保险机构、基金管理公司、证券公司、信托公司等境内机构，经监管部门批准后取得相应的资格。

（2）投资规模的限制。QDII 机构只能在一定额度规模内开展境外证券投资等投资，该投资额度实行的是余额管理，境外投资净汇出额不得超过核准的投资额度。截至 2014 年 6 月底，国家外汇管理局已批准 121 家 QDII 机构共计 804.93 亿美元投资额度。

（3）投资通道的控制。QDII 机构开展境外证券投资需通过专用账户进行，资金汇入、汇出受严格的监管，但涉及结售汇目前可凭额度批准文件到银行直接办理。

4. 我国实施 QDII 制度的目的

我国实施 QDII 制度的目的主要有以下几方面。

（1）防止资金流出对国际收支的影响，维护国际收支平衡。通过实施 QDII 制度，有序引导和适当限制对外证券投资资本流出，防止外汇资金集中流出我国国际收支平衡产生影响。

（2）防止资金流出对金融市场的影响，维护国内市场稳定。通过实施 QDII 制度，防止资金集中流出对我国金融市场特别是股票市场产生冲击，进而维护国内资本市场的稳定。

（3）防范境外证券投资风险，保护投资者利益。由于境内机构对境外金融市场，包括金融产品、投资运作及规则了解不够，缺乏境外投资运作管理经验，适当控制规模，稳步、有序开放有助于防范境外投资风险，保护境内投资者的利益。

二、境外上市外汇管理

（一）境外上市的概念

按上市主体不同，境内企业境外上市分为直接上市与间接上市两种类型。直接上市是指境内企业以本企业名义直接在境外交易所挂牌上市，虽在境外上市，但该企业注册在境内,上市主体是境内居民。比如 H 股就是典型的境外直接上市。间接上市是指境内企业先在境外注册设立一个壳公司,通过股权或协议控制关系将境内资产注入壳公司,由壳公司在境外上市融资,上市主体为境外注册的壳公司,是非居民。在现行外汇管理政策法规体系中,间接上市情况主要由特殊目的公司返程投资相关法规进行规范,"境外上市"的概念主要是指直接上市的范畴。因此在这里所指的"境外上市",是指在中国境内注册的股份有限公司向境外投资人发行股票(含股票派生形式证券)、可转换为股票的公司债券等法律法规允许的证券,并在境外的证券交易所公开上市流通的行为。

(二)境外上市管理框架

根据职责分工,主要由中国证监会和国家外汇管理局对境内企业境外上市相关环节进行管理。具体来说,由中国证监会对企业境外上市申请进行审核,涉及国有企业的需国有资产监督管理委员会出具意见,涉及募集资金投向及产业政策的须征求国家发展和改革委员会意见;由外汇局对境内机构境外上市涉及的业务登记、账户开立与使用、跨境收支、资金汇兑等行为实施监督、管理和检查。

(三)境外上市外汇管理主要内容

境内企业在境外上市发股完成后,需到其注册地外汇管理局办理境外上市登记。境外上市募集资金可以调回境内企业开立的对应的账户,结汇时须经外汇局核准;涉及境内股东增持、减持境外上市股份须到所在地外汇管理局办理境外持股登记,增持、减持、回购境外上市股票涉及资金汇兑与划转凭登记证明在银行即可办理。

三、B 股管理

(一)B 股的概念

与 A 股(即人民币普通股票)相对应,B 股是指在中国境内注册的股份有限公司向境外投资者发行并在中国境内证券交易所上市的股票,又叫作人民币特种股票。在这里,境外投资者的范畴包括外国自然人、法人和其他组织以及香港、澳门、台湾地区自然人、法人和其他组织。境内证券交易所主要是指上海证券交易所和深圳证券交易所。公司的注册地和上市地都在境内,投资者在境外(含港澳台以及境内持有外汇账户的居民个人)。

(二)B 股管理

1991 年我国第一只 B 股由上海真空电子器材股份有限公司在上海发行,在此之后深圳也开始发行 B 股。2001 年 2 月 19 日,B 股市场向境内持有外汇账户的居民个人开放。此后我国 B 股市场管理得以逐步完善。目前我国对 B 股的管理主要包括三个方面,即发行者管理、投资者管理和证券经营机构管理。

1. 对发行者的管理

我国对 B 股发行者的管理包括发行批准、外汇账户管理和汇兑管理。外币股票专用账户的开立和汇兑管理由国家外汇管理部门负责。在境内发行 B 股的企业开立 B 股专用账户及将发行股票所得外汇收入结汇的,均须经所在地外汇管理局审核。

2. 对投资者的管理

对 B 股投资者的管理包括投资资格、资金汇兑和外汇账户管理。B 股的投资人限于外国的自然人、法人和其他组织,中国香港、澳门、台湾地区的自然人、法人和其他组织,定居在国外的中国公民以及境内居民个人。境内居民投资 B 股必须开立 B 股资金账户和股票账户,账户的开立无须管理部门批准可自行开立,但对账户内资金结汇和提取现钞有限制。

3. 对证券经营机构的管理

我国对从事 B 股业务的证券经营机构的管理包括资格管理和外汇账户管理。资格管理由中国证监会和国家外汇管理局共同负责。外汇账户管理包括 B 股保证金账户管理和承销业务所涉外汇账户管理。开立这两类账户无须外汇管理局审批,但有核定的收支范围。经中国证监会批准经营 B 股业务和经国家外汇管理局批准经营外汇业务的证券公司和信托投资公司,可以凭中国证监会核发的从事 B 股业务资格证书和国家外汇管理局核发的经营外汇业务许可证到所在地同一城市所有经批准经营外汇存款、汇款业务的境内商业银行或其分支机构开立一个 B 股保证金账户。

第五节　资本项下个人外汇业务

资本项下个人外汇业务主要有个人财产对外转移、境内个人参与境外上市股权激励计划、境内个人境外投资以及境内居民个人投资境内上市外资股(即 B 股)等。其中个人境外投资方面,鉴于其特殊性,按照可兑换进程,目前政策上尚未出台具体管理办法,仅通过允许个人通过境外特殊目的公司在境外投融资及返程投资,实现了部分开放。由于特殊目的公司外汇管理已在直接投资部分介绍了,境内居民个人投资 B 股也已经在资本市场部分介绍了,因此本节不再赘述。

一、个人财产对外转移外汇管理

(一) 个人财产对外转移的概念和分类

所谓个人财产对外转移,简单地说,就是个人将其相关符合规定的财产变现后汇出境外的行为。个人财产对外转移包括两类:移民财产转移和继承财产转移。所谓移民财产转移是指从中国内地移居外国,或者赴中国香港、澳门及台湾地区定居的自然人,将其在取得移民身份之前在中国境内拥有的合法财产变现,通过银行购汇和汇出境外的行为。所谓继承财产转移,是指外国公民和中国香港、澳门及台湾地区居民将依法继承的境内遗产变现,通过银行购汇和汇出境外的行为。

（二）个人财产对外转移外汇管理主要内容

目前，我国对个人财产对外转移的外汇管理手段是审核。审核管理的核心是身份真实性和财产合法性。身份真实性的审核涵盖在对其非居民身份（或外国公民）的审核和移民前居民身份的认可，所涉管理部门主要是外交部门和户籍管理部门。财产合法性的审核涵盖来源合法和税收缴纳两方面，所涉管理部门包括产权、司法、监察、税收等多个部门。外汇管理局根据上述部门出具的证明为符合财产转移条件的个人出具核准文件。

2009年以来，根据国内经济金融发展、对外开放以及国际收支形势发展变化，我国推出了一系列资本项目外汇管理改革措施，逐步提升可兑换程度，但是，在个人财产对外转移管理方面，在简化了个人财产转移部分售付汇管理基础上仍保留了审核原则。该项审核是对资金流出的审核。审核的主要目的有两个方面，一方面是在满足个人财产对外转移的合理需求、保护个人正当的财产权利的同时，维护我国正常的金融、外汇管理秩序，防范资本外逃；另一方面是防止国家公职人员及其近亲属将非法收入转移境外，逃避境内司法、监察部门的检查。

二、境内个人参与境外上市股权激励计划外汇管理

（一）股权激励计划的概念和分类

股权激励计划是指境外上市公司以本公司股票为标的，对境内公司的董事、监事、高级管理人员、其他员工等与公司具有雇佣或者劳务关系的个人进行权益激励的计划，包括员工持股计划、股票期权计划等法律法规允许的股权激励方式。在这里，境外上市公司是指在境外（含港、澳、台）证券交易场所上市的公司；境内公司是指在我国境内注册的境外上市公司，境外上市公司在境内的分支机构（含代表处），以及与境外上市公司有控股关系或实际控制关系的境内各级母、子公司或合伙企业等境内机构。

纳入境内个人参与境外上市股权激励计划外汇管理的股权激励计划形式主要有两种：一种是员工持股计划，另一种是股票期权计划。员工持股计划，又叫员工持股制度，兴起于20世纪50年代的美国，是通过让员工持有本公司股权和期权而使其获得激励的一种长期绩效奖励计划。股票期权计划是上市公司给予企业高级管理人员和技术骨干等公司员工在一定期限内以一种事先约定的价格购买公司股票的权利，是对员工的一种长期激励。

（二）境内个人参与境外上市股权激励计划外汇管理主要内容

目前，我国外汇管理对境内个人参与境外上市公司员工持股计划、认股期权计划涉及的外汇业务，主要是实施通过所属公司或境内代理机构集中统一办理的管理办法。也就是，参与同一项境外上市公司股权激励计划的个人，应通过所属境内公司集中委托一家境内代理机构统一办理外汇登记、账户开立及资金划转与汇兑等有关事项，并应由一家境外机构统一负责办理个人行权、购买与出售对应股票或权益以及相应资金划转等事项。其中境内代理

机构应是参与该股权激励计划的一家境内公司或由境内公司依法选定的可办理资产托管业务的其他境内机构。

第六节　跨国公司外汇资金集中运营管理

跨国公司外汇资金集中运营管理不同于现行区分经常项目、资本项目的管理体制,打破了经常、资本常规管理界限,以跨国公司为载体,对贸易、外债、境外放款等外汇资金实施集中运营,集中体现了我国现阶段外汇管理理念和管理方式的转变,是深化外汇管理体制改革的重要内容。因此,放在本节重点介绍。

一、跨国公司外汇资金集中运营

跨国公司外汇资金集中运营,是跨国公司依照《国家外汇管理局关于〈跨国公司外汇资金集中运营管理规定(试行)〉的通知》(汇发[2014]23号)及其他外汇管理有关规定,通过国内、国际外汇资金主账户管理方式,分别集中管理境内、境外成员单位外汇资金。集中管理成员单位外汇资金,包括经常项目、资本金、外债资金等。跨国公司外汇资金集中运营管理,不同于现行区分经常项目、资本项目的管理体制,而是打破了经常、资本常规管理界限,以公司治理结构相对良好的跨国公司为载体,在境内外资金有效隔离前提下,通过专用账户方式,对特定主体实现基本可兑换。上年度外汇收支规模1亿(含)美元以上的跨国公司(成员企业合并计算)或单一企业集团,无论中资还是外资,只要具有真实业务需求、规定的管理措施和手段、近三年无重大外汇违规行为、货物贸易分类结果为A类,均可以开办跨国公司外汇资金集中运营管理试点业务。

二、实施跨国公司外汇资金集中运营管理的目标和意义

我国深化跨国公司外汇资金集中运营管理改革试点的目标和意义有以下几点。

(一)进一步简政放权,全面服务实体经济

通过实施跨国公司外汇资金集中运营管理政策,最大限度减少审批干预,便利企业资金运用,有利于进一步降低企业财务成本,为企业在华设立"资金中心"提供良好的政策环境,从而支持跨国公司总部经济发展,方便企业充分利用两个市场、两种资源,为产业结构转型升级创造条件,促进经济发展方式转变。

(二)探索可复制、可推广的资本项目可兑换体制和机制

跨国公司外汇资金集中运营管理政策,利用同一账户实现不同性质资金的归集管理,促进企业和银行提高业务创新和资金管理能力,探索投融资汇兑便利,降低外汇管理成本,增强企业和银行国际竞争力,为全面深化外汇管理改革和扩大资本项目开放探索新途径、积累

新经验。

（三）完善宏观审慎监管框架，综合监管加强风险防控

全球金融危机以来，各国监管当局越来越深刻意识到加强宏观审慎监管的必要性。我国在外汇管理中也开始探索并引入宏观审慎监管工具。宏观审慎管理是与微观审慎监管相对应的一个概念，它关注的是整个金融系统的稳定。因此，用以应对金融稳定性系统风险的政策工具即为宏观审慎监管工具。跨国公司外汇资金集中运营实际上是一种宏观审慎管理政策。在跨国公司外汇资金集中运营管理的制度设计中，通过加强数据申报与监测分析等相关风险防控政策措施，健全跨境资本双向有序流动机制，守住不发生系统性、区域性金融风险的底线。

三、跨国公司外汇资金集中运营管理主要内容

（一）跨国公司账户体系

1. 跨国公司账户

跨国公司根据经营需要，可同时开立国内外汇资金主账户和国际外汇资金主账户，分别对境内和境外资金进行集中管理。部分资金管理能力较强的企业，也可按同一管理原则开立一个账户实现境内外资金集中管理。

（1）国内外汇资金主账户。国内资金主账户是跨国公司在其所在地银行开立的，集中运营管理境内成员企业外汇资金的专用账户。该账户的收入和支出范围都有明确规定。

（2）国际外汇资金主账户。国际外汇资金主账户是跨国公司在其所在地银行开立的，用于集中运营管理境外成员企业资金及从其他境外机构借入的外债资金的专用账户。该账户与境外划转自由，无额度控制，不限定与境外之间的收支范围。

2. 跨国公司账户之间的融通和额度控制

跨国公司选择同时开立国内、国际外汇资金主账户的，国内外汇资金主账户可以向国际外汇资金主账户放款，放款额度一般不超过境内成员企业所有者权益的 50%；国际外汇资金主账户可向国内外汇资金主账户拆入外债资金，额度为境内所有成员企业可用外债额度。企业选择仅开立国内外汇资金主账户，需遵循前述资金通道管理原则，但不能同时开立国际外汇资金主账户并建立资金通道业务。

（二）跨国公司资金集中运用

跨国公司利用同一账户实现了不同成员企业、不同性质资金的归集处理，既可以办理境内成员企业经常项下资金收付，并开展资金集中收付和轧差净额结算，也可运营直接投资、外债、对外放款等资金。

（三）跨国公司单证审核要求

银行按照"了解客户"、"了解业务"、"尽职审查"等原则办理经常项目收结汇、购付汇手

续，服务贸易等项目对外支付仍需按规定提交税务备案表。

（四）统筹使用外债、对外放款额度

跨国公司既可以集中管理使用成员企业全部外债和对外放款额度，也可集中部分外债和对外放款额度，便利企业内部调剂余缺。跨国公司集中的外债额度＝参与集中的境内成员企业外债额度－参与集中的境内成员企业已登记中长期外债签约额－参与集中的境内成员企业已登记短期外债未偿余额－参与部分集中的境内成员企业保留的外债额度。

（五）资本金、外债结汇采取负面清单管理

负面清单管理，简单地说，就是在引进外资过程中，对企业不允许从事的活动以清单方式列明。跨国公司集中运营管理外债资金和外商直接投资项下外汇资金，可以在境内成员企业之间调剂使用，并按照意愿方式办理结汇。其中外商直接投资项下外汇资金包括外汇资本金、资产变现账户资金和境内再投资账户资金。结汇时应遵守如下规定：

（1）结汇应由跨国公司指定的主办企业通过其开立的国内外汇资金主账户办理。

（2）结汇所得人民币资金应划入主办企业对应开立的人民币专用存款账户（资本项目——结汇待支付账户）。资金使用时，开户银行应审核真实性后直接支付，并留存相关单证5年备查。有关单证可以是主办企业经营范围内所涉单证，也可是成员公司经营范围内所涉单证。原则是谁使用资金谁提供单证。

（3）结汇后资金使用应遵守现行外汇管理规定，并不得用于以下法律法规禁止的用途：

① 不得直接或间接用于企业经营范围和外债资金指定用途范围之外或国家法律法规禁止的支出；

② 除法律法规另有规定外，不得直接或间接用于证券和衍生产品投资；

③ 不得直接或间接用于发放人民币委托贷款（经营范围许可的除外）、偿还企业间借贷（含第三方垫款）以及偿还已转贷予第三方的银行人民币贷款；

④ 除外商投资房地产企业外，不得用于支付购买非自用房地产的相关费用。

（4）银行、企业应按规定及时准确地报送结汇和支付数据至外汇局相关业务信息系统。

（六）相关国际收支还原统计申报

跨国公司外汇资金集中运营主办企业及成员企业应严格按规定向银行申报跨境资金收付性质，办理国际收支统计申报，具体要求如下：

（1）国内、国际外汇资金主账户的跨境资金收付，应按照关于跨境资金收付的国际收支申报要求进行申报。国内、国际外汇资金主账户与境内非居民间的资金收付，应按照关于境内居民与境内非居民间交易的要求进行申报。

（2）国内、国际外汇资金主账户之间的资金划转，无须进行国际收支申报，但应按照关于境内居民之间外汇划转要求报送有关数据。

（3）经常项目集中收付款或轧差净额结算国际收支申报，区分实际收付款数据和逐笔

264

还原的原始收付款数据进行申报。

（七）风险防控措施

实施跨国公司外汇资金集中运营管理政策的同时，外汇管理局通过以下途径防范该项新政策可能带来的金融风险：

（1）落实额度控制。政策规定，国内、国际外汇资金主账户之间需在规定的外债和对外放款资金额度内划转。

（2）加强数据监测。赋予国内、国际资金主账户专门账户代码，全面采集和统计这两个账户外汇收支等信息；集中收付或轧差净额结算，应进行还原数据申报。

（3）强化银企责任。要求银行、企业签署"跨国公司外汇资金集中运营管理业务办理确认书"，承诺合规办理业务。通过确认书，提示企业、银行在开展跨国公司外汇资金集中运营管理中依法享有的权利和应当承担的义务。

（4）加强核查检查。银行、企业办理业务，需留存相关单证备查，通过外汇管理局跨境资金监测平台加强数据统计与监测分析，确保风险可控。

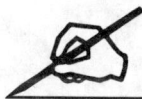

同步测练

1. 名词解释

资本项目　资本项目可兑换　资本项目管制　外商直接投资　境外直接投资　外债　跨境担保　外债转贷款　合格机构投资者制度

2. 多选题

（1）外商投资企业资本金及其结汇所得人民币的使用应在企业经营范围内遵循真实、自用原则，不得用于以下用途：（　　）。

A. 不得直接或间接用于企业经营范围之外或国家法律法规禁止的支出

B. 除法律法规另有规定外，不得直接或间接用于证券投资

C. 不得直接或间接用于发放人民币委托贷款（经营范围许可的除外）、偿还企业间借贷（含第三方垫款）以及偿还已转贷予第三方的银行人民币贷款

D. 除外商投资房地产企业外，不得用于支付购买非自用房地产的相关费用

（2）我国实施外债管理的方式和手段有（　　）。

A. 规模管理　　　B. 登记管理　　　C. 账户管理　　　D. 汇兑管理

E. 用途管理

（3）纳入我国现行外汇管理范围的跨境担保主要具备以下哪些特点：（　　）。

A. 符合法律的形式要求　　　　　B. 以付款为担保履约方式

C. 对国际收支可能产生重要影响　　　D. 存在违约可能

3. 简答题

(1) 我国目前的 QFII 制度主要内容是什么？

(2) 我国实施跨国公司外汇资金集中运营政策的意义是什么？

4. 论述题

(1) 论述我国实行资本项目外汇管理的必要性。

(2) 简述我国对外商投资企业资本金结汇管理。

第十四章

C

HAPTER FOURTEEN

外汇储备管理

学 习 目 标

通过本章学习,掌握国际储备和国际清偿能力的概念,了解国际储备的构成以及外汇储备的功能等基础知识,系统掌握我国国际储备的"质"和"量"两方面的管理。

重 难 点 提 示

- 外汇储备的各项功能
- 影响外汇储备适度规模的因素
- 我国近年来外汇储备规模的持续快速增长的原因及影响

第一节　国际储备基本知识

一、国际储备与国际清偿能力

（一）国际储备

国际储备是衡量一个国家（或经济体）综合国力的一个重要指标，它是指一国（或经济体）货币当局为弥补国际收支逆差、维持本国货币汇率稳定以及应付各种紧急支付而持有的、为世界各国所普遍接受的资产。按照这个定义，一种资产通常具备以下四个特征才能成为国际储备。

1. 公认性

国际储备资产应该是世界各国事实上普遍能够承认和接受的资产，仅个别国家或部分地区得到承认和接受的资产一般不能成为真正的国际储备资产。因此，我们可以看到，能够充当国际储备的货币比如美元、欧元、日元、英镑等，都是可完全自由兑换的货币，都具有公认性。

2. 流动性

国际储备资产须具有充分的流动性，也就是随时变现的能力。具体地说，就是这些资产应能够在各种形式的金融资产之间进行自由兑换，并且，货币当局能够在任何需要的时候无条件地获得并利用这些资产。

3. 稳定性

作为国际储备资产的货币价值应该是相对稳定的，不能因外界变化产生大幅度的波动。

4. 适应性

国际储备资产的性质和数量须适应国际经济发展的要求。

（二）国际清偿能力

与国际储备密切相关的一个重要概念是国际清偿能力，它是指一国无须采取任何影响本国经济和增长运行的特别调节措施就可以平衡国际收支逆差和维持其汇率稳定的总体能力。通常，一国的国际清偿能力包括了该国货币当局拥有的国际储备和外币资产、金融机构的外币负债、个人持有的外汇和借款能力。可见，国际清偿能力的外延大于国际储备。一国的国际储备在其国际清偿能力中的比重，一般与该国货币在国际货币体系中的地位和作用以及该国金融资产规模的大小有关。

二、国际储备的构成

充当国际储备的资产一般由以下四种资产构成：黄金储备、外汇储备、在 IMF 的储备头寸和分配的特别提款权。不过，国际储备资产的种类、数量以及各资产在总资产中的比重不是一成不变的，会随着国际经济的发展而变化。

（一）黄金储备

黄金储备是一国货币当局持有的货币黄金的总额。1976 年，IMF 通过《牙买加协议》，要求黄金与国际货币制度和各国货币脱钩，从此，黄金非货币化并退出国际货币领域的进程开始了。但是由于黄金历来的地位和人们对它的认识深刻，因此，黄金仍然是最稳定的价值手段和最终的国际清偿手段，而 IMF 在统计和公布各成员国的国际储备时，仍然把黄金储备列入其中。

（二）外汇储备

根据 IMF 的定义，外汇储备是货币当局控制并随时可利用的对外资产，其形式包括货币、银行存款、有价证券等，主要用于直接弥补国际收支失衡，或通过干预外汇市场间接调节国际收支失衡等用途。外汇储备是目前国际储备资产中规模最大、使用频率最高的资产。因此外汇储备成为当今世界各国国际储备的主体，有时甚至完全可以近似地用外汇储备来代表国际储备，在这个意义上来说，国际储备管理实质上就是外汇储备管理。

（三）在 IMF 的储备头寸

储备头寸是指一国在 IMF 的储备档头寸和债权头寸之和。其中储备档头寸又叫"储备档贷款"，它是指 IMF 成员国以黄金、外汇或特别提款形式的储备资产向 IMF 缴纳的资金部分，其额度是该国在 IMF 所占份额的 25%。当成员国发生国际收支困难时，通常无需特别的审批程序就可以获得储备档贷款。而债权头寸又叫作"超黄金档贷款"，它是指一国货币被 IMF 贷给其他成员国使用而获得的债权。通常一国在 IMF 的份额中有 75% 须通过本国货币缴纳资金获得，因此，如果 IMF 使用该国的货币向另一个成员国提供贷款，那么，获得贷款的国家则形成了对 IMF 的债务，而对于货币提供国来说则形成了对 IMF 的债权。这样，该贷款额就构成了货币提供国的债权头寸。

（四）特别提款权

特别提款权是 IMF 在 1969 年为了补充国际储备资产不足、收缩国际流通和减少关键货币的发行量以限制美元的作用而特别创设的一种新的国际储备资产和记账单位。特别提款权是 IMF 分配给各成员国的、在原有的一般提款权以外的一种资金使用权利。特别提款权具有以下几个特点。

（1）只是记账单位。特别提款权是一种以黄金保值的记账单位，不能直接用于国际贸易收付和结算，也不能兑换成黄金。

（2）持有和使用有限制。特别提款权属于国有资产，只能由 IMF 成员国货币当局持有，只能在成员国和 IMF 以及国际清算银行之间使用。非官方金融机构不得持有和使用特别提款权。

（3）由在 IMF 的份额比例进行分配。特别提款权与一般提款权不同，它是无附带条件的流动资金,并且是根据各成员国在 IMF 的份额比例分配给各成员国。

三、外汇储备及其功能

(一)外汇储备的定义

我们可以从以下几个方面来理解外汇储备的定义。

1. 外汇储备是国际储备的主要构成部分

目前,各国的国际储备通常由黄金、外汇、在 IMF 的储备头寸、分配的特别提款权以及其他储备资产构成。可见外汇储备是国际储备的一个重要构成部分,是可随时供货币当局使用和控制的对外资产之一,可使用它来对国际收支失衡提供直接融资,通过干预汇兑市场(影响货币汇率)来间接控制国际收支失衡的程度等。

2. 外汇储备的持有者是货币当局

从持有主体来看,外汇储备由一国的货币当局持有,民间和其他官方机构持有的外汇不属于外汇储备。按照 IMF 分类,"储备资产"为货币当局持有的资产,用于满足国际收支融资需求、干预外汇市场和其他目的。在我国结售汇制度下,企业和居民结汇形成的商业银行外汇资产,以及企业和居民对外交往赚得的外汇及外币存款,如果沉淀在银行而没有在银行间市场出售并由中央银行购买,这些外汇虽然也代表了一国国际清偿力的提高,但不属于外汇储备。商业银行的自有外汇也不属于外汇储备。同样,政府发行本币债券向央行购买外汇,属于中央银行售汇,一经售出,就不再属于外汇储备。

3. 外汇储备具有充分的流动性

从流动性要求来看,外汇储备是可供货币当局随时使用的资产。外汇储备的主要资产形式是可兑换的外币、外币存款以及证券,应该具有一定的流动性。也就是说,外汇储备不仅能够在各种形式的金融资产之间进行自由的兑换,而且货币当局能够在任何需要的时候无条件地获得并利用这些资产。

(二)外汇储备的功能

外汇储备最初的功能主要是调节国际收支,维持汇率稳定。随着经济金融全球化的加深,全球外汇储备规模增长,外汇储备的功能不断拓展和丰富。概括起来,外汇储备的功能主要有以下几个方面。

1. 调节国际收支,保证国际支付

外汇储备可随时用于满足进口和偿付外债、弥补国际收支逆差,保证正常的对外经济活动和国际资信不受影响。

2. 干预外汇市场,维护汇率稳定

外汇储备反映的是货币当局干预外汇市场的能力,通过买入或卖出其他国家的货币,可有效防止本币汇率过度波动。外汇干预通常是短期措施,并且在充分考虑市场预期、投机等多种因素的基础上实行。

3. 应对突发事件,防范金融风险

作为一国重要战略资源,外汇储备能够满足突发事件发生时的对外支付需要,保障本国经济安全。在国际金融危机动荡加剧的年代,本国以外的国家和地区出现的经济、金融危机很容易传导到本国,也需要外汇储备来缓冲对本国的不利影响。

4. 配合货币政策实施,实现经济增长

在一定的经济周期和制度安排下,外汇储备对应了相应数量的货币发行,是中央银行资产负债表中外汇资产的一项重要内容。外汇储备与货币政策相配合,可以共同推进国民经济增长。

5. 提升本币国际地位,促进国际金融合作

作为一国能支配的外部资产,外汇储备的充裕程度是投资者的信心指标,也是提高该国货币在国际货币体系中地位的重要条件。在历次的经济金融危机中,各国金融当局之间有必要加强合作、监管资本流动、救助危机国家,而外汇储备逐渐成为各国促进金融合作的强大资金后盾。

而要实现外汇储备的这些功能,一国首先必须持有一定规模的外汇储备。这个规模应该是在综合考虑本国经济各方面因素的基础上确定的,如国民经济发展规模和速度、经济开放程度、对外贸易发展状况、利用外资和国际融资能力以及经济金融体系的成熟程度等。发达国家综合实力较强,本币可自由兑换,汇率大都自由浮动,一般持有较少的外汇储备。发展中国家经济相对落后,本币尚未被国际社会广泛接受,汇率大都实行不同程度的管理,金融体系存在脆弱性,持有外汇储备的规模较大。

四、外汇储备管理

(一)外汇储备管理的概念

所谓外汇储备管理是指一国政府及货币当局根据一定时期内本国的国际收支状况和经济发展的要求,对外汇储备的规模、结构及储备资产的运用等进行计划、调整、控制,以实现储备资产规模适度化、结构最优化、使用高效化的过程。如何确定和保持外汇储备的适度规模以及在一定的储备规模下如何实现储备资产结构的最优化,是外汇储备管理需要解决的两个关键问题。因此,外汇储备管理包括量和质两方面的管理:前者即外汇储备的规模管理,也就是对外汇储备规模的选择与调整;后者即外汇储备结构的确定和调整,也就是外汇储备的结构管理。

(二)外汇储备管理的目标

通过对外汇储备实施有效的管理,要实现的目标主要有以下几方面。

1. 具备一定的市场干预能力

通过管理国家外汇储备,使本国具备一定的市场干预能力,这是各国外汇储备管理的重要目标。对于实行固定汇率制度的国家是这样,对于实行浮动汇率制、不需要经常干预外汇

市场的国家也是这样。它们都需要通过外汇储备进行管理,从而提高对市场干预的有效性。

2. 流动性和资金的保值

各国都强调外汇储备管理的目标是安全性和流动性,以及在安全性和流动性的前提下实现收益的最大化。这也就意味着流动性和资金的保值是外汇储备管理的主要目标。一些国家把维持外汇储备资产的长期购买力也列入其长期目标。

3. 获得市场信息和经验

通过外汇储备管理机构在市场上的交易活动获取有价值的市场信息和经验,以有助于本国中央银行更好地理解金融市场、金融工具以及金融操作,更好地履行政策制定、监管和促进本国金融市场发展的职能。

五、我国的外汇储备及管理

(一)我国外汇储备的形成

外汇储备是一国对外经济交往中货币支付结算的结果。在国际收支平衡表中,外汇储备的增加主要来自经常项目顺差、资本和金融项目顺差。在一些国际收支逆差国家,也通过政府直接发行外币债券借款形成外汇储备。我国自 1994 年外汇体制改革以来,连续多年保持国际收支双顺差,这是外汇储备持续快速增长的根源。具体来说,经常项目、资本和金融项目双顺差的格局,意味着外汇资金大量流入我国,而国内银行、企业和居民如果不愿意持有外汇,就会在市场上卖给央行,从而造成外汇储备增加。

我国的外汇储备是由中国人民银行通过投放基础货币在外汇市场购汇形成的。购汇所使用的本币资金直接来源于货币发行,即中央银行负债的增加,因此外汇储备直接体现在中央银行资产负债表的资产方,与相应的央行负债对应。对超出正常需要的货币供应,中国人民银行主要通过公开市场业务和短期票据等方式进行对冲操作。这种机制有两方面的含义:一方面,外汇储备对应的央行负债必然受到国内金融环境、经济发展状况等因素的制约,在其他条件不变的情况下,央行承担了实现政策目标和调整所必须付出的成本;另一方面,外汇储备资金必须在境外投资和运用,国内转移时不能无偿拨付,并且需要严格防止二次结汇。

(二)我国外汇储备经营管理原则

我国外汇储备由中国人民银行持有并管理。在国务院的领导下,中国人民银行授权国家外汇管理局具体经营管理外汇储备,遵循安全、流动、增值的原则对外汇储备进行专业化管理。

1. 安全性原则

安全性是经营管理外汇储备的首要原则。任何投资都会面临一定的风险,保障投资安全、控制投资风险需从总体资产的角度把握,在较长的时间衡量。多元化是实现资产总体安全的有效方式。利用不同货币、不同资产类别之间的动态互补关系,可以实现对资产总体风险的控制,避免资产总体价值大幅波动。在确定货币结构时,坚持以长期、战略的眼光,综合考虑我国国际收支结构和对外支付需要、国际货币和金融体系的发展趋势、主要国家的经济和金融市场潜力等多种因素。在确定资产结构时,综合考虑各种资产的长期风险收益特性、资产之间的相关性、市场容量、投资集中度以及流动性等多种因素,进行优化资产配置并适时调整。

2. 流动性原则

流动性是指保证外汇储备能随时兑现和用于支付,并做到以最低成本实现兑付。因此外汇储备资产除安全要求外,还需要保持充分的流动性,不仅要满足一般对外支付需求,比如进口国内需要的物资和技术,支持企业走出去,还要在资本可能出现快速流出、货币面临较大压力的情况下,有效发挥保障国家经济金融稳定安全的作用。波动性大、市场容量小、流动性差的资产不适于外汇储备大规模投资。

3. 增值原则

增值原则也就是盈利性原则。是在保障资产总体安全、流动的前提下,外汇储备经营要争取提高投资回报,特别要保持储备资产长期稳定的盈利能力,以更好地实现外汇储备保值、增值的目标。

但是,安全性、流动性和增值原则三者不可能完全兼得。高风险才有高收益,要有高收益必然伴随着高风险,因此能带来较大增值可能性的资产在安全性方面就相对差些,而安全性、流动性较强的资产盈利性则低些。因此要对外汇储备实行多元化经营,降低风险,实现增值。

第二节 外汇储备的规模管理

一、外汇储备规模管理的概念

外汇储备规模管理是外汇储备管理的重要方面,是外汇储备管理"量"方面的管理,是指对外汇储备规模的选择和调整,通过运用相关方法来确定与国民经济发展相适应的外汇储备规模。

二、确定适度外汇储备规模的标准和方法

一般而言,一国的国际储备规模取决于其经济发展水平。一国的国际储备规模的下限是经常储备量,也就是保证该国最低限度进口贸易总量所必需的储备资产数量。这个下限是制约国民经济正常运行的临界点,低于这个下限,维持经济运行当中正常生产所需的进口就失去保证。它的上限是保险储备量,也就是在该国经济发展最快时可能出现的外贸量与其他国际金融支付所需要的储备资产数量。这个上限说明该国具有充分的国际清偿能力,足以应付最高经济发展水平和任何突发事件对国际储备的需要。适度的国际储备规模应位

于上限和下限之间的某个数量。

一国一定时期国际储备的存量规模及由各种因素决定的国际储备的供给,应足以满足该国一定时期对国际储备的需求,并且必须与由各种因素确定的储备的需求水平相适应。这是一国适度规模的国际储备必须满足的条件。按照这个条件,可将外汇储备的需求分解到各个因素上,由此得到确定外汇储备适度规模的方法即相关因素比率法。这种方法在国际上被广泛使用。具体来说,相关因素比率法就是从外汇储备的功能以及实际的需求出发,根据统计数据分别测算外汇储备与需要对外支付的进口、外债还本付息额、中央银行的外汇平准基金及其他支付金额的比率,再在这个基础上确定外汇储备的适度规模。

三、影响外汇储备适度规模的因素

(一)国际储备的形式及本国货币在国际货币体系中的地位

如果一个国家是 IMF 的成员国,那么该国的国际储备中,除了黄金和外汇储备外,还包括在 IMF 中的储备头寸和分配的特别提款权,从而增加了其国际储备的形式,可以缓解对外汇储备的需求,使其外汇储备的持有量不必过多。如果一国的货币是国际储备货币,则该国就可以用其本币来进行国际支付,从而无须保持过多的国际储备。同时,一国如果国际清偿力庞大,所需外汇储备就相对较少;反之则较多。

(二)国际收支规模及其稳定程度

首先是贸易收支的稳定程度。如果一国出口商品的供给弹性和市场的需求弹性均大于1,进口商品的需求弹性小于1,表明其外汇收支相对是稳定的。在这种情况下,如果进出口基本保持平衡或者略有出超,则不需要过高的国际储备。反之,如果出口商品的供给弹性小于1而进口商品的需求弹性大于1,则表明该国外贸条件较差,需要保持相对充足的外汇储备。

其次是国际收支的差额状况及其稳定程度。一般而言,如果一国发生持续国际收支顺差,则对国际储备的需求很小。如果一国国际收支经常出现逆差,则对国际储备的需求较大,相应的必须保持较高的国际储备。

最后是对外开放程度。如果一国实行自由贸易政策,且国际收支在国民生产总值中的占比较大,其外汇收支较多,对储备资产的需求也较大。反之,如果一国经济封闭,对外开放程度较低,则对国际储备的需求相对较小。

(三)汇率制度安排

目前,世界各国主要货币实行浮动汇率制度,在这个条件下,一国的汇率政策和干预市场的意愿在一定程度上影响该国的国际储备,尤其是对外汇储备的需求。通常来说,实行钉住汇率制度、严格维持固定汇率比实行弹性汇率制度、允许汇率经常或大幅度波动的做法一般需要更多的外汇储备。频繁干预外汇市场比偶尔干预外汇市场的做法往往需要更多的外汇储备。

(四)持有国际储备的机会成本

一国持有国际储备意味着牺牲一部分投资或者消费。因此,储备的需求量还取决于持有储备的机会和收益两者之间的均衡。对于实行市场经济体制的国家,如果国际资本市场利率上升,持有国际储备的机会成本就会增加,从而吸引本国的外汇持有者进行各种形式的投资,结果外汇储备的水平也会随之下降。

(五)国民经济发展的阶段性目标

一般而言,一国在经济起飞和高速增长阶段对资金的需求相对旺盛,因此,当一国的经济目标取向为维持经济高速增长时,应该持有较少的国际储备,以便将一部分储备资产用于投资或消费。当一国的经济发展目标取向为维持经济的稳定增长时,则可以适当增加国际储备的持有量。

四、我国的外汇储备规模的发展与现状

随着我国经济体制改革和外汇管理体制改革的变迁,我国的外汇储备规模呈现了与之相适应的变化。改革开放之前,我国外汇储备很少,多数年份的规模仅 1 亿~2 亿美元,在 1974 年甚至为零。改革开放初期,外汇储备规模增长缓慢,1978—1989 年的 12 年间,除 1989 年为 55.5 亿美元外,其余各年的外汇储备余额均未超过 50 亿美元。1994 年外汇体制改革之前的 1990—1993 年,外汇储备规模有所增长,但规模基本维持在 500 亿美元以下。1994 年外汇管理体制改革后,我国外汇储备规模开始快速增长,并在 1996 年突破 1 000 亿美元,2001 年超过 2 000 亿美元。2004 年以来的十年间,我国外汇储备连续保持大规模快速增长态势,年平均增速 25.96%,并在 2006 年突破 1 万亿美元,2009 年突破 2 万亿美元,2011 年超过 3 万亿美元。2013 年,我国外汇储备继续保持增长,规模达到 3.82 万亿美元,较上年同比增长 15.39%。截至 2014 年第一季度末,外汇储备余额 3.95 万亿美元,第二季度又新增 357 亿美元。这一规模已经占全世界外汇储备总量的 1/3,居世界第一。

针对外汇储备规模持续快速增长的现状,我国外汇储备是否过多已成为被广泛关注的问题。对此,应从利弊两方面来看待。

我国作为发展中的大国,正处于经济增长和市场经济体制建立完善时期,经济结构调整和金融体制改革不断深化,人民币还没有实现完全可兑换,金融体系仍然存在一定的脆弱性。在这种情况下,我国外汇储备需要保持较大的规模,以便发挥更加全面的功能。我国大规模的外汇储备防止了汇率过快升值,有效支持了经济高速增长及居民收入和财政收入增长,从而提高了我国国际清偿能力,维护了我国经济金融安全,也进一步增强了我国的综合实力,因此可以说对我国有着重大意义。

但是,外汇储备过快增长反映了我国国际收支失衡,带来一系列挑战。首先,外汇储备

规模增长过快,在一定程度上加大了宏观调控难度。外汇储备规模过大,一方面增大了本币供应,形成国内通货膨胀潜在压力;另一方面提高了央行存款准备金率和对冲操作压力,对货币政策的制约程度进一步增加。其次,外汇储备过快增长增加央行资产负债风险。外汇储备占央行总资产的比重超过 80%,央行的资产负债货币结构不匹配,带来较大的汇率风险和成本对冲压力。再次,外汇储备增长过快,加快外汇储备经营难度。相比巨额外汇储备,国际金融市场容量较为有限,大规模投资面临约束;国际金融危机频繁发生,引发资产安全和价格风险;也存在政治、外交冲突引发资产冻结等极端风险。最后,外汇储备快速增长,导致国内的资源、环境等其他成本也在不断上升。

面对如此大规模的外汇储备,应该通过控制增量、盘活存量来搞好经营管理。在盘活存量方面,根据国家改革开放整体部署和经济发展的客观需要,不断创新和拓宽外汇储备运用渠道和方式,提高外汇资源的使用效率。在增量控制方面,可以通过多项措施来促进国际收支平衡:一是加快推进经济发展方式转变和结构调整,使经济增长由较多依赖投资、出口转向消费、投资、出口协调拉动;二是在稳定出口的同时增加进口,促进贸易收支平衡;三是提高外资利用质量的同时,稳步拓宽资本流出的渠道,增加资本输出,促进跨境资金双向有序的合理流动;四是继续完善市场化的人民币汇率形成机制,培育国内的外汇市场,进一步发挥汇率对国际收支调节的价格杠杆作用;五是加强跨境资金流动的监测,防范跨境资本流动可能带来的冲击和风险。

第三节　外汇储备的结构管理

一、外汇储备结构管理的概念

外汇储备结构管理是外汇储备管理的另一个重要方面,是外汇储备管理中"质"的方面的管理,是指对外汇储备结构的确定和调整。外汇储备的结构安排包括储备货币的币种选择及其在储备中所占比例的确定。

二、外汇储备资产的投资决策

(一)储备资产配置

现代资产组合理论认为,在相同的收益率下,通过把资本投向多种不同的资产的组合投资,可以降低甚至消除投资的非系统性风险,从而降低投资的总风险。按照现代资产组合理论,并遵行"安全、流动、增值"原则理念,我国外汇储备经营采用货币多元化的资产配置策略。目前,我国外汇储备资产中包括美元、欧元、日元等多种货币,投资于各主要发达经济体和新兴经济体的政府类、机构类、公司类等多种金融产品。

具体来看,外汇储备货币结构首先要适应对外支付的贸易结构,还需考虑金融市场容量等约束条件。考虑到美元仍是国际支付、结算和投资的主要货币,其作为主要国际储备货币的地位短期内不会根本改变,且美国金融市场容量大、经济实力强,以美元为主体、适度分散化、较为稳定的多元化货币结构,可以较好地满足对外支付和资产配置的需要,还可以利用不同货币的此消彼长来分散风险。持有多种货币,以单一货币核算,汇率波动必然带来账面的货币折算差额,需要客观地加以评估。从对外支付角度看,只要外汇储备的货币结构与对外支付结构相匹配,一般情况下不必进行货币兑换,不会因汇率波动产生实际损益。

（二）储备资产管理模式

为适应外汇储备规模快速增长和进一步规范化、专业化经营的需要,2001年起,我国外汇储备建立了以投资基准为核心的管理模式。投资基准确定了货币、资产、期限和产品分布的结构和比例,是投资管理过程中衡量某项资产或投资组合构成和收益的重要参照指标。按照既定的投资基准进行操作,可以有效进行投资决策和管理投资风险,还有利于客观评估经营业绩。在按照投资基准经营的同时,允许经营人员对基准进行适度偏离,可以发挥经营人员的主观能动性,积极捕捉市场机会,在既定风险之下,创造超出基准的收益。这一模式既借鉴了国际经验,也具有自身特色。

三、外汇储备的运用

外汇储备的运用,是指国家动用外汇储备支持经济金融政策目标实现的手段。对外汇储备的运用不仅要考虑微观意义上的资产管理要求,更要站在宏观经济金融运行全局的高度统筹考虑。因此我国外汇储备运用需遵循积极配合国家宏观经济综合平衡和重大发展战略的原则,确保外汇储备运用"安全、流动、增值"的原则,以及坚持依法合规、有偿使用、提高效益、有效监管的原则。例如,2003年,为推动国有商业银行改革,我国使用外汇储备通过中央汇金投资有限责任公司向进行股份制改革的试点银行注资,推动国有商业银行股份制改革,维护金融整体稳定。国有商业银行股份制改革已经顺利完成,外汇注资是支持我国金融改革顺利推进的重要资金来源。再如为推动中国东盟自贸区建设,2009年我国设立总规模为100亿美元的"中国—东盟投资合作基金",支持区域基础设施建设,切实推进了我国与东盟国家区域合作协调发展。

同步测练

1. 名词解释

国际储备　国际清偿能力　外汇储备　外汇储备管理　特别提款权

2. 多选题

(1) 一种资产通常具备以下哪些特征才能成为国际储备:(　　)。

A. 公认性　　　　B. 流动性　　　　C. 稳定性　　　　D. 适应性

(2) 国际储备主要由以下哪些资产构成:(　　)。

A. 黄金储备　　　　　　　　　B. 外汇储备

C. 在 IMF 的储备头寸　　　　D. 特别提款权

(3) 我国外汇储备经营管理主要遵循以下哪些原则:(　　)。

A. 安全性原则　　　B. 流动性原则　　　C. 盈利性原则　　　D. 平衡性原则

3. 简答题

(1) 外汇储备具有哪些功能?

(2) 影响外汇储备适度规模的因素有哪些?

4. 论述题

如何看待我国近年来持续快速增长的外汇储备规模?

参 考 文 献

[1] 巴曙松. 中国外汇市场运行研究[M]. 北京:经济科学出版社,1999.

[2] 陈彪如. 人民币汇率研究[M]. 上海:华东师范大学出版社,1992.

[3] 杜金富. 国际收支统计[M]. 北京:中国金融出版社,2011.

[4] 国家外汇管理局国际收支司. 国际收支统计间接申报常见问题汇编[M]. 北京:中国经济出版社,2011.

[5] 国家外汇管理局. 外汇管理概览,2009.

[6] 国家外汇管理局. 中华人民共和国外汇管理法规汇编(2013 年版).

[7] 何泽荣. 中国外汇市场[M]. 成都:西南财经大学出版社,1997.

[8] 胡祖六. 人民币:重归有管理的浮动[J]. 国际经济评论,2000(2).

[9] 姜波克. 国际金融新编(第 3 版)[M]. 上海:复旦大学出版社,2001.

[10] 克鲁格曼,奥伯斯法尔德. 国际经济学(中译本)[M]. 北京:中国人民大学出版社,1998.

[11] 林伯强. 人民币均衡实际汇率的估计与实际汇率错位的测算[J]. 经济研究,2002(12).

[12] 刘舒年. 国际金融[M]. 北京:对外经贸大学出版社,2005.

[13] 刘思跃,肖卫国. 国际金融(第二版)[M]. 武汉:武汉大学出版社,2002.

[14] 连平. 国际金融理论、体制与政策[M]. 上海:华东师范大学出版社,1999.

[15] 潘国陵. 国际金融理论与数量分析方法[M]. 上海:上海人民出版社,2000.

[16] 钱荣堃,陈平,马君潞. 国际金融[M]. 天津:南开大学出版社,2002.

[17] 乔桂明. 外汇理论与交易实务[M]. 苏州:苏州大学出版社,2010.

[18] 世界银行. 世界发展报告 2003(中文版)[M]. 北京:中国财政经济出版社,2003.

[19] 孙茂辉. 人民币自然均衡汇率研究[M]. 上海:学林出版社,2007.

[20] 宋海林,刘澄. 中国货币信贷政策理论与实证[M]. 北京:中国金融出版社,2003.

[21] 王爱俭. 国际金融理论研究:进展与评述[M]. 北京:中国金融出版社,2005.

[22] 吴晓灵. 中国外汇管理[M]. 北京:中国金融出版社,2001.

[23] 杨胜刚,姚小义. 外汇理论与交易原理[M]. 北京:中国金融出版社,2002.

[24] 杨自理,侯慧卿. 汇率预测与外汇交易技巧[M]. 北京:科学技术文献出版社,1995.

[25] 易纲. 汇率制度的选择[J]. 金融研究,2000(9).

[26] 赵登峰. 人民币市场均衡汇率与实际均衡汇率研究[M]. 北京:社会科学文献出版社,2005.

[27] 朱杰. 中国外汇市场压力和中央银行的干预程度:一个经验分析[J]. 世界经济,2003(6).